デヴィッド・ハーヴェイ
David Harvey

経済的理性の狂気

グローバル経済の行方を〈資本論〉で読み解く

大屋定晴 監訳

作品社

デヴィッド・ハーヴェイ

経済的理性の狂気

グローバル経済の行方を〈資本論〉で読み解く

目次

［凡例］

一、本書の底本は以下である。

David Harvey, *Marx, Capital and the Madness of Economic Reason*, London, Profile Books, 2017.

二、▼と数字は、原注の合印であり、原注は当該の見開きの左端に掲載した。

三、◆は、訳注の合印であり、訳注は当該の見開きの左端に掲載した。また、本文内の割注、原注内の〔　〕も訳注である。

四、本文中の〔　〕内は、訳者が補足した語句である。

五、引用文中の〈　〉内は、原著者ハーヴェイによる語句の補足であり、〈……〉は引用文の省略の意味である。また、引用文中の傍点は、特記されていないかぎり原文のものである。

六、マルクスの著作の訳出にさいしては、基本的に「ドイツ語全集版（ヴェルケ版）」ないし「新全集版（新メガ版）」を参照しているが（「マルクス著作の引用の出典について」三二七頁を参照）、ハーヴェイが依拠している英語版の表現を適宜取り入れている。両者に重要な違いがある場合は訳注を付した。なお原著には明らかな誤記、あるいは断わりなしの追記や省略が一部散見される。これらについては訳者の判断で、出典にもとづき訂正し訳出している。

七、その他の既訳書がある文献からの引用については、既訳書の翻訳を適宜参照したが、本文の文脈に即して変更を加えたものもある。

八、読者の読みやすさを考慮し、小見出しを原著より多くし、改行も増やしている。また、各章のタイトルや小見出しは、内容に即して変更している場合がある。

デヴィット・ハーヴェイ

経済的理性の狂気

グローバル経済の行方を〈資本論〉で読み解く

［監訳］大屋定晴
［翻訳］加賀美太記　佐藤隆　塩田潤
下門直人　永島昂　中村好孝
新井田智幸　原民樹　三浦翔
森原康仁

狂気の世界だ！　狂気の王たちだ！　狂気の和解だ！
〈……〉
あのつくり笑いを浮かべる紳士、「利益（商品、commodity）」という名の
おべんちゃら野郎だ、世の中をねじ曲げる錘《おもり》野郎だ、
世の中はそれ自体ちゃんとバランスがとれているので、
本来まっすぐな道をまっすぐ進んでいくものであるのに、
この利益ってやつ、この邪道へと足を引っぱる錘野郎、
この世の中の動きの支配者、この便宜主義者が、
その方向、目的、進路、目標を強引にねじ曲げ、
公正な道を踏みはずして突っ走らせてしまうのだ、
そしてこの錘野郎、この利益ってやつ、このポン引き、
このやり手ばばあ、このすべてをかえてしまう言葉、
〈……〉
だがどうして俺は、利益ってやつをののしるんだ？
俺がまだやつに言い寄られたことがないからだ。
やつの美しい天使である金貨が俺の手に口づけをするとき、
指を握りしめてそれを拒否する力があるからではない、
この手がそういう誘惑にあったためしがないので、
貧しい乞食が金持ちに八つ当たりするようにののしるのだ。
ま、俺が乞食でいるあいだはののしり続け、
金持ちであること以外この世に罪はないと言ってやろう、
そして俺が金持ちになったら、美徳そのものの顔をして、
乞食であること以外この世に悪徳はないと言ってやろう。
国王たちでさえ利益のためには誓約を破る世の中だ、
利得こそ俺の君主、俺が崇拝するのはおまえだ！

（シェイクスピア『ジョン王』より）

◆『シェイクスピア全集　ジョン王』（原著一八五七〜九八年）、小田島雄志訳、白水Uブックス、一九八三年、63-66頁。

〔序章〕

マルクスだったら、グローバル資本主義の行方をいかに分析するか？

カール・マルクス〔一八一八〜一八八三年〕はその生涯をかけてとてつもない努力を注いで、資本の仕組みの理解をめざした。彼はその力のかぎりを尽くして、自らの言う「資本の運動法則」が民衆の日常生活にどのような影響をおよぼすのかを解明しようとした。支配諸階級によって提唱された自画自賛に満ちた諸理論の泥沼のなかには不平等と搾取の諸条件が隠されていたのだが、それらをマルクスは容赦なく暴きだした。

特に関心を寄せたのは、資本主義が強い危機《クライシス》／恐慌傾向にあると思われたその理由である。彼は一八四八年や一八五七年に恐慌を直接体験したが、これらの恐慌は、戦争や自然の希少性や不作などといった外的衝撃に起因したものなのか？　それとも、このような破滅的崩壊が不可避となるような資本それ自体の仕組みでも何かあったのか？　この疑問は依然として経済学的探究につきまとっている。

二〇〇七〜〇八年の崩壊以来、グローバル資本主義が嘆かわしい状態にあって、理解しづらい軌道をたどっていること——そして、それが何百万もの人々の日常生活に悪影響をおよぼしていること——を考えると、マルクスが何とかして解明せんとしたものを再検討することは時宜にかなっているように思われる。ここで得られるいくつか有益な見識は、われわれが今直面しているさまざまな問題の本質の解明に資するものであるかもしれない。

悲しむべきことだが、マルクスの知見を要約したり、その入り組んだ議論をたどって詳細な再構成を追求したりすることは容易ではない。この理由の一部は、彼の著作の多くが未完であったという事実に由来する。マルクスが刊行にふさわしいと考えた姿でかつて日の目を見たのは、そのわずかな一部だけであった。残りの著作は、膨大な数の興味深いノートや草稿群であり、自分の考えを明確化するための論評、「このように動いたならどうなるのか」といった類いの思考実験、そして現実上や仮想上の異論と批判とにたいする数々の反論として存在している。マルクス自身、大きく依拠した手法は、古典派政治経済学があれこれの疑問にどう答えたのかについて批判的に問い直すというものであった（そこに君臨するのは、アダム・スミス、デヴィッド・リカードウ、トマス・マルサス、ジェームズ・スチュアート、ジョン・スチュアート・ミル、ベンサムといった面々であり、その他多くの思想家や研究者であった）。このかぎりにおいて、われわれがマルクスの知見を読み込むさいには、彼の批判対象についての基礎知識がしばしば必要となる。マルクスが自身の批判的方法についてドイツ古典哲学に依拠したことにも同じことが言える。彼の方法は、ヘーゲルという大人物の影響下にある一方で、スピノザ、カントその他多くの思想家にも支えられており、その範囲は古代ギリシア人にまで遡る（マルクスは、古代ギリシア哲学者のデモクリトスとエピクロスについての博士論文を執筆した）。これらが混在する状況に、さらにサン＝シモン、フーリエ、プルードン、カベーなどのフランス社会主義思想家を加えれば、マルクスが描こうとした全作品の裏にある広大なカンバスが明らかになり、その全貌にわれわれは怖じ気づくことになる。

しかもマルクスは動かぬ思想家というよりも、むしろたゆまぬ分析家であった。彼は膨大な文献——そこには政治経済学者や人類学者や哲学者のものだけでなく、業界紙や経済紙、議会議事録、そして公式報告書も含まれている——を読み、そこから学べば学ぶほど、自らの見解もますます発展させた（あるいは人によっては、心変わりしたとさえ言うかもしれない）。マルクスは古典文学の旺盛な読者であった——その一覧表はシェイクスピア、セルバンテス、ゲーテ、バルザック、ダンテ、シェリーなどと延々と続く。彼は古典文学者の思索を多数引きあいに出すことでその著作に趣を添えた（特に『資本論』第一巻は文学的最高傑作である）。だが、それだけでなく、世界の仕組みにたいする彼らの洞察力を真剣に評価し、彼らの説明手法から多くのひらめきも得た。そして、これにも飽き足らなかったのか、異国を回る仲間たちと膨大な往復書簡を複数言語で交わすかたわら、イギリスの労働組合活動家に向けて講演や演説を行ない、あるいは一八六四年に労働者階級の汎ヨーロッパ的展望をもって結成された国際労働者協会内外で文通を交わしたのである。マルクスは第一級の理論家、研究者、思想家であるだけでなく、活動家であり論客であった。彼がその生涯で定収源に最も近いものとなった仕事は、『ニューヨーク・デイリー・トリビューン』紙の定期特派員としてのそれであった。同紙は当時、アメリカ最大の発行部数をもつ新聞の一つであった。マルクスの記事はその独自の見解を主張する一方、時事問題にたいする最新の分析を含んでいた。

　昨今、マルクスが執筆した個人的、政治的、知的、経済的環境に関連して、その包括的研究が立てつづけに現われた。ジョナサン・スパーバーとガレス・ステッドマン・ジョーンズの広範な研究は、少なくともいくつかの点では、すこぶる有益である。▼1ところが残念なことに彼らは、一九世紀的思想という時代遅れの欠陥品だとして、マルクスの思考とその大量の作品全体を、マルクス自身もろともにハイゲイト墓地〔マルクスの墓のあるロンドン郊外の墓地〕に埋葬しようとしたようである。彼らにしてみれば、マルクスは歴史的には興味深い人物だが、その概念装置には、昔は別にしても、今日にはほとんど妥当していない。両人がともに忘れているのは、『資本論』でのマルクスの研究対象は資本なのであって、一九世紀の生活ではない、ということだ（彼が、当時の生活について多くの意見をもっていたことも確かである）。そして資本は、ある点では今も変わることなく存在し健在であるが、その一方で他の点では、自らの成功と過剰とに酔いしれて不安定となり、最悪の場合には制御不能《スパイラリング・アウト・オブ・コントロール》になっていることも明らかである。マルクスは資本の概念を、現代的経済状況にとってもブルジョア社会の批判的理解にとっても、その基礎となるものだとみなしていた。ところがステッドマン・ジョーンズやスパーバーの分厚い本を読みきれた人は、マルクスの資本概念そのも

▼1 Sperber, J., *Karl Marx: A Nineteenth-Century Life*, New York: Liveright Publishing, 2013〔ジョナサン・スパーバー（小原淳訳）『マルクス――ある十九世紀人の生涯』上・下、白水社、二〇一五年〕; Stedman Jones, G., *Karl Marx: Greatness and Illusion*, Cambridge, MA: Belknap Press, 2016.

のについては曖昧な手がかりすら見つけられないし、ましてや、その概念を今日においてどううまく活用するかについては見当もつかないのだ。マルクスの分析は、いくつかの点では明らかに時代遅れだが、私見では、彼が執筆していたとき以上に、今日でこそはるかに現実問題に直結している。マルクスの時代には世界の小さな一角における支配的経済体制でしかなかったものが、今日では地球をおおい尽くし、さまざまな驚くべき影響や帰結をもたらしている。

　マルクスの時代には、政治経済学は今日よりも、もっと開かれた論争領域であった。それ以降になると、経済学《エコノミクス》と呼ばれる一見科学的で高度に数式化されたデータ駆動《ドリブン》◆型の研究分野が正統派の地位を獲得した。この閉鎖体系が合理的知識——真の科学——と考えられるのであって、そこには国家と法人企業にかんするもの以外は何も入り込めない。今、これに輪をかけているのが、コンピュータ能力（二年ごとに倍化しているそれ）への高まる信頼である。それは、ほぼあらゆることについての大量のデータを構築し分析し解析できるとされる。大企業に後援された一部の有力評論家《アナリスト》◆たちによれば、このコンピュータ能力によって、人工知能の支配する合理的管理（たとえばスマートシティの管理）という技術的《テクノ》ユートピアが切り開かれると言われている。この空想が依拠する思い込みによれば、測れなかったりデータ集約できなかったりするものは無意味であるか存在しないのだ。大規模データは、間違いなくきわめて有益なものになりうるが、それが知られるべき領域をすべて処理し尽くすというわけではない。データは、社会的諸関係の悪化や疎外といった問題の解決には役立たないのである。

　マルクスは、資本の運動法則とその内的諸矛盾、その根本的で根底的な非合理性について予見に満ちた解釈を示したが、これは、現代経済学の皮相なマクロ経済諸理論よりも、はるかに鋭敏で洞察力のある説明であることがわかっている。マクロ経済理論はといえば、二〇〇七〜〇八年の恐慌と延々とつづくその余波とに突き当たったさい、大きな欠陥があることが判明している。マルクスの種々の分析も、彼の独特な探究方法や理論の立て方も、現代資本主義を理解しようとするわれわれの知的奮闘にとってはかけがえのないものだ。その洞察は取り組まれるに値するし、まったくしかるべき真剣さをもって批判的に研究されるだけの価値がある。

それではわれわれは、マルクスの資本の概念とその運動法則とされるものとを、どのように理解すべきなのか？　理解できるとすれば、われわれは現状の窮地をどのように把握できるのか？　これらが本書で検討する課題である。

◆データ駆動（ドリブン）　得られたデータを抽象的計算モデルにもとづいて総合的に分析し、未来予測や意思決定や企画立案などに役立てること。
◆スマートシティ　先端情報技術などを駆使して、再生可能エネルギーや電力を効率よく使う省資源型の次世代環境都市。

〔第1章〕

「運動する価値」としての資本の視覚化

> ある貨幣額の生産手段と労働力とへの転化は、資本として機能すべき価値量が経ていく運動の第一段階である。これは、市場すなわち流通部面で行なわれる。運動の第二段階、生産過程は、生産手段が商品〔commodity〕に転化されたときに終わるのだが、この商品の価値はその諸成分の価値を越えている。すなわち、最初に前貸しされた資本に剰余価値を加えたものを含んでいる。それから、これらの商品は再び流通部面に再び投げ込まれなければならない。それは販売されなければならないし、その価値は貨幣に実現されなければならないし、その貨幣はあらためて資本に転化させなければならないし、そしてそれが絶えず繰り返されなければならない。このような絶えず同じ継起的諸段階を通過する循環は、資本の流通をなしている。（CI, p. 709／S. 589／七三五頁）

マルクスは政治経済学についての膨大な数の著作を書き残した。そこには『資本論』全三巻◆があるだけではなく、もう一つの三巻本である『剰余価値学説史』◆があり、さらに初期の刊行物である『経済学批判』〔一八五九年刊行〕があり、また『経済学批判要綱』◆といった先ごろ編集刊行されたものと併せて、マルクス死後に発刊された『資本論』第二巻・第三巻をフリードリヒ・エンゲルス〔一八二〇～九五年〕が苦心して再構成した大もとのノート◆が存在する（エンゲルスの作業に批判や論争がないわけではない）。それらを何とかして体系化しなければならない。そこでマルクスの基本的知見をわかりやすく説明する手立てを模索する必要がある。

自然科学ではわれわれは、複雑な過程を単純化する数々の描写を知っている。それは、ある研究対象領域で何が起こっているのかを視覚化する手助けをしてくれる。特に興味深く思われるこうした描写の一つが、「水の循環《サイクル》」についての図解である（図表1）。私はこれを、資本の仕組みを描きだすためのひな形と

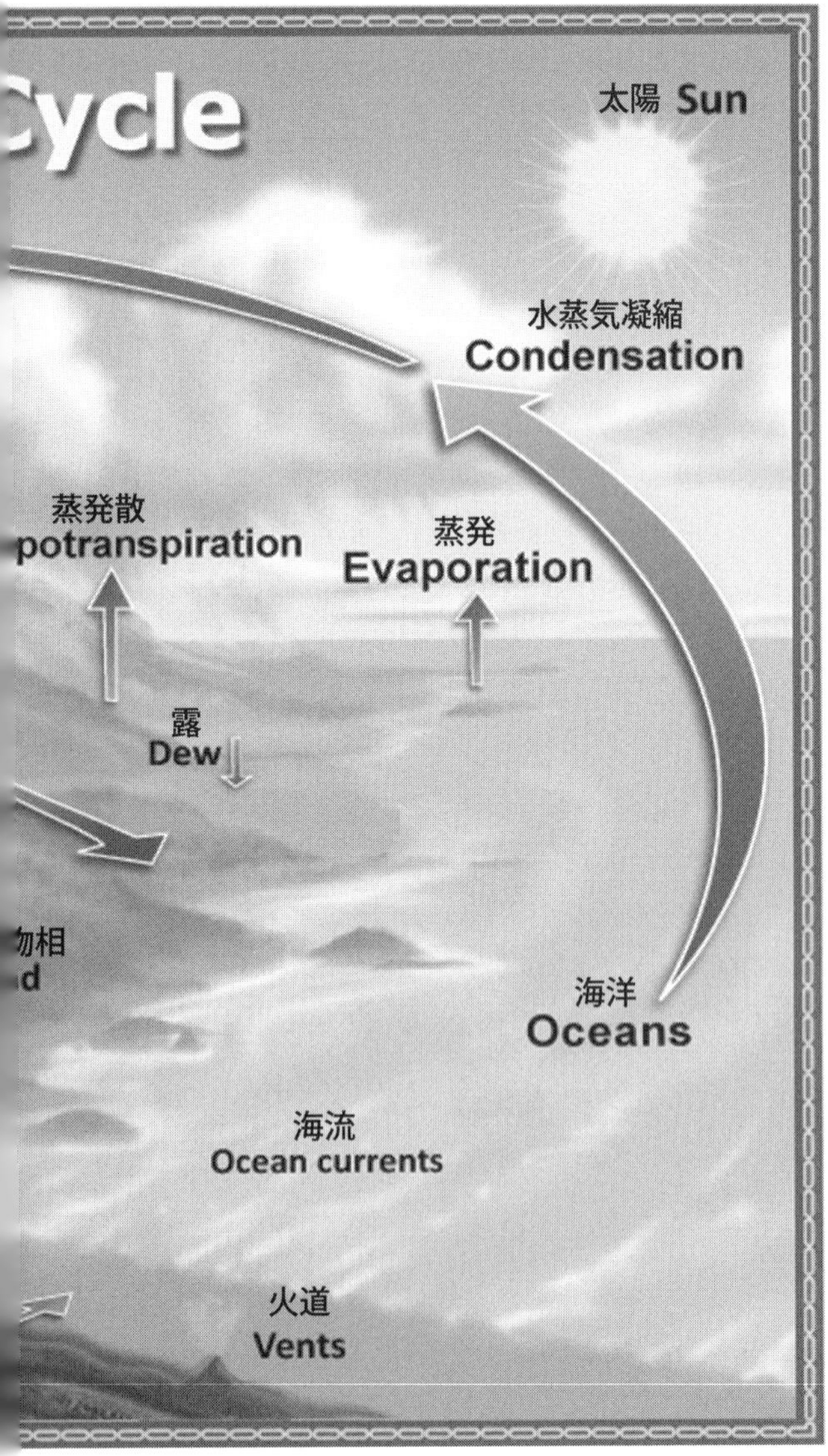

https://water.usgs.gov/edu/watercycle.htm〔2019 年 1 月 12 日訳者閲覧〕

［図表1］アメリカ地質調査所によって描かれた水の循環モデル

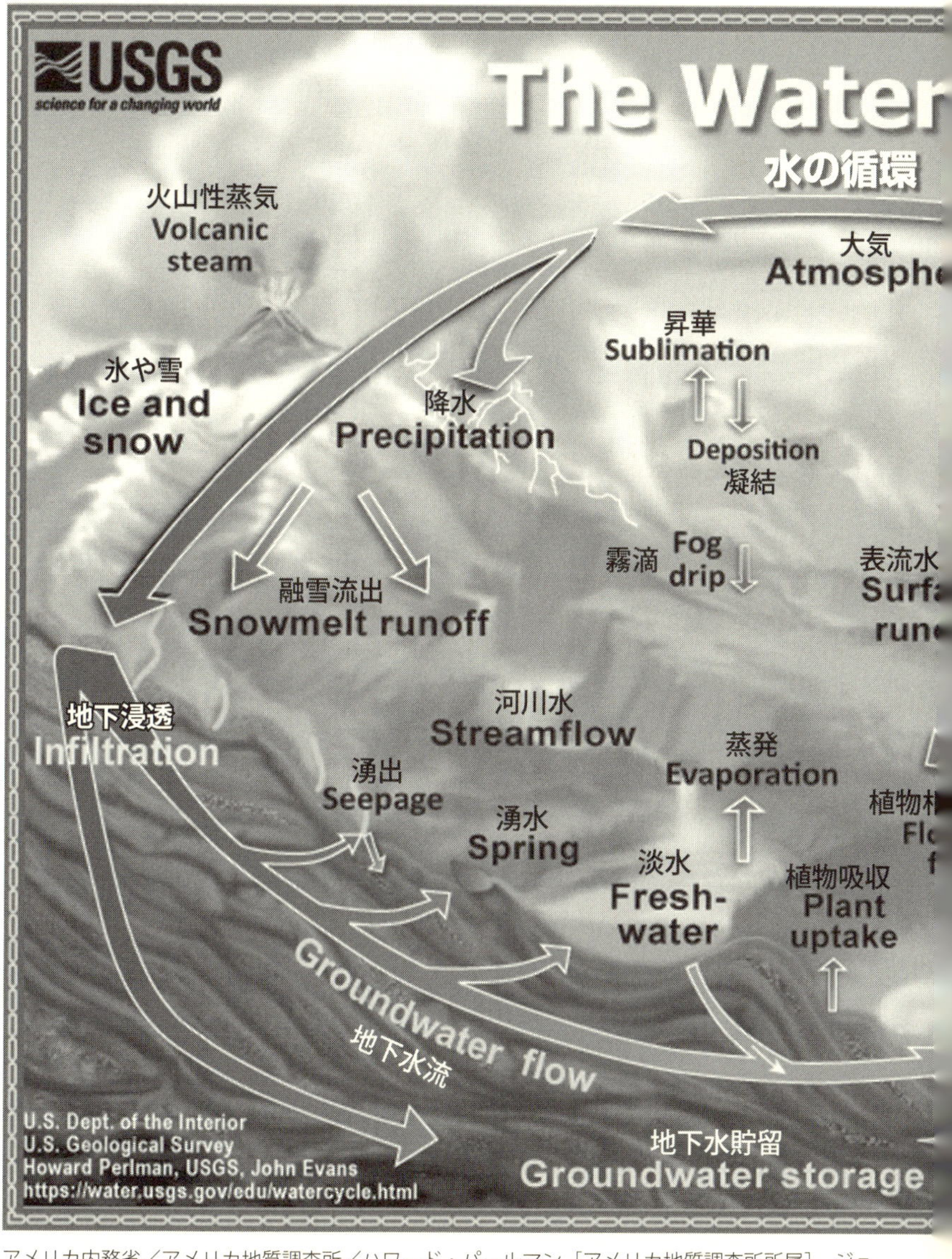

アメリカ内務省／アメリカ地質調査所／ハワード・パールマン［アメリカ地質調査所所属］、ジョン・エヴァンス

して用いることにしよう。私が特に興味深いと思う点は、水分子〔H_2O〕の循環運動が形態の変化をともなっていることである。海洋における液体（水）は、ぎらつく太陽のもとで蒸発し、水蒸気となって上空へと上がると、やがて水滴として凝縮し、雲を形成する。水滴が十分に高い高度でつくられる場合、それは氷粒子として結晶し、はるか上空に浮かぶ巻雲となって、われわれに美しい夕日を見せてくれる。ある時点で、水滴や氷粒子が結合して重くなると、重力の影響のもとで降水として雲から落ちていくが、それはさまざまな形態（雨、霧、露、雪、氷、雹、氷晶雨）をとる。地表へと向かうと、その水の一部は直接、海洋に落ちて戻ることになるが、一部は高地や寒冷地に氷としてとどまり、たとえ動いたとしてもきわめてゆっくりとしか進まなくなる。残りは、小川や河川として（いくばくかの水は蒸発して大気中へと戻りながら）大地を横断するか、あるいは地下水となって大地のなかを流れるかして、下流へと向かい海洋へと戻っていく。その途上で水は植物や動物によって利用される。動植物は発散や発汗活動を行なうことで、いくらかの水を大気中に蒸発散をつうじて直接戻すことになる。氷原や地下帯水層にも大量の水が蓄えられる。すべてが同じ速度で進むわけではない。氷河は、ことわざのごとく氷河の速さで〔きわめてゆっくりと〕進み、激流は下流へとほとばしり、地下水は数マイルを旅するのに何年もかかる場合がある。

このモデルについて私が気に入っているのは、水分子が海洋に回帰して再び循環しはじめるまでに、さまざまな形態と状態とをさまざまな速度で通過していくところを描きだすことである。これは資本の動き方とよく似ている。資本は貨幣資本として始まり、その後、商品形態をとって生産システムを通過する。そして新しい商品となって現われると、市場で売却（貨幣化）されて、請求権者を構成するさまざまな分派にたいしてさまざまな形態で（賃金、利子、地代《レント》、税金、利潤の形態で）分配される。そしてもう一度、貨幣資本の役割に回帰する。しかしながら、水の循環と資本の流通とのあいだには非常に大きな一つの違いがある。水の循環の推進力は太陽からもたらされるエネルギーであり、それは多少の増減はあるものの、ほとんど一定である。太陽光エネルギーは熱に変換されるのだが、その規模はというと過去、大きく変動してきた（地球は氷河期に入ったり、あるいは熱帯のように暑い時期に突入したりした）。近年では、温室効果ガス（化石燃料の使用に起因するそれ）の充満のために、残存熱量は著しく増加している。循環総水当量はほとんど変わらないままか、あるいは極地の氷床が溶けたり、地下帯水層が人間の乱用によって枯渇したりするにつれて、ゆっくりと変化する（ただし地質時代ではなく歴史時代の時間的尺度で測ってみてのことである）。資本の場合はのちに述べるように、そのエネルギー源はもっと多様であり、資本の運動量も、成長という前提条件から複利的割合で膨張しつづけている。水の循環は正真正銘の循環に近いものとなる（それでも地球温暖化のために加速している兆候はある）が、資本の流通は絶えず拡大する螺旋《スパイラル》運動である。その理由は間もなく説明するであろう。

運動する価値

それでは、運動する資本の流れ《フロー》のモデルはどのようなものとなり、またマルクスの資本そのものを視覚

◆『資本論』全三巻　第一巻ドイツ語初版は一八六七年に刊行され、改訂第二版が一八七二年、マルクス自身の校閲によるフランス語版が一八七二〜七五年に出版された。マルクスの死後、エンゲルスの編集によって第二巻は一八八五年、第三巻は一八九四年に刊行された。

◆『剰余価値学説史』　一八六一〜六三年執筆、一九〇五〜一〇年刊行。

◆『経済学批判要綱』　一八五七〜五八年執筆、一九三九〜四一年刊行。

◆大もとのノート　『資本論』第二巻、第三巻の草稿を含めて、マルクスの政治経済学的著作は、そのすべてが新全集版（いわゆる「新メガ版」）の第二部「『資本論』とその準備草稿」全一五巻（*Karl Marx Friedrich Engels Gesamtausgabe (MEGA), Zweite Abteilung: “Das Kapital” und Vorarbeiten*, Berlin: Dietz Verlag / Akademie Verlag, 1976-2012）として刊行されている。そこにはエンゲルス編集版『資本論』や『経済学批判』だけではなく、エンゲルスの手が加わる以前のマルクスの『資本論』準備草稿、『経済学批判要綱』として出版された「一八五七〜五八年の経済学草稿」、さらにはマルクス自身が翻訳に関与したフランス語版『資本論』などが収録されている。全一五巻のうち第一〜三巻にあたる部分は日本語版も出版されている。カール・マルクス『マルクス資本論草稿集』全九巻、大月書店、一九七八〜一九九七年。

化するのに、いかに役立つのであろうか？

マルクス特有の資本の定義である「運動する価値」から始めよう。ここではマルクス自身の用語を用いつつ、話を進めるにつれて、さまざまな定義を展開するつもりである。彼の用語のいくつかは耳なれないものであり、一見するとわかりにくいし、もっと言えば不可思議なまでに専門的だとさえ思われるかもしれない。実際には、これらは説明されれば、その理解はさほど難しくない。そして私の使命に忠実であろうとすれば、その唯一の手法はマルクス自身の言葉によって資本の物語を示すことである。

それでは、運動している「価値」とは何を意味するのか？　マルクスの意味するところは非常に独特であり、だからこそこれは、いくらか詳しく述べなければならない彼の最初の用語である[1]。私は話を進めるにつれて、その完全な意味を展開することになろう。しかし、価値の最初の定義は、まずは競争的な価格決定市場での商品交換をつうじて組織された他人のための社会的労働となる。これは、いささか長い言い回しだが、実際のところ、その意味を飲み込むのはさほど難しくはない。私は靴をもっているが、さらに別の靴をつくって他人に売るとしよう。そして手に入れた貨幣を使って、自分が必要とするシャツを他の人から買う。このような交換において、私は実のところ、靴をつくるために費やした自分の労働時間を、他の誰かがシャツをつくるのに費やした労働時間と交換している。多くの人々がシャツや靴をつくっている競争経済では、次のように考えるのが理にかなうであろう。すなわち、平均的により多くの労働時間が、シャツよりも靴の生産に費やされるなら、靴はシャツよりも費用がかかることになるはずだ。靴の価格はある平均値に向かうであろうし、シャツの価格もまたある平均値へと向かうはずである。価値が明示するのは、この両者の平均値の違いなのである。たとえば、それは靴一足がシャツ二枚と等価であることを示すかもしれない。しかし注意しておくが、大事なのは平均労働時間であるということだ。もし、私が靴をつくるのに途方もない労働時間をかけたとしても、その靴の等価物を交換で得ることはできない。それは効率が悪かったということにしかならないであろう。私は平均労働時間の等価物しか受けとれないのである。

マルクスは価値を、社会的必要労働時間と定義する。他人が購入して使用する商品をつくるために私が費やす労働時間は、一つの社会関係である。こうして、それは重力と同じように非物質的だが客観的な力である。岩石を分析しても重力の原子を見いだすことはできないのだが、それと同様に、シャツを分析してもそこに価値の原子を発見できはしない。どちらも客観的な物質的帰結をもたらす非物質的関係である。私はこの概念の重要性を過度に強調しているわけではない。自然科学的唯物論——とりわけ経験論的装いを呈したそれ——は、自然科学的に記録できなかったり直接的に測定できなかったりする物や過程を認めない傾向にある。しかし、われわれは「価値」といった概念を常に使っている。もし私が「中国では政治権力が高度に分権化されている」と言えば、たとえ路上に出てそれを直接測定できなかったとしても、ほ

▼1　労働価値説の前史については、その大部分が次の文献に網羅されている。Meek, R., *Studies in the Labour Theory of Value*, London: Lawrence and Wishart, 1973［原著初版（一九五六年）の日本語訳として、ロナルド・L・ミーク（水田洋・宮本義男訳）『労働価値論史研究』、日本評論新社、一九五七年］。一九七〇年代には価値論について大きな論争が行なわれたが、その当時の思索状況の包括的概観は、一一の寄稿論文を編纂した次の文献で見ることができる。Steedman, I. (ed.), *The Value Controversy*, London: Verso/New Left Books, 1981. なお私は以下の文献も参照した。Elson, D. (ed.), *Value: The Representation of Labour in Capitalism*, London: CSE Books, 1979; Heinrich, M., *An Introduction to the Three Volumes of Karl Marx's Capital*, New York: Monthly Review Press, 2012［ミヒャエル・ハインリッヒ（明石英人ほか訳）『『資本論』の新しい読み方——二一世紀のマルクス入門』（原著二〇〇四年）、堀之内出版、二〇一四年］; Henderson, G., *Value in Marx: The Persistence of Value in a More-Than-Capitalist World*, Minneapolis: University of Minnesota Press, 2013; Larsen, N., Nilges, M., Robinson, J., and Brown, N. (eds), *Marxism and the Critique of Value*, Chicago: MCM' Publishing, 2014; Ollman, B., *Alienation*, London: Cambridge University Press, 1971; Rosdolsky, R., *The Making of Marx's 'Capital'*, London: Pluto Press, 1977［ロマン・ロスドルスキー（時永淑ほか訳）『資本論成立史——一八五七—五八年の『資本論』草案』（原著一九六八年）全四冊、法政大学出版局、一九七三～七四年］; Rubin, I., *Essays on Marx's Theory of Value*, Montreal: Black Rose Books, 1973［イサーク・イリイチ・ルービン（竹永進訳）『マルクス価値論概説』（原著第四版一九三〇年）、法政大学出版局、一九九三年］。

とんどの人は私が言わんとすることを理解するであろう。史的唯物論は、この種の非物質的だが客観的な力の重要性を認めている。われわれは通常、こうした力にもとづいて、ベルリンの壁の崩壊やドナルド・トランプの◆〔アメリカ大統領〕当選、国民的《ナショナル》アイデンティティの感情、あるいは自らの文化的規範に従って生きようとする先住民の要求を説明している。われわれは権力、影響力、信仰、地位、忠誠心、そして社会的連帯といったさまざまな要因を非物質的なものとして説明する。マルクスにとって「価値」とは、まさにこのような概念なのだ。「素材的諸要素は、資本を資本たらしめるものではない」とマルクスは書いている。それどころか「彼ら〔リカードウ、シスモンディなどの経済学者〕は、資本が一面からすれば価値であり、したがって非物質的なもの、その素材的存在にたいして無関心なものであることに気がついている」▼2。

この事情を前提として、価値そのもののある種の物質的な表象——触れたり保持したり測ったりできるもの——が喫緊に必要となる。この要求に応えるのが、価値の表現ないし表象としての貨幣の存在である。価値は社会関係であり、あらゆる社会関係は直接的な物質的探究を免れている。〔他方で〕貨幣は、この社会関係の物質的な表象であり表現なのだ▼3。

もし資本が運動する価値であるなら、資本が運動し、異なる形態をとるのは、どのようにして、どこで、そしてなぜなのか？　これに答えるために私は、マルクスが描いた資本の一般的な流れのダイアグラム〔情報整理のための図形〕を作成してみた（図表2）。このダイアグラムは一見するといささか入り組んでいるが、水の循環の標準的視覚化くらいには理解しやすい。

貨幣形態での資本

資本家は一定額の貨幣を領有して、資本として使用する。これは、十分に発達した貨幣制度がすでに完備されていることを前提とする。社会全般に出回っている貨幣は、実にさまざまな方法で使用できるし、

[図表 2] マルクスの政治経済学研究から導きだされる運動する価値の諸経路

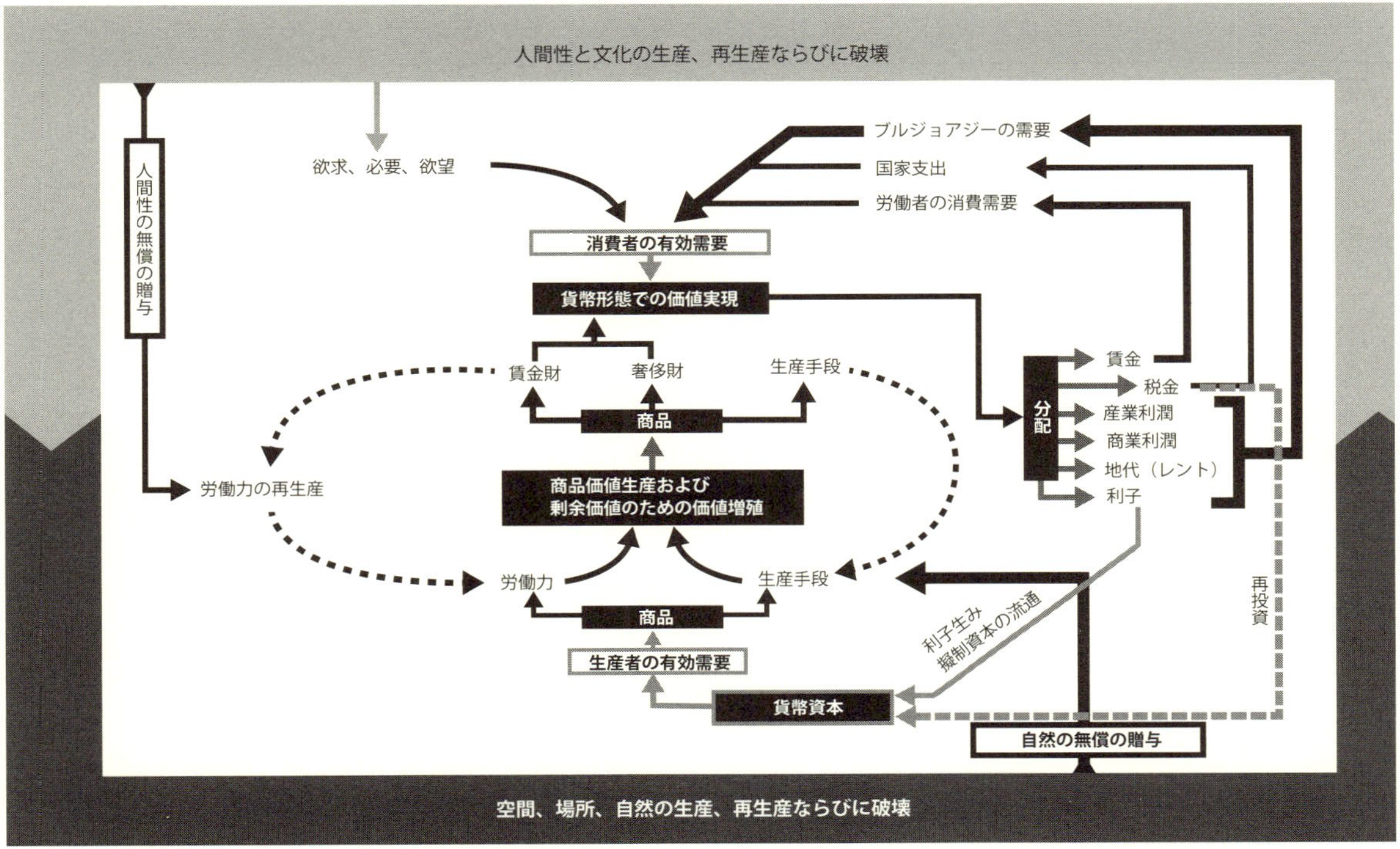

また実際に使用されている。その一部が流用されて貨幣資本となるのは、すでに使われているこの莫大な貨幣からなのである。すべての貨幣が資本であるとはかぎらない。資本は総貨幣のうち、ある一定のやり方で使用されているその一部である。この違いは、マルクスにとっては根本的だ。彼は、資本とは、より多くの貨幣を稼ぎだすために使われる貨幣であるという、もっともおなじみの資本の定義には賛同していない（もっとも時に一つの共通理解として、この定義に言及するのだが）。マルクスが「運動する価値」という自分の定義を選んだ理由はのちに明らかになるであろう。それによって彼は、たとえば貨幣とはいかなるものなのかについての批判的見方を深めることができたのである。

資本としての貨幣を準備した資本家は市場に入っていき、二種類の商品――労働力と生産手段――を購入する。これは賃金労働者がすでに存在しており、労働力がそこで買われるのを待っていることを前提とする。それは次のことも前提としている。すなわち賃金労働者階級が、生産手段の利用機会をまんまと奪いとられてしまい、したがって生きるために労働力を売らざるをえなくなる、ということである。この労働力の価値は、一定の生活水準に応じたその再生産費用によって決まる。これは、労働者が生存し再生産するために必要な諸商品という最低生活費の価値に相当する。しかし注意してほしいが、資本家は労働者そのものを買うわけではない（そうなると、労働者は奴隷になるであろう）。資本家が購入するのは、決まった期間（たとえば一日につき八時間）に限っての労働者の労働力の使用なのである。

生産手段は、さまざまな形態からなる諸商品である。それは、自然からの無償の贈与として直接的に採取された原材料であり、自動車部品やシリコンチップ〔IC（集積回路）を構成する薄片素材〕などの半製品であり、機械やそれを動かすエネルギーであり、工場であり、その周囲の物的インフラ（国家から無償で提供されるか、多くの資本家ならびにその他の利用者によって共同で費用負担された道路や上下水道設備など）である。それらのうちの一部は共同で使用されるが、これらの商品のほとんどは市場において、その価値を表わす価格でもって購入されなければならない。したがって貨幣制度と労働市場がすでに存在しているだけでなく、高度な商品交換制度と、資本が使用するのに適した物的インフラもまた存在していなければならない。こうした理由からマルクスは、貨幣流通、商品、賃労働からなる一つの体制がすでに確立したなかでのみ資本は生じることができると主張する。▼4

流通過程のこの段階で、価値は変態を被る（水の循環において液体水が水蒸気になるのと同様である）。資本は初め、貨幣形態をとっていた。今では貨幣は姿を消し、価値は商品の姿で――配属を待つ労働力と、いつでも生産過程で使えるように集められた一群の生産手段という姿で――現われる。マルクスは価値概念を中核に位置づけることによって、貨幣形態から商品形態へと価値を転化させる変態の特徴について探究可能となる。この変態という契機には問題があるのであろうか？　マルクスはわれわれにこの疑問について考えるようながしている。そこに彼は危機／恐慌《クライシス》の可能性を――あくまでもその可能性だけだが――見いだすのである。

商品生産ならびに剰余価値生産

ひとたび労働力と生産手段が資本家の監督のもとで首尾よく結合されると、それらは労働過程で活用され、販売用の商品を生産する。価値が労働者によって新しい商品形態をとって生産されるのは、ここにおいてである。物（商品）から過程（価値を商品に凝固させる労働活動）を経て物（新しい商品）へと移り変わる運動によって、価値は生産されるとともに維持される。

◆ドナルド・トランプ　アメリカの不動産実業家、政治家（一九四六年〜）。不法移民にたいする差別主義的発言や女性蔑視発言にもかかわらず二〇一六年の大統領選挙で共和党から立候補して当選し、第四五代アメリカ大統領（二〇一七年〜）に就任した。保護貿易主義的政策を掲げるとともに、金融規制の緩和を進めている。

▼2　Gr, p. 309／S. 228／①三七三頁。

▼3　Gr, p. 149／S. 83／①一二五頁。

▼4　Gr, pp. 251-254／S. 174-177／①二九一〜二九五頁。

労働過程にともなって特定の技術が採用される。この技術の性質が、資本家が先に市場で購入した労働力、原材料、エネルギー、機械の量を規定する。一見して明らかだが、技術が変化するにつれて、生産過程への投入比率も変わる。またこれも一見して明らかだが、生産に配置される労働力の生産性も技術の高度化に左右される。最新式の技術を駆使して働く少人数の労働者のほうが、旧式の道具で働く何百人もの労働者よりもはるかに多くの製品をつくりだすことができる。この一製品当たりの価値は、前者の技術のもとでは、後者に比べてはるかに小さい。

マルクスにとって技術の問題は大きな位置を占めており、ほぼあらゆる類の経済分析にその影が落ちている。マルクスの定義は広義のもので包括的だ。技術は、稼働している機械や道具やエネルギー・システム（いわゆるハードウェア）だけを意味するわけではない。それには組織形態（分業、協業体制、企業形態など）とソフトウェア（制御システム、時間動作研究、ジャスト・イン・タイム型生産システム、◆人工知能など）もまた含まれている。競争的に組織化された経済では、技術的優位をめぐる企業間闘争は、技術的、組織的諸形態に飛躍的なイノベーション・パターンをもたらす。この理由から（またさらにあとでより詳しく検討する他の理由から）、資本は世界史における絶えざる革命的力となる。生産的活動の技術基盤は不断に変わりつづける。

しかしながら、ここにはマルクスが重視する一つの重要な矛盾が存在する。技術が高度になればなるほど、生産される個々の商品に凝固する労働は減少する。さらにいっそう厄介なことに、商品の総産出量の増大が個々の商品価値の減少分を埋めあわせるのに足らないのなら、総価値の創出も減少するかもしれない。もし生産性が倍増するのであれば、私は手にできる総価値量を一定に保つために、商品総量の生産と販売とを二倍にしなければならない。

しかし、物質的商品の生産過程では別の事態も生じる。これを理解するために、われわれは労働価値説に戻らなければならない。先に述べたことだが、労働力の価値は、特定の生活水準での労働者の再生産に必要な商品の費用に等しい。この価値は場所に応じて時間とともに変わるかもしれないが、それは一定の契約期間においては既知のものである。生産過程のある時点で、労働者は労働力価値の等価物をつくりだす。同時に労働者は、生産手段の価値も新商品に首尾よく移転させる。マルクスの表記では、労働日のある時点に至ると、労働者は新しい商品形態のなかに「Ｖ」（マルクスが「可変資本」と呼ぶ労働力価値）の等価物を生産し、「Ｃ」（マルクスが「不変資本」と呼ぶ生産手段）の価値を移転させる。

この時点で労働者は労働をやめるわけではない。彼または彼女の契約書には、資本家のために一〇時間働かなければならないと書いてある。もし労働力価値が最初の六時間で足りるのなら、労働者は資本のために無償で四時間働くことになる。その無償の生産物としての四時間が、マルクスの言う剰余価値を創造する（これを彼は「Ｍ」と記している）。剰余価値は貨幣利潤の根源にある。古典派政治経済学を当惑させた難問――「利潤はどこから来るのか？」――はたちまち解決される。商品の総価値は「Ｃ＋Ｖ＋Ｍ」である。資本家の支出は「Ｃ＋Ｖ」である。

ここで重要な点に留意しておこう。生産されたのは物質的な商品である。価値と剰余価値は商品形態のうちに凝固している。われわれが、運動しているものと思っている価値を探そうとしても、工場の床に山積みにされた製品があるだけだ。そして私がこの製品をどんなに強く突っついても、価値が動きだす兆候を見られるわけではない。この段階で重視すべき運動が唯一あるとすれば、それは、隠されている価値を貨幣形態に戻そうとする資本家が、急いで製品を市場に搬送していることぐらいである。

しかし、われわれは「金持ち」――マルクスはこの人物をこう名づけたがった――のあとについて市場に向かう前に、隠れた生産の棲《す》み家《か》での出来事を理解しておかなければならない。そこで生産されているのは、新しい物質的商品だけではなく、労働力を搾取する社会関係である。資本主義的生産には二重の性質がある。それは、使うための物質的商品の生産だけではなく、資本家の利益のための剰余価値の生産も

◆ジャスト・イン・タイム型生産システム　必要な物を、必要なときに、必要な量だけ生産、配送する物流システムのこと。「少量多頻度配送システム」とも言われる。

ともなっている。一日を終える頃に資本家が気にかけるのは、剰余価値だけなのであって、それは貨幣利潤として実現されるはずである。資本家は、自分たちが生産している個々の商品については無関心である。毒ガス市場が存在するのであれば、彼らは毒ガスを生産するであろう。資本の流通におけるこの契機は、商品生産だけではなく、剰余価値という形態での資本と労働の階級関係の生産と再生産も含んでいる。市場（すべてが誰の目にも明らかな場）における等価物の個人主義的交換という虚構《フィクション》は維持される（労働者は労働力の公正な価値を受けとる）。その一方で、資本家が意を尽くして視界から隠そうとする不透明な労働過程においては、増大する剰余価値が資本家階級のために生産される。外から見れば、まるで価値が自らを増加させる魔法の力をもつかのようだ。生産は、マルクスの言葉でいう資本の「価値増殖」が起こる摩訶不思議な契機である。死んだ資本（不変資本C）には新たな生命が吹き込まれ、その一方で、価値を拡大できる唯一の手段である労働力（V）は、マルクスの言う「絶対的剰余価値」を生産するために働かざるをえない。その手法は単純である。つまり労働力価値が回収される時間を超えて、労働日を延長するのである。労働日が長くなればなるほど、資本のために生みだされる剰余価値も増していく。

　これが資本の歴史において重要な特徴であることは、労働日の長さや週労働日数、年労働日数、そして労働者の生涯現役期間をめぐって二〇〇年以上にわたって繰りひろげられてきた闘争によって数多く例証されている。この闘争は終わりなきものであったし、階級勢力の力関係に応じて一進一退を繰り返している。過去三〇年に限っていえば、組織労働者の力は多くの場所で粉砕され、生きるために週八〇時間も——二つの仕事をかけもちして——働く人々の数はますます増えてきている。

　資本は生産過程を通過するたびに一定の剰余を生みだし、価値を増大させる。この理由から、資本主義的生産は永続的成長を含意している。これが資本の運動を螺旋状にする。分別ある人間であれば、このように製品生産を組織化しようとすることから、ありとあらゆる試練と困難とを引き受けながら、その目的が、一日の始まりに自分の懐にあったのと同額の貨幣をその日の終わりに手にすることでしかないことなどありえないであろう。その動機は増大させることにあって、それは貨幣利潤によって表わされることになる。このための手段が、生産における剰余価値の創造なのだ。

貨幣形態での価値の実現

商品は販売されるために市場に搬送される。市場取引が成功裏に進むと、価値は貨幣形態に戻る。こうなるためには、商品の使用価値にたいして支払能力に裏打ちされた欲求、必要、欲望（有効需要）が存在しなければならない。これらの事情は自然にもたらされるものではない。資本主義のもとでは欲求、必要、欲望を創造させてきた長く入り組んだ歴史がある。さらに言えば有効需要は、貨幣の分配という事実――これについては間もなく取り組むことになろう――から独立しているわけではない。マルクスは、価値形態におけるこの主要な変遷を「価値の実現」と呼んでいる。しかし、この変態は、商品形態から貨幣形態へと価値が移行するさいに起こるのだが、それは円滑には進まないかもしれない。たとえば、ある個別商品にたいして欲求も必要も欲望も誰一人抱かないとすれば、どれだけの労働時間をその生産過程に費やそうとも、この商品は無価値である。それゆえマルクスは、価値の流れが維持できるとすれば、「矛盾した統一」が生産と実現とのあいだにまたがらざるをえないと口にする。この見解に注目しておこう。というのも、それはマルクスの説明において非常に重要だからだ。われわれは後ほどこの点に立ち戻って、実現の契機において危機が生じる可能性を、より詳しく検討するつもりである。

マルクスは、この実現という契機に関係する二つの消費形態を区別する。第一の消費形態は、彼が「生産的消費」と名づけるものだ。これは、資本が生産手段として必要とする使用価値の生産と販売にとって重要である。資本家が自分の生産のために必要とするあらゆる半製品は、他の資本家によって生産されなければならないのであり、しかもこれらの製品は生産過程に直接戻されることになる。つまり社会における総有効需要の一部分は、生産手段を購入する貨幣資本によって占められている。これらの商品にたいする資本家の欲求、必要、欲望は、技術的、組織的イノベーションに応じて絶えまなく変化する。鋤《すき》をつくるために必要とされる商品材料は、トラクターをつくるために必要なものとは大きく異なるし、旅客機をつくるために必要とされるものとも非常に違っている。

第二の消費形態は最終消費というものである。そこには、労働者が自らを再生産するために必要とする賃金財と、その大半――場合によってはすべて――がブルジョアジー内部の階級諸分派によって消費される奢侈財との、その双方が網羅されており、さらには国家機構を維持するために必要とされるさまざまな財も含み込まれている。最終消費によって商品は流通から完全に消滅するが、生産手段の生産ではそうはならない。『資本論』第二巻の終わりのいくつかの章で詳しく研究されているのは、価値の流れが無傷で継続するとするなら、さまざまな比例関係が賃金財、奢侈財、生産手段の生産のあいだで実現されなければならないということだ。この比例関係が見いだせない場合、均衡成長軌道に経済を維持するためには、いくらかの価値を破壊せざるをえない。有効需要には、資本としての価値の総流通を維持し、場合によってはそれを駆り立てさえする役割があるのだが、マルクスがこの理論を構築したのは、貨幣形態への転化と実現という文脈においてなのである。

貨幣形態での価値の分配

市場での販売をつうじて商品形態から貨幣形態へと価値が転化されると、その貨幣は、あれやこれやの理由からその取り分について請求できる一連の参加者のあいだで分配されることになる。

労働者の賃金

労働者は貨幣賃金の形態でその価値を要求するであろう。階級闘争がいかなる状況であるかは、労働力価値の規定要因の一つである。労働者は階級闘争をつうじて、その賃金と生活条件を改善できるかもしれない。逆に言うと、資本家階級による組織的反撃は労働力の価値を減少させるかもしれない。しかし賃金財（労働者が生存し再生産するために必要とする財）が――たとえば安い輸入品や技術変化をつうじて――安くなるなら、価値の取り分の減少は物質的生活水準の向上と両立しうる。これが近年の資本主義の歴史では主要な特徴となっている。一般的な労働者は、国民総所得の取り分が減少しているにもかかわらず、今ではタブレット型コンピュータと携帯電話を所持している。その一方で所得上位一％層は、総産出価値からの取り分を増大させつづけている。マルクスが意を尽くして指摘したことだが、これは自然の法則ではない。だが、いかなる反対勢力も現われなければ、これが資本のなす結果となる。生産された価値は大まかには資本と労働のあいだで分割されるのであり、それは互いに関連しあうそれぞれの組織力（あるいは組織されざる力）次第なのだが、その一方で、労働人口内部の個々の集団は、技能や身分や地位に応じて異なる報酬を手にしており、またジェンダー〔歴史的・文化的・社会的性差〕、人種、民族的帰属、宗教、そして性的嗜好にもとづく格差も存在する。しかしながら、これもまた述べておかなければならないが、資本は可能であるならいつでもどこでも、人間の技能、能力、力を自由財◆として〔賃金を支払うことなく〕領有する。労働者階級が蓄えてきた知識、学習内容、経験、技能は労働力の重要な特質であり、資本は、しばしばそれらに依拠することになる。

　賃金というかたちで労働者に流入した貨幣は、賃金財として生産された商品にたいする有効需要という形態でもって資本の総流通に回帰する。この有効需要の強さは、賃金労働力の規模と賃金水準とによって決まる。しかしながら、この流通への回帰にさいして労働者は、労働者という人格ではなく、買い手という人格を引き受けることになり、その一方で資本家は売り手となる。したがって、労働者によってもたらされる有効需要が表明されるというかたちで、消費者選択が一定程度作用する。マルクスも言っているが、労働者が慣習的にタバコを好むのであれば、タバコは賃金財なのだ！　ここには文化的表現にかなりの余地があり、社会的に洗練された嗜好が一定の住民集団のなかで示されるのだが、資本はこれらに対応する

◆**自由財**　きわめて豊富で希少性がないために売買の対象とならない財のこと。

ことによって有利になったり利益を上げたりすることがある。

賃金財は社会の再生産を支える。資本主義の台頭は、一方での商品形態での価値および剰余価値の生産と、他方での社会的な再生産活動との分離を成し遂げた。実際に資本は、労働者とその家族が自分たち自身の再生産過程を引き受けることを頼りにしている（おそらく彼らはいくらか国家の支援も受けることになる）。マルクスは資本にならうかたちで、別個の自律的な活動領域として社会の再生産を論じている。この領域は事実上、労働者の人格面で資本への無償の贈与を果たすことになる。〔というのもこの領域をつうじて〕彼らは可能なかぎり元気に快く職場に戻ってくるのである。社会の再生産というこの領域内でのさまざまな社会関係も、そのなかで起こるさまざまな社会闘争も、価値増殖（階級関係が支配的である場）や実現（買い手と売り手が相対する場）に関わりあるものとはかなり異なっている。ジェンダー、家父長制、親族関係、家族関係、セクシュアリティ〔性的指向、性自認などの総称〕などの問題がより顕著になる。再生産における社会関係は日常生活の政治力学にもおよぶことになり、その調整は数多くの社会的諸制度——たとえば教会、政治活動、教育、近隣地域や地域社会でのさまざまな集団組織など——をつうじて行なわれている。賃金労働者は家事や介護目的でも雇用されているが、ここで行なわれる仕事のなかには無償で不払いとなっているものもある。▼5

税金と「一〇分の一税」

価値および剰余価値の一部は国家によって税金の形態で領有され、また「一〇分の一税」◆（たとえば教会へのそれ）として、あるいはさまざまな主要機関（たとえば病院や学校など）を支援する慈善寄付金として、市民社会のその他の団体によって取得される。マルクスは、これらのいずれについても詳細な分析をまったく示していない。このことは税金という事例についていえば、かなり意外なことだ。というのも、彼の政治経済学批判の主たる焦点の一つはデヴィッド・リカードウの『経済学および課税の原理』◆であったからだ。このような無視に至った理由は、マルクスが（『経済学批判要綱』に述べられた執筆計画に従って）資本主義国家と市民社会にかんする別の書物の執筆を意図していたからではないであろうか。あの〔『資本論』という〕作品の完成までは、課税などのテーマについての体系的考察は先送りにするというのが、彼の方法の特色なのであろう。マルクスは、そのような執筆作業に取りかかれなかったため、この考察は、彼の理論のなかで空白の領域のままとなっている。それにもかかわらず彼の著作のさまざまな箇所において、国家は、さらなる資本流通を保障する積極的要因かつ主体として引きあいに出されている。たとえば国家は、資本主義的な市場制度と市場管理のための法律的、司法的基盤を保障しており、労働政策（労働日の長さや工場法）や貨幣政策（鋳造貨幣や法定紙幣）、そして金融制度の制度的枠組みに関連する規制的機能を担っている。エンゲルスが『資本論』第三巻としてまとめた草稿群によれば、この最後の〔金融制度〕問題にマルクスは専念していた。

国家は、軍備調達にさいして、あるいは実にさまざまな監視手段や管理手段や官僚制的行政手段の調達にさいして、有効需要を意のままとし、これによって多大な影響をおよぼす。また、とりわけ道路、港湾、上下水道設備といった集団利用型の物的インフラや公共財に投資することで、国家は生産的活動も遂行する。先進資本主義社会では国家は種々の機能を担う。たとえば国家は研究開発（まずもって主要には軍事利用目的でのそれ）に補助金を出す。あるいは国家は再分配機構としても活動するため、労働者向けの教育、医療、住宅などを供給することをつうじて社会的賃金を助成する。国家の活動はあまりに広範なものとなる可能性がある。したがって、とりわけ経済的管制高地の国有化政策を国家が進めると、一部の研究者は

▼5 Fraser, N., 'Behind Marx's Hidden Abode: For an Expanded Conception of Capitalism,' *New Left Review*, 86 (2014): 55-72［ナンシー・フレイザー（竹田杏子訳）「マルクスの隠れ家の背後へ――資本主義の概念の拡張のために」、『大原社会問題研究所雑誌』第六八三・六八四号、二〇一五年一〇月、七～二〇頁］。

◆「一〇分の一税」 ユダヤ教徒やキリスト教徒らが宗教組織を支援するために支払う現物寄付や献金で、それが収穫物の一〇分の一だったことから「一〇分の一税」と呼ばれた。

◆『経済学および課税の原理』 D・リカードウ（羽鳥卓也・吉澤芳樹訳）『経済学および課税の原理』（原著初版一八一七年、第三版一八二一年）上・下、岩波文庫、一九八七年。

国家独占資本主義論という独特な理論を描きたがる。この種の資本主義は、完全競争から導かれる法則とは別の法則にそって機能する。ただしマルクスが——アダム・スミスにならって——資本の運動法則の解明で前提としたのは、完全競争のほうであった。

国家関与の度合いとそれと結びついた課税水準は、大体において階級的力関係に左右される。これにまた影響をおよぼすのが、資本の流通への国家介入の利益と不利益とをめぐるイデオロギー闘争であり、あるいは国家システム内部での地政学的権力や地政学的地位をめぐるイデオロギー闘争である。大規模な危機（たとえば一九三〇年代の大恐慌）のあとでは、より効果的な国家介入を求める民衆の声が拡大する傾向にある。現実のものであれ、想像上のものであれ、地政学的脅威という条件下では、軍事的存在感《プレゼンス》をその関連支出とともに拡大すべきだとする要求も一気に高まる傾向にある。軍産複合体の力は無視できないものがあり、その力の行使が資本の流通に影響するのは明らかである。

税金によって分配から取り出されたものは何であれ国家支出の下支えになり、商品需要に影響を与える。これは市場での価値実現に寄与することになる。それゆえ有効需要に梃子入れする国家介入型諸戦略（ケインズ主義理論で想定されるようなそれ）は、資本流通が困難に直面するか活力に欠けるように見えるときには特に現実味を増してくる。利潤率が低すぎて価値増殖への民間投資を奨励できない場合、この状況にたいする典型的対応策は「景気刺激策」を講じることであり、その目的のため、通常は国家主導型のさまざまな措置によって、もっと力強い有効需要を経済のなかに注入しようとする。この政策のために国家は、たいてい銀行や金融業者から——そして彼らをつうじて一般大衆から——借入を行なうのである。

しかしながら他の場合には、これらの税収が資本主義的生産形態に直接的に再投資されることもある。ただし、それは国有化のもとでのこととなる。一九六〇年代のイギリス、フランス、日本などでは主要産業部門が国有部門であったし、中国では今もそうだ。これらの組織は名目上は、国家権力の政治力学から独立し自律しているのだが、そのめざす先は営利企業ではなく、公益のために組織された公共事業となることから、その資本流通との関係のあり方も変わってくる。資本流通の大部分は国家機構を経るものとなり、この事実をいくらか考慮することなしには、運動する資本の説明は完璧とは言いがたいであろう。残念ながらマルクスは、これを自分の理論全体に統合しようとはしていない。それどころか彼は完全競争モデルでの資本の仕組みにこだわり、ほとんどの論述で国家介入を脇においてしまっている。

資本の諸分派にたいする分配

その取り分はともかくとして価値と剰余価値とから労働者と国家が一定量を受けとったとすると、あとの残りの部分は資本の諸分派のあいだで分割される。個々の資本家は、総価値ならびに総剰余価値の自分の取り分を、自分が生みだす剰余価値に応じてではなく、前貸しする資本に応じて受けとることになる（その理由についてはのちに〔第2章で〕検討することにしよう）。剰余価値の一部は、土地不動産の賃貸料《レント》という形態で、あるいは知的所有権にたいする許認可権や使用料《ロイアルティ》として、資産所有者にも吸い上げられる。これゆえにレント・シーキング◆が現代資本主義では重要になる。商人資本家もまた自分の取り分を手に入れるし、貨幣資本家階級の中核である銀行家や金融業者も同様である。貨幣資本家階級は、貨幣の貨幣資本への再転化を容易にしかつそれを促進するという点において、決定的役割を演じる。こうして資本は循環を終えて価値増殖過程へと戻るのである。これらの名前のあがった当事者たちはそれぞれ剰余価値からの取り分を要求するのであり、その取り分は、産業資本にたいする利潤、商人資本にたいする利潤、土地にたいする地代《レント》、その他所有権にたいする使用料《レント》、そして貨幣資本にたいする利子といった形態をとる。

これらの分配形態にはそれぞれ古い起源があり、われわれがここで説明しているような資本の流通形態の勃興に先立って出現する。マルクスは、その〔『資本論』第三巻での〕歴史を描いた諸章において、彼の言う資本の「大洪水以前」の形態が過去には重要であったことをはっきりと認識している。これらのカテ

◆**レント・シーキング**　企業が、議会や政府官庁へのロビー活動によって法制度や政策変更を実現して、寡占的超過利潤や独占利潤を獲得できるようにすること。「準地代」、「特殊利益追求論」とも訳される。

ゴリー〔範疇、一般的な基本概念のこと〕とその請求権とを理解するうえで彼がとった手法はいささか特殊なものだ。彼は事実上、次のように問うている。〔第一に〕商品形態での価値および剰余価値の生産者である「産業資本家」が、それらを生みだしていったん貨幣化してから、これらの他の請求権者たちとその一部を分かちあおうとするのは、どうしてなのか、と。要するに、成熟した資本主義において商人や土地所有者や銀行家の不可欠な機能とは何なのか？　これは最終的には次の別の〔第二の〕質問に移行せざるをえない。すなわち、その不可欠な機能の遂行によって正当化される分量をはるかに超えて、できるだけ多くの剰余価値を臆面もなく領有せんがために、これらの他の請求権者が政治的かつ経済的に自己を組織化するのはどのようにしてなのか？　資本家階級内部での分派闘争はあらゆる所で自明であり、マルクスは銀行や金融を説明する冒頭部分では、このことを認めるようになる。しかし、彼の最も確固たる寄与は、第一の問題に答えることにあった。第二の問題に答えようとすると複合的な諸条件や力関係が通常関連してくるのだが、これらに取り組むことはわれわれの手に残されている。

　とはいえ分配は、剰余価値生産の受動的結果とみなされがちである。だがマルクスの説明は、これが誤りであることを示している。金融業と銀行業は、貨幣形態で生産された剰余価値からの一定の取り分にあずかる受け身の受益者などというものではない。それらは利子生み資本の流通をつうじて、剰余価値生産に貨幣を還流させる積極的仲介者であり、その主体である。中央銀行をその頂点とする銀行制度は、生産での価値創造と無関係に貨幣を創造する坩堝《るつぼ》である。これゆえ金融業者や銀行家は、過去の剰余価値生産の受益者であるとともに、さらなる価値流通の牽引役でもある。利子生み資本の流通は、その所有権にもとづいた利益を要求するが、これによって運動する価値の単一経路としてここまで概念化されたものが二重化されはじめる。産業資本家はこの二重の役割を内面化する。つまり彼らは、剰余価値生産の組織者として一連の実践に従事する一方、貨幣形態での資本の所有者としては、自分自身に前貸しした貨幣にたいして利子を支払うことをつうじて、自らに報酬を与えるのである。あるいは、彼らは自分の事業を始めるために貨幣を借りて、別の誰かに利子を支払うかである。

このことから所有と経営との区別が資本流通に導入されるのであり、しかもこの点の重要性は増すばかりである。一方では株主が、貨幣資本の投資利益を要求し、他方では経営側が、商品形態での剰余価値生産を積極的に組織化することをつうじて自分の取り分を要求する。いったん利子生み資本の流通が資本概念のなかで自律的な地位を獲得すると、運動する価値としての資本の動態はばらばらになる。

株主と投資家からなる階級（貨幣資本家）が一体となって出現し、貨幣資本を意のままに投資することから貨幣利得を得ようとする。この階級は、単なる貨幣であったものを貨幣資本に転化させるにあたって、それを速めたり引き締めたりする。この運動がなければ、生産における資本の価値増殖も、成長も、貨幣資本にたいする利益も存在できない。それと同時にこの運動によって、影響力ある強力な資本の一部が、純粋に貨幣だけをめざすようになる。この資本部分は自らの貨幣利益を得ようとして、生産での価値増殖以外の諸手段にも同じくらい安易に飛びつくのである。一定の貨幣利益率が、土地市場や資産市場や天然資源市場での投機活動から、あるいは商人資本家的事業から得られるのであれば、彼らはそこに投資するであろう。公債購入が生産から得られる以上の収益をもたらすなら、貨幣資本は価値増殖に流れ込まない代わりに、これら他の部門に流入する傾向になるであろう。

マルクスは、こうなる可能性を認めている。しかし、彼はそれを退ける傾向にもあった。その根拠は、全員が土地からの地代《レント》〔の獲得〕や商人資本家的活動に投資してしまって、誰も価値生産に投資しなければ、価値生産における利益率はうなぎのぼりに上がりはじめ、やがて資本は、マルクスが妥当で不可欠な機能だとみなすもの〔つまり価値生産〕に回帰するであろう、というものだ。どうしてもこう言い切れないのであれば、マルクスは少なくとも商人資本と利子の事例では譲歩する傾向を示し、利益率は、産業資本とその他の分配形態とのあいだで徐々に均等化していくと述べた。だが、たとえそうだとしても、運動する価値としての資本がその単純な単一構造を失ってしまい、その構成要素のばらばらな流れへと散らばっていき、ついには敵対的相互関係にしばしば陥るという事実は依然として変わりがないのである。これは、降水がさまざまな形態で起こるという水の循環での出来事とそっくりだ。たとえば近年では、資本の流れが価値生産にかんして縮小する傾向にあり、その一方で貨幣資本は、土地不動産投機といった別分野で高い貨幣利益率を追い求めている。この結果、価値生産における長期停滞は深刻化し、これが二〇〇七〜〇八年の崩壊以降、グローバル経済の大方にわたる特徴になっている。

こうしたことには矛盾する要素がある。それは、金融制度内部からの債務（負債）の創出が、さらなる蓄積の永続的な牽引役になるということである。狂気じみた利潤追求は、債務の返済を求める狂気じみた要求によって補完される。そして、この狂気じみた追求の一部は、生産における資本の価値増殖の拡大策を模索せざるをえない。われわれは分析にあたって価値増殖から始めたのだが、価値は、その旅の出発にあたってとっていたのと同じかたちで価値増殖に回帰するわけではない。価値は進むにつれて発展し、発展するにつれて拡大する。しかし価値の拡大は、今では剰余価値の探求だけではなく、次のような別の事態をも引き起こすことになる。すなわち資本流通が効率的に機能するには分配ネットワークが必須となるのだが、その内部において債務が積み上がっていくため、その返済も不可避とならざるを得ないのである。

運動する価値の推進力

ここで提起した資本の視覚化は、言うまでもなく一つの単純化である。しかし、それは根拠のない単純化ではない。この視覚化は、資本の総流通過程に含まれている四つの基本的過程を描きだす。〔第一に〕生産にさいして剰余価値という形態で資本を産出するという価値増殖の過程がある。〔第二に〕市場での商品交換をつうじて価値を貨幣形態に再転化させるという実現の過程がある。〔第三に〕さまざまな請求権者のあいだでの価値および剰余価値の分配過程がある。そして最後に、請求権者のあいだに出回る貨幣の一部をつかまえて貨幣資本に再転化し、それを起点として価値増殖の進行を維持させるという過程がある。それぞれ特色あるこれらの過程は、いくつかの点では独立し自律している。しかし、それらはすべて価値の流通のなかに一体的に関連しあっている。われわれが間もなく見ることだが、運動する価値の統一に内在するこれらの区別は、『資本論』の本文を構成するうえで重要な役割を果たしている。その第一巻は価値増殖を、その第二巻は実現をそれぞれ焦点に当て、その第三巻はさまざまな分配形態を分析するのである。

あとに残るのは、この資本の流れを動かしつづける推進力または動力について簡単に説明しておくことだ。最も疑う余地のない推進力は次の事実にもとづいている。すなわち合理的な貨幣資本家であれば、価値増殖過程の終わりにさいして最初に所持していた以上の貨幣がもたらされなければ、商品生産と剰余価値生産の組織化を自分たちが進めるさいに払わざるをえないあらゆる努力を企てることも、あらゆる艱難辛苦に耐えることもないであろう。要するに、それを駆り立てるのは個々人の利潤動機なのだ。われわれはもちろん、これを人間の貪欲さのせいだとすることもできる。だがマルクスは、たいていの場合、これを道徳的欠陥とみなすことは手控えている。もし、われわれが生きるために必要な使用価値を生みだすべきなのであれば、人間の貪欲さは社会的に必要なものでもある。利益の源泉は剰余価値の生産にあるのだから、価値増殖過程には、生産における生きた労働の不断の搾取にもとづいて無限に持続せんとする動因が組み込まれている。しかしながら、その含意は剰余価値生産の不断の拡大である。資本の再生産循環は、永遠の成長と拡大とを示す一つの螺旋運動となる。

マルクスは概して、実現過程に推進力があるという考え方を考慮に入れなかった。しかしながら、そこに推進力がないという、そもそもの理由があるわけでもない。この推進力は、異なる使用価値を求めるという大衆の欲求、必要、欲望の変化から出てくるかもしれない。マルクスは欲求、必要、欲望の状態を、資本によって決められてしまう「合理的消費」とみなしがちであったが、そうとはならない事情も起こるかもしれない。たとえば、人々の大部分（労働者かブルジョアかは問題ではない）が、自然にたいして異質な関係を実現したいとの欲望を表明した場合、既存の資本主義的実践からもたらされる環境の劣化、生息環境《ハビタット》の喪失、気候変動は巻き返しを被るかもしれず、そうなると資本の総流通過程は代わり《オルタナティブ》の道筋へと追い込まれる可能性がある。これらの欲求、必要、欲望が支払能力に裏打ちされることによって（そしてここで明らかに、国家の刺激策や補助金政策は違いをもたらしうる）、環境保護と再生可能エネルギーが化石燃料にとってかわりはじめるかもしれない。

　マルクスはこの種の問題を考察しなかったが、本章で描いてきた視覚化――マルクスの考え方にもとづくそれ――は、このような問題を考慮するにあたってもたやすく適応する。さらに言えば国家は、所定の行政統治のための需要全体は言うまでもなく、軍備調達、治安維持技術、監視技術、そしてさまざまな社会統制技術を求めることからも、有効需要にたいして強力な影響力を行使する。そのかぎりで国家も蓄積の推進力になりうる。この影響力が強くなりすぎることもあり、ある歴史的一時期に一部の分析家たちが、蓄積の主な牽引役として軍事ケインズ主義を描きだそうとしたほどである。また国家は実際問題として、イノベーションと技術変化とを促進するうえで非常に重要な役割を果たしてきた。実際のところ、価値実現の課題をめぐる政治的、社会的闘争は数多く起きており、それは、価値増殖を中心にして起こる古典的闘争とはいくぶん異なった社会構造と社会的意味とを有している。この理由は、価値増殖の契機にさいして支配的になる基本的社会関係が資本と労働との関係であるのにたいして、価値実現の契機で支配的になるのは買い手と売り手の関係だからである。

　これと同様に、一般的分配領域で起こる社会的、政治的闘争も無視しがたい。しかし、これを理解するには、マルクスよりもはるかに踏み込んだ検討を行なわなければならない。というのもマルクスは自分の分析を「これらの分配形態が、純粋な資本主義のなかで存在可能となり、また存在すべきなのはなぜなのか」という問題に限っていたからである。より動態的な見地からの理解によれば、金利生活者《レンティア》や商人や金融資本家は、自分自身の利益に走る特殊な権力集団であり、彼らは持ち逃げできるかぎりの価値を領有しようとするのである。そこで、これに続く大問題は次のようなものとなる。商人や金融業者や土地所有者が、生産に従事するための労をとる人々を犠牲にしながら、その不正利得で悠然と暮らすことで繁栄を謳歌している場合、価値増殖に再投資しようとする動機など何かしら彼らに生まれるのであろうか？　土地の地代《レント》で暮らすことができるのであれば、誰がどうして生産について思い悩むというのか？

利子生み資本の流通がとる独特な形態が決定的な役割を果たすのは、ここにおいてである。債務の創出には、銀行による信用創造◆が含まれており、それは価値の生産からはまったく独立している。ところでまた債務の創出によって、分配の領域は、価値増殖を介した流通を永続化させようとする巨大な動因も内部化させる。債務を返済しようとすることは、〔単に〕利益を追求するうえでも、未来の価値創造を推進するうえでも、同じように重要な役割を果たすとも言えよう。債権とは未来の価値生産にたいする請求権であり、そのようなものとして価値増殖の未来を差し押さえることになる。債務の返済ができなくなると、資本の体系的流れにたいしてすさまじい危機が引き起こされるのである。

総流通過程を観察すると、多元的な動機がこの体制を維持させ推進させているのであって、価値を運動させる推進力は尽きることがない。また、これもきわめて明らかなことだが、運動する価値を永続化させようとすると、多元的な脅威と困難も出てくる可能性がある。ただし、この問題はあとで取りあげることにしよう。

◆信用創造　銀行が貸付（国債などの債券購入も含む）と預金の受け入れとを繰り返すことによって、自行が受け入れている預金額の何倍もの預金通貨をつくりだすこと。

〔第2章〕
著作としての『資本論』について

蓄積の第一の条件は、資本家が自分の商品を売らなければならず、その販売から受けとった貨幣の大部分を資本に再転化することである。以下〈『資本論』第一巻〉では、われわれは、資本がその流通過程を正常な仕方で通過することを前提にする。この過程のもっと詳しい分析は第二巻で行なわれる。剰余価値を生産する〈……〉資本家は、〈……〉けっしてその最後の所有者ではない。彼は、あとで、それを、社会的生産全体のなかで他の諸機能を果たす資本家たちや土地所有者などと分けあわなければならない。したがって、剰余価値はいろいろな部分に分かれる。剰余価値の断片はいろいろな部類の人々の手に入って、利潤や利子や商業利得や地代《レント》など、さまざまな相互に独立した諸形態をとる。われわれは、これらの剰余価値の転化形態を第三巻ではじめて取り扱う。だから、ここではわれわれは、一方では、商品を生産する資本家は商品をその価値どおりに売るものと前提し、〈……〉他方で、われわれは、資本家的生産者を全剰余価値の所有者とみなす。または別な言い方をすれば、彼と獲物を分けあう仲間全体の代表者とみなすのがよいであろう。(C1, pp. 709-710 ／ S. 589-590 ／七三五〜七三六頁)

もし全体としての資本流通の構図が、価値としての資本の運動にたいするマルクスの理解を合理的に表わすとすれば、『資本論』の三つの巻はその構図のどこに位置づけられるのであろうか？

『資本論』第一巻

最初の三つの導入的な章を飛ばすとすると、第一巻はもっぱら価値増殖の過程に焦点を当てる。それは、貨幣が貨幣資本となる瞬間から、価値が市場で貨幣形態に実現される瞬間までのあいだを道案内してくれる。貨幣から商品、生産、商品を経て再び貨幣形態に戻るのだが、この運動の外側にありながらその一環をなすのは、せいぜい、労働力再生産のために必要な諸商品を買うための賃金の流れと、再投資の糧となる利潤の流れだけである。その他の総流通過程内部のことは端から端まですべて「正常な仕方で」作動しているものとみなされる。私の考えでは、これによってマルクスは過程に支障なしということを意味させている。すべての商品が価値どおりに交換されると前提するのだから、市場における貨幣としての価値の実現には何ら問題がない。一般に賃金と利潤との分割は別として、それ以外の分配上の取り分への剰余価値の分割には問題がないと前提するのだから、あらゆる複雑な事態も回避することができる。おそらくマルクスの諸前提のうちで最も広範にわたり重要なのは、生産と交換の両面において私的所有権が、けっして脅かされることのない権限である、というものだ。彼が市場での完全競争を前提にするのは、こうした文脈においてなのである。▼[1] マルクスはアダム・スミスの「隠された手〔見えざる手〕」の理論を受け入れている（ただし、マルクスの主張では、隠されているのは資本の手ではなく労働者の手なのだ）。独占力はないものと前提される。

マルクスがこれらの前提をなぜ採用したかは興味深い問題だ。私の推測では、『資本論』におけるマルクスの根本的な真意は、当時の政治経済学者たちが推奨していた自由市場資本主義というユートピア的見解を脱構築することにあった。彼が示したかったのは、スミスその他の人々が想定したのに反して、市場の自由が万人にとって有益なものにはならないということであり、しかも、それは資産のある資本家階級には莫大な富をもたらし、大衆には貧困という反ユートピアをもたらす、ということである。

これらの前提によって準備を整えると、マルクスは思うがままに微に入り細を穿って、価値増殖を検証する。彼は、自由な市場交換での平等という条件のもとで、生産における生きた労働の搾取の諸形態を分析する。資本家は、労働力の価値を労働者に支払い、その労働力を用いて価値を生産する。そのさいに生産される価値は、ひとまとまりの時間に限って労働力を販売する見返りに労働者自身が受けとる価値よりも大きい。剰余価値の生産と領有の基礎は、生産過程における生きた労働力の搾取にあるのであって、市場にあるものではないということに注意してほしい。次にマルクスは、絶対的剰余価値と相対的剰余価値との違いについて詳論する。前者の剰余価値が依拠しているのは、労働日を延長させて、労働力価値と等しい価値を再生産するために必要となる時間を超えることである。相対的剰余価値論によって説明されるのは、資本家間競争にもとづいて編成される資本主義的生産様式のその固有な技術的、組織的発展である。生産性の向上は、労働者の再生産に必要な諸商品の価値を減少させる。こうなると、物質的生活水準を一定とすれば労働力価値が下がり、資本家のもとにはより多くの剰余価値が残ることになる。

市場占有率《マーケット・シェア》をめぐる資本家間競争は、単純再生産の循環《サークル》＝円環を、永遠の「蓄積のための蓄積」という螺旋的《スパイラル》形態に転化させる。最後にマルクスは「資本主義的蓄積の一般的法則」と彼が名づける二つの動態的モデルを組みたてる。第一のモデルは、技術不変という前提に立つのにたいして、第二のモデルは技術変化を組み込む。その労働者におよぼす影響が一貫した主要な焦点である。すでに〔第一巻の〕以前の諸章で確証されたこととして、生産過程の内外では労働者が絶えず窮乏化せざるをえないのだが、この第二のモデルにおいてわれわれが理解するのは、この事態が資本にとって不可避となるその理由である。この極致として、半失業状態の労働者あるいは失業者からなる産業予備軍が産出され、労働者は無力な状態に縛りつけられる。それと同時に資本は、生きた労働の搾取の増大をつうじて、剰余価値の抽出を確実に

▼1　Cl, chap. 2／Kap. 2／第二章「交換過程」。

最大化できるようになる。この結論は次のようなものとなる。

　資本主義体制のもとでは労働の社会的生産力を高くするための方法はすべて個々の労働者の犠牲において行なわれる〈……〉、生産の発展のためのすべての手段は、生産者を支配し搾取するための手段に転化し、労働者を歪めて断片的人間にし、機械の付属品の水準におし下げ、労働を責め苦に変えることで労働の現実の内容を破壊し、科学が独立の力として労働過程に合体されるにつれて労働過程の精神的諸力を彼から疎外する〈……〉、これらの手段は労働者の労働条件を歪め、労働過程では労働者を下劣であるがゆえになおさら忌まわしい専制に服従させ、労働者の生活時間を労働時間に転化し、彼の妻子を資本のジャガノートの車輪◆の下に投げ込む〈……〉。しかし、剰余価値を生産するための方法はすべて同時に蓄積の方法なのであって、蓄積の拡大はすべて逆にまたこれらの方法を発展させる手段にもなる。したがって、資本の蓄積が進むにつれて、労働者の状態は、彼への支払いが高かろうと低かろうと、ますます悪化せざるをえないということになる。最後に、相対的過剰人口ないし産業予備軍をいつでも蓄積の規模と活力に均衡させておくという法則は、ヘファイストス［ギリシア神話の火の神］の楔がプロメテウスを岩に釘づけにしたよりもずっと強固に労働者を資本に釘づけにする。それは、富の蓄積に対応して、貧困の蓄積を必然的条件にする。したがって、一方の極での富の蓄積は、同時にその反対の極での、すなわち自分の生産物を資本として生産する階級の側での、貧困、労働苦、隷属、無知、粗暴、道徳的堕落の蓄積なのである。▼[2]

　この結論にかんして二つのことが言える。第一に、ここでマルクスは自由市場資本主義の反ユートピア的帰結を暴露している。間違いないことだが、資本主義と労働者階級の歴史は、イギリスの工業化におけるその始まりから、たとえばバングラデシュや深圳の現代的工場における今日に至るまで、マルクスが描いたような諸条件が繰り返し再現してきたという膨大な証拠に満ちている。また直近四〇年にわたって先進資本主義諸国で自由市場政策が重視された結果、かつてない規模での階級的不平等が生みだされてきたことも疑いえない。しかし、これでことの全体像が捉えられるというわけでもない。というのも〔第二に〕、資本の発展力学の内部には贖罪的要素も作用してきたという膨大な証拠もあるからであり、それは違う方向も指し示している。たとえば、労働者の平均余命は世界の多くの地域で悪化せず、むしろ向上してきた。平均的労働者の生活様式は、少なくとも世界の一部地域では、将来にまったく希望がもてないというわけではない。いくつかの場所では、代償的消費様式◆の世界に引きこまれるような輝きがあるようにさえ思われる。

マルクスの第一巻の結論は、彼が依拠した諸前提に全面的に依拠している。いかなるモデル構築演習でもそうなのだが、前提を変えれば結論も変わる。第一巻は、価値増殖の観点からの総体性の把握を提示している。これ自体は計り知れないほどの価値がある。しかし、それは部分的なものでもあるのだ。

『資本論』第二巻

マルクスが第二巻で企てたのは、資本が市場に参入しているあいだや、そこから出たあとに生じる資本流通の研究である。第二巻では、第一巻で中断された「運動する価値」の物語が再開される。商品形態から貨幣形態への価値の変態は、きわめて重要な契機である。というのも、貨幣形態における価値および剰

◆ジャガノートの車輪　ジャガノートとは、ヒンドゥー教のヴィシュヌ神がとる姿の一つ。その礼拝は自己犠牲を特徴とし、大祭の日に信者はジャガノートの肖像を乗せた車輪の下に身を投じたとされる。

▼2　CI, p. 799／S. 674-675／八四〇頁。

◆代償的消費様式　代償的消費とは、アンドレ・ゴルツによれば、労働の機能化という犠牲を労働者が受け入れてなお償って余りあると喧伝される消費のこと。これによって代償的消費のために機能的労働を率先して行なうようになるとされる。アンドレ・ゴルツ（真下俊樹訳）『労働のメタモルフォーズ――働くことの意味を求めて　経済的理性批判』（原著一九八八年）、緑風出版、一九九七年。本書五五頁も参照。

余価値の実現は、価値創造の現実の成果が測定されて記録できる瞬間だからである。ここにおいて初めて、剰余価値が生産されたという具体的、物質的証拠をわれわれは手にすることになる。

第二巻では、価値実現とそれに続く流通の観点から、資本の総流通の把握が提示される。マルクスは、いくつかの前提のもとでこの目的を追求する。

第一に、彼は技術が一貫して不変であると前提する。彼は総じて、第一巻において徹底的に研究した技術変化にかんする知見を無視している。

それゆえ、ここでは、商品がその価値どおりに売られるということが前提されるだけではなく、この売りが不変の事情のもとで行なわれるということも前提される。したがってまた、循環過程の進行中に起こりうる価値変動も無視される。[3]

価値生産性の変化があたかも重要ではないかのように論を先に進めるのは、不合理なまでに非現実的に思われる。彼は、これを便宜上の前提だと初めは述べるのだが、のちになると「価値革命にかんして言うと〈……〉、それは〈……〉事態を何ら変えるものではない」と主張している。[4]

第二に、マルクスは〔第一巻でのように〕賃金と総利潤を例外として、分配の諸事実を第三巻に追いやることで無視している。こちらの前提は特に困惑させられる。というのも第二巻で何度も彼は、異なる回転期間〔資本が、貨幣などの当初の形態から、価値増殖、実現、分配を経て、再び元の形態に戻るまでの時間〕や固定資本◆投資の調整問題は、最終的に信用制度◆によって巧みな解決策を得ると強調するからである。しかし彼は、まだ利子論と金融論を展開していないという理由から、こうした解決策を第二巻で取りあげようとはしないのである。[5]

〔第三に〕彼が価値実現の問題に関心を向けていたことを考えると、最も奇妙なのは、すべての商品がその価値どおりに取引されると前提されていることである。これはマルクスの第一巻での前提なのであって、だからここでも同じ前提が復活するのを見ると驚いてしまう。しかしながら第二巻では、この前提は非常に異なった役割を果たしている。彼は、すべてが均衡状態にあるという前提から出発し、そこからさかのぼって、そのような均衡状態に最終的に帰着するために起こるべき出来事を確定する。第二巻の最後〔第三篇〕で示される再生産表式という彼の革新的モデルは、一般的には経済学的モデル化の先駆とみなされており、それは半世紀以上ののちにマクロ経済学の基礎となった。それが数理的に示しているのは、需要と供給の均衡が維持されるのであれば、労働者向けの賃金財生産、資本家向けの投資財生産、そして奢侈財の生産のあいだで比例性が保持されるべきであるはずだ、というものである。

この議論の功績は多大なものがあり、いくつかの面では見事でさえある。しかしながら、それが依拠する前提によって、さまざまな制約が課せられていることも明らかにしておくべきである。興味深いことに、これらのモデルには技術変化がわずかばかり導入されるのだが、それは均整成長の達成に必要な技術変化に限られている。それに引き続く探究で示されるのは、この再生産表式の範囲内で均整成長を保証できる技術発展経路が実際に存在する、ということである。だが、第一巻で確認されたような相対的剰余価値生産の根底にある競争過程がこの経路だけにそって進行することも絶対にありえない。したがって不比例性

▼3　C2, p. 109／S. 32／三六頁。

▼4　C2, p. 469／S. 393／四八四頁。

◆**固定資本**　比較的長期にわたって生産過程で何度も機能する生産資本。固定資本の価値は、一回の生産のたびごとに徐々に生産物に移転する。機械、工場、建物、車両など。流動資本の対義語。

◆**信用制度**　信用とは、給付（たとえば商品の譲渡）と反対給付（貨幣の支払い）に時間的な乖離のある取引によって形成される債権債務関係のことである。こうした取引には、クレジットカードを利用して貨幣の後払いを約束したうえでの商品購入、あるいは一定期限後の返済を約束させたうえでの貨幣の貸付などがある。資本主義的生産のもとでは、商業信用を基礎に、銀行信用、信託業・保険業が発達し、これらの信用取扱業全体を信用制度と呼ぶ。

▼5　C2, pp.199, 225, 261, 357, 396／S. 123, 149-150, 182, 284, 323,／一四八、一八一～一八二、二二二、三四五、三九二～三九三頁。

恐慌《クライシス》が、不可避とは言えないまでも、起こりうるものなのである。

第二巻を読むさいに立ちはだかる問題は、さまざまな前提による制約だけではない。もっと厄介なのは、分析が未完であることだ。エンゲルスが『資本論』第二巻を仕上げた原稿は冗長で、その多くが完成稿というよりは、むしろ思索的試論である。それらは、貨幣形態への転化と実現との観点から体系化された資本流通についての決定的分析となっているわけではない。したがって、他の関連著作の研究をつうじてマルクスの見解をいくつか再構築しなければならない。たとえば『経済学批判要綱』は、第二巻の見解とつきあわせなければならないような試論的見解に満ちている。しかし、試論的見解に試論的見解を足しあわせても、必ずしも決定的説明が生みだされるわけではない。せいぜいのところ、もしその巻が完成していたら語られていたかもしれないことを推測するより仕方がないのである。マルクスの説明からどのような内実が失われているのかを推測するよりも、彼の前提を外すと何が起きるかを解明するほうがはるかに容易である。

第二巻は、資本流通全体を生産資本、商品資本、貨幣資本の三循環に分けることから始めるが、ただし、それらはマルクスの言う「産業資本」の循環のなかで統一されている。個別の産業資本家は、生産者、商人、貨幣管理者といった、時として相容れざる三つの役割を演じなければならない。これは、第三巻において資本が、いくつかの異なる分派（とりわけ生産者、商人、金融業者）に分裂することを先取りしている。マルクスの分析が示そうとする主眼は、貨幣形態での価値実現のための諸条件が、価値増殖と商品生産の諸契機を資本が成功裡に通過することにかかっていることである。同じことは、生産資本の再生産にも商品資本の再生産にも当てはまる。それらはすべて相互に依存しあい連結しあっているが、それぞれ自律的な形態でもある。産業資本家は流通過程における三つの諸契機すべてに注意を払わなければならない。マルクスがそう言っているわけではないが、生産を組織するのに非凡な才能があるにもかかわらず、貨幣やマーケティングがらみのことを理解する段になると惨めなまでにだめになる資本家の例は枚挙に暇がないのである。

冒頭の四章で強調されているのは、生産における価値増殖、市場における価値実現、それに続く貨幣資本の再投資をつうじる資本の不断の流れが不可欠であるということだ。技術革命および組織革命を生みだそうとする資本の傾向は、ここでは破壊的な力となる。それゆえ、マルクスはイノベーションを脇において、技術不変を前提にしたのかもしれない。技術変化は、このような強力かつ予測不可能な破壊力を生産と流通の連続性にたいしておよぼすのだが、そうなると、この連続性条件の研究は困難なものになったかもしれないし、場合によっては不可能になったであろう。

以上のマルクスの分析の全般的要点をまとめれば、資本の流れは（水の循環において降水が異なる形態をとるのと似て）、ずいぶんと違った特徴をもつ異なる三つの流れに分解される。たとえば通例、貨幣は商品よりも地理的に動かされやすいし、この両者は生産よりもはるかに地理的に動かされやすい。これは、グローバリゼーションにおける金融化の役割を理解するうえで重要な意味をもっている。マルクスは貨幣を、資本の「蝶」の形態と呼ぶ（それは軽やかにあちこちを飛び回り、どこにでも好きな場所に着地する）。われわれはこの比喩を拡大解釈して、商品を幼虫形態として、生産を蛹形態として考えることもできるであろう。〔最初の四章と最後の第三篇を除いた〕第二巻の残りの部分は、市場における流通と実現について取り組んでいる。それは、異質な回転期間や固定資本流通に起因する諸問題を注視している。そのさい信用制度の必要性がたびたび引き合いに出されるものの、その吟味は第三巻にまで先送りされる。

ここでわれわれにわかるのは、資本には、さまざまな労働期間（たとえば自動車と靴一足といった別々の商品をつくるのに要する時間）、さまざまな流通期間（売れるまでにある製品が市場にとどまっている平均時間）がかかるのであり、そして配置された資本の平均回転期間という総合的尺度がある、ということである。資本家間競争では回転期間の加速や短縮に相当な重点が置かれ、膨大な数のイノベーションがこの目的へとふりむけられる。回転期間が速まることによって総利潤が上昇する。加速傾向は、生産とマーケティングの領域から波及して、日常生活のリズムを根本的に変えてしまう。生産の加速は、ある段階に至ると消費の加速を要請する（それゆえ計画的陳腐化や流行が重要となる）。と同時に、固定資本投資に依拠することで生産性を上昇させようとすればするほど、一部の投資の回転期間は減速する。これは建造環境への投資に特に妥当する。一部の資本の運動を加速させるために、残りの資本が固定資本やインフラ形態をとると、そちらの側の資本の回転期間は減速してしまう。その耐用期間が長期にわたる巨大な固定資本投資を構築し、維持し、更新するには、蓄蔵貨幣の放出が必要となるのだが、ここでもまたその手段として信用制度に訴えることがきわめて重要となる。この議論は第三巻にまで先延ばしにされる。

第二巻については、いかなる統一的結論も見定めがたい。その研究の実質から引きだされる最も重要な見解が一つあるとすれば、それは、能率を向上させ絶えず加速させようとする強力な動機が、資本の流通に存在する、というものであろう。しかし、第一巻の結論と著しく異なる箇所もある。

> 資本主義的生産様式における矛盾。労働者は商品の買い手として市場にとって重要である。しかし、彼らの商品――労働力――の売り手としては、資本主義社会は、その価格を最低限に制限する傾向がある。もう一つの矛盾。資本主義的生産がそのすべての潜勢力を発揮する時期は、きまって過剰生産の時期となって現われる。なぜなら、生産の潜勢力は、それによって剰余価値〔英語版では「価値」〕が単に生産されるだけではなく実現もされうる場合にのみ充用されるからである。それにもかかわらず、商品の販売、商品資本の実現、したがって剰余価値の実現は、社会一般の消費欲求によって限界を画されているのではなく、その大多数が常に貧困であり、また貧困でありつづけなければならないような社会の消費欲求によって限界を画されているのである[6]。

ここでは労働者階級の有効需要が市場のバランスに関わっており、第一巻の分析を前提とすれば、彼らの有効需要は絶えず脅威にさらされる。この問題はマルクス主義理論には組み込みにくい。というのも、これはケインズの関心事の一つでもあるので、それについて語るやいなや、ただちにケインズ主義をマルクス主義に輸入するのかという批判にさらされる恐れがあるからだ（当然のことだが、その影響関係はまったく逆さまである〔ケインズ主義がマルクス主義から学んだ〕のに、こう批判されてしまう）。だが、ここにおいてわれわれは、労働者階級が代償的消費様式に惑わされる運命にあるその理由を説明できるのである。なぜなら、これこそ資本が市場を保持する方法だからである。ただし第一巻の場合と同じように、この暫定的結論は、そのさまざまな前提を条件としている。とはいえ、この問題にかんする第二巻の知見は――それをどのように読解したとしても――第一巻の知見とは矛盾している。第一巻で生き生きと描きだされた賃金にたいする引き下げ圧力は、第二巻で言われるような、労働者の有効需要が経済を安定化させうるというその潜在的可能性を無効にしてしまう。これは、運動する価値の流通内部に矛盾と不安定要素があるという核心的事態を示唆している。新自由主義が過去四〇年にわたって労働者の有効需要の相対的力を弱体化させてきたことは、資本主義世界の多くの地域で現在経験されている長期停滞の一因となったのである。

『資本論』第三巻

第三巻の主要な焦点は分配である。エンゲルスはいくつか主題の異なる重要な諸草稿――たとえば競争についての諸章や、土地・労働・資本のいわゆる「三位一体定式」批判の章――も取り入れた。というのも、それはまぎれもなく興味深いものであったからである。しかし第三巻本文の大部分は、分配のさまざまな形態とその帰趨の分析に割かれている。そのさい他の二巻で分析された価値増殖と実現の問題はないものと前提される。相対的剰余価値の根底にあって産業予備軍を形成する技術的、組織的変化の発展力学は脇におかれている。この巻でのマルクスの〔研究〕手法は、他の二巻と同じように、価値の流通の一段階を取りあげて精査する一方で、流通過程の残りの特徴はすべて一定とみなすというものである。本章冒

▼6　C2, p. 391／S. 318／三八七頁。

頭の引用文が示しているように、このやり方をマルクスは明記している。これを念頭においたうえで、さまざまな請求権者のあいだで価値と剰余価値が分配される主要形態を――すでに〔本書第1章で〕考察した賃金と税金とを除いて――考察してみよう。

(a) 個別資本家間での価値の分配

個別資本家は市場での競争圧力に強いられて、利潤を最大化させようとする。その結果として、利潤率は均等化する傾向にある。これは奇妙な分配上の帰結をもたらす。創造された総剰余価値は、個別資本家たちが〔実際に〕生産した剰余価値〔量〕に応じてではなく、前貸しする資本〔量〕に応じて、個別資本家に分配される。マルクスはこれを、冗談めかしながら「資本家的な共産主義」[7]と呼んでいる。というのも個別資本家間の剰余価値の再分配は、「各資本家からはその用いる労働に応じて、各資本家にはその前貸しする資本に応じて」といった原理にもとづくからだ。どうしてこうなるのかという専門的理由についてはあまりに複雑なので、ここでかかずらうことはできない。この原理から重要な影響が引き起こされる。剰余価値の再分配は、少数の労働者しか雇用しない資本集約型産業には〔設備・原材料投資のための大量の前貸資本を必要とするがゆえに〕有利に働き、剰余価値を多く生産する労働集約型産業には〔設備や原材料に必要な前貸資本は少ないゆえに〕不利に働くのである。これを埋めあわせる傾向がまったく生じなければ、剰余価値生産の基盤（すなわち労働者の雇用）は縮小する傾向にある。

労働者一人当たりから抽出する剰余価値率と総労働力人口が一定のままであれば、分配可能な総剰余価値量は減少する。それとともに利潤率も低下する傾向となる。その行き着く果ては、資本の運動法則内部での危機的な矛盾である。完全競争条件下で自己利益を追求する個別資本家は、資本家階級の再生産を脅かす結果をもたらす傾向にある。こうなるのは、何も個別資本家が愚鈍で強欲で狂っているからではなく、彼らが市場の隠された手によって駆り立てられる結果として、剰余価値生産の最大化ではなく利潤最大化を追求するからである。換言すれば、個別資本家間での剰余価値の分配法則は、剰余価値の生産法則と対立関係にある。恐慌の可能性はこの対立関係にもとづくのである。

マルクスにとってこれ以上にはるかに重要であったのは、おそらく、利潤率の均等化が「剰余価値の現実の源泉をまったく不明にし不可解にしてしまう」ことである。▼8 資本とは何であるかの「内的な核心」が、資本家自身だけでなく、その核心を描こうとする経済学者にも認識できなくなる。

> 〈競争では〉〈……〉すべてが逆さまになって現われる。表面に現われているとおりの、経済的諸関係の完成した姿は、その現実の存在にあっては、したがってまたこの諸関係の担い手や代理人たちがこの諸関係を理解しようとして抱く観念のなかにあっても、この諸関係の——本質的だが、しかしおおい隠されている——内的な核心の姿とも、それに対応する概念とも非常に違って〈……〉いる。▼9

マルクスが注目している焦点は、もちろん、この隠されて神秘化されている「内的な核心」なのである。

(b) 一つの階級分派としての産業資本家

商品形態で剰余価値を生産するという特別な目的のために労働者を雇う資本家は、自分たち自身のために生産した剰余価値を獲得できる特権的地位にいるはずである。しかし利潤率の均等化によって、剰余価値は、自分たちの前貸しした資本〔量〕に応じて資本家間に不平等に再分配されることになり、しかも徴税官は〔徴税という〕ひどい要求に応じさせようと資本家たちを絶えず追い立てていく。そのうえ件《くだん》の資

▼7 Marx, K., and Engels, F., *Selected Correspondence*, Moscow: Progress Publishers, 1955, p. 248［MEW, 32, S. 73／カール・マルクス「〔書簡〕マルクスからエンゲルス（在マンチェスター）へ　一八六八年四月三〇日」、『マルクス＝エンゲルス全集』第三二巻、大月書店、一九七三年、六二頁］。

▼8 C3, p. 267／S. 176／二一一頁。

▼9 C3, p. 311／S. 219／二六二頁。

本家は、商人にたいしては利潤、土地不動産所有者にたいしては地代《レント》、銀行家や金融業者にたいしては利子という形態で、価値ならびに剰余価値の一部を引き渡す義務を負うことになる。彼らのことをマルクスは「産業資本家」と名づけたが、こうした資本家は、剰余価値の特権的領有者からはほど遠い存在であり、たいていの場合、他のすべての成員の請求が履行されたあとに残された分だけを取得することになる。

(c) 商人資本家

資本は絶えず運動しつづけなければ喪失し、減価を被る。製品を市場に出して販売に至るためにかかる時間は無駄な時間であり、しかも時は金《かね》なりである。このため産業資本家はしばしば、ただちに商品を商人に引き渡してしまおうとする。商人資本家は、効率的な方法で、しかも安上がりな費用でもって販売を組織する(この過程で労働力を習慣的に搾取する)。倉庫、デパート、配送サービス(今やオンライン化が進んでいるそれ)の創出は、マーケティングにおける規模の経済◆をもたらす。商人資本家はまた、人々のあいだの欲求、必要、欲望の状態に影響を与えるマーケティング戦略や説得術(たとえば広告)にも熟達している。こうした理由から工業生産者は、実現の瞬間よりも前の段階で、満額の価値から割引いたうえでも商品を商人に譲り渡そうと強く思うようになる。マルクスの見立てでは、この割引こそ商業利潤の源泉である。商人は概して価値を創造しはしない(ただし市場への輸送活動など、いくつか重要な例外はある)。商人資本家は主として、価値実現や価値の貨幣化を、より効率的に、より迅速に、より安全に行なう見返りとして、産業資本によって事前に生産されていた価値の一部を領有するのである。

(d) 土地所有者と地代《レント》

土地は主要な生産手段である。土地の囲い込みと私有化とによって、土地の利用機会から労働者を組織的に排除することは、賃金労働者の再生産にとって不可欠である。こうして初めて、働く人々が、生活のために賃金労働者にならざるをえないという事態も確保できる。アメリカで辺境地帯《フロンティア》が〔開拓者に〕開かれていた時代には、東海岸の工業地帯にそって労働者が足りなくなったため、賃金は否が応にも高騰した。こうならなかったとすると、賃金をもとに押し下げるまでに十分な移民の流入があった場合だけであった。だからこそ未開拓地も〔私有化されて〕商品になるのであろう。それは価値をもたない――なぜなら、いかなる労働も土地そのものの生産にはいまだに用いられたことがないのだから――にもかかわらず、相応の価格での取引対象になりうるのである。これゆえ次のような疑問が提起される。すなわち土地市場における資本の流通をどのように理解して分析すべきなのか？

資本主義的生産者のあいだでの土地をめぐる競争は差別的優位性に直面する。この優位性は、土地競争以外のあらゆる経済活動に関連した優位な立地か、優位な豊度か、あるいはその両方に起因する。これらの差異――それをマルクスは、彼の言う「差額地代《レント》」の詳細な検討をつうじて研究している〔本書二三一～二三二頁も参照〕――は、何よりもまず自然によるものかもしれない。だが、こうした差異は土地不動産向けの改良投資（もちろん都市建設がその頂点であるそれ）をつうじて時とともに次第に生産されるものとなる。運輸通信分野での投資活動とイノベーションとによる空間的諸関係の革命もまた同じくらい重要である。優位な立地は、絶対的ではなく相対的なものだ。商業的に無価値であった遠隔地が、鉄道や高速道路網の敷設のおかげで突如、価値あるものになる。

これらの差別的優位性から地代《レント》を抽出する土地不動産所有者は、資本一般にたいして注目すべき影響をおよぼす。というのも土地不動産所有者は、地上か地下かを問わずその土地で活動する産業資本家（ここ〔『資本論』第三巻〕では農業資本家）にたいして、その完全競争条件を均等化するからである。もし工業生産者Xが、優れた立地や豊度の高い土地を占有しているおかげで、生産者Yよりもはるかに高い利潤率を永続的に得るとなると、資本家間競争をうながす推進力は永らく鈍るであろうし、資本の運動法則も永久に損なわれることになる。資本は事実上、土地所有者に〔地代《レント》という〕余分な支払いを行なうのだが、そ

◆規模の経済　生産・取引規模の増大にともなって、平均費用が低落し、収益性が向上すること。

の見返りに、土地所有者は労働者を土地から排除し、また国内市場さらには世界市場の不均等な諸空間の全域にわたって完全競争への地ならしを行なうのである。

マルクスが主に関心を寄せているのは、土地不動産と地代《レント》の特殊資本主義的形態である。しかしながら、その歴史記述部分においてマルクスが見事に見分けていることだが、土地所有と地代《レント》は、さまざまな前資本主義的状況における多種多様な社会的諸関係を表わすような社会形態でもある。たとえば封建的遺制の根絶は、長年にわたって資本家が必死に努力してもなお、今もって完遂できていない。イギリスでは国教会、国王、少数の貴族たちが依然として広大な土地を所有している。しかしながらマルクスが教えてくれるのは、資本主義が、それ自体の独特な地代《レント》形態なしにはとうてい機能しえないということである。彼は次の点は予測できなかった。すなわち資本主義の発展的構造のなかで資本主義的賃貸料《レント》の新形態も発展する可能性があり、マルクスが成熟した資本主義的発展にとって必然的かつ機能的だとみなし政治的にも許容できると考えた一線をはるかに超えるかたちで、レント・シーキングがおこなわれる恐れがあるということである。土地市場や天然資源（油田など）への投機をつうじたレント・シーキングは耐えがたいものとなっている。しかし知的所有権を保有することによるレント・シーキングについては、われわれはどう判断すべきであろうか？　これはマルクスが予測しなかったものの、われわれ現代の研究者が取り組まねばならない拡充の一例である。マルクスは商人にたいして、資本が正常に機能できるために必要な一定の権限を認めていたが、一つの分派的権力集団としての商人はこの権限を超えることもしばしば行なっている。それと同様に金利生活者《レンティア》もまた、土地不動産市場や実にさまざまな資産市場においてまったく同じことをしたがるのである。

（e）銀行および金融機関

これは、断然複雑で問題含みの分配上のカテゴリーである。これをどのように説明するかは、資本の総流通を理解するうえできわめて重要である。近年これに多大な注意が注がれているが、その理由は、金融化が資本の流れにたいして決定的とも思える影響を与えるからである。これについてマルクスは膨大な紙幅を割いて書いているが、彼が直面した多くの活動（金融投機や利子生み資本の流通など）を、運動する価値としての資本の概念にどのように組み込むかについては確固たる解決には至っていない。彼がまさに発見したことが、いくつか深刻な問題を彼の一般理論にたいして引き起こす。以下では、こうした問題にたいして細心の注意を払うことにしよう。

産業資本家（ならびにその他の人々）は銀行業および金融業の恩恵に浴しているのだが、これには多くの理由がある。個別的な商品生産のために投入や産出を調整することは、投入産出物の生産にさいして根本的に異なっているもろもろの回転期間のあいだで折り合いをつけるということを意味している。綿織物業は毎日のように綿花供給を必要とするが、綿花が収穫されるのは年に一回である（さまざまな場所に収穫時期の異なる無数の供給者がいる世界市場の利点は、この問題の改善に役立つのだが）。綿花生産者は年に一度、綿花の支払いを受けるが、年間をとおして毎日、生産のためにも生活のためにも現金を必要とする。もし銀行に頼ることができなければ、綿花生産者は売上から得た現金を蓄蔵しなければならず、次の売上が入ってくるまで毎日、タンス預金から現金を抜き取っていかねばならない。その一方で、毎日のように生産する紡績工場に綿花を拠出するには、商品としての綿花を誰かが蓄蔵しておかなければならない。マルクスにしてみれば、貨幣形態であろうが商品形態であろうが、蓄蔵されている価値は、すべて死んで減価された資本である。それは一年の大半をつうじて使用されず、非生産的に置かれたままだ。

われわれが固定資本の流通を考察する場合には、この問題はさらに重要となる。機械は、多大な費用が前払いでかかるものだが、その存続期間は何年にもわたる。当初かかった機械の価値は、年々の減価償却費の支払いでもって回収することができる。しかし機械の耐用期限が来ると、それは交換されなければならない。資本家は、交換品を購入するに足る貨幣を年々貯蓄（蓄蔵）したにちがいない。その結果として、死んで減価した資本の膨大な山が、資本家の金庫のなかに遊休することになる。こうした蓄蔵は防犯上の問題を引き起こす。というのも盗人はどこにでもいるからだ。これらの問題に対処するのが資本主義的な銀行・信用制度である。資本家は、自分が蓄蔵していた余剰資金を銀行に――願わくは――安心して預けて、その対価として利息を受けとることができるし、そうなると銀行も、その利息率よりも（わずかに）高い利子率を付けてその預金を別の誰かに貸しだすことができる。あるいは産業資本家は、機械を購入するために前払いする貨幣を借り入れて、年々の減価償却費から借入金を返済することもできる。いずれの場合にせよ、死んで減価した資本は蘇生して活発に流通する。端的に言って、交錯しあう価値連鎖《バリュー・チェーン》◆や分業に関連して資本が複雑化するにつれて、そして資本が大量の固定資本に依存するにつれて（インフラ整備や都市建設への需要が高まることについては言うまでもない）、信用・金融制度のよりいっそうの高度化も求められていく。あるいは逆に、これら時間上の諸問題に対応するために資本が絶えず蓄蔵されていくと、資本流通の全システムが台無しになるであろう。

　地代《レント》は、資本主義的活動の地理的、空間的次元における多様な問題に適用される。これと同じように信用制度は、生産的活動の組織化に関わる多様な時間性に対応する。資本主義的生産を日々組織するさいには、一見すると無限に多様な時間性が作用する。信用制度はこれらの時間性を取り込んで、単一の測定基準に還元する。この基準が、時間とともに変動する利子率である。たしかに、この測定基準は資本としての貨幣の需給条件だけでなく、それ以外のもの（土地所有者にたいする貸付金や個人消費など）にたいする〔貨幣の〕需給条件にも応じて変動する。信用制度によって資本主義のなかで資本の流れが、まったく新しい様相を帯びることになる。土地にたいする地代《レント》が、土地が商品であるという虚構――というのも、土地は価格をもちうるが価値はないからだが――に依拠するのと同じように、信用制度もまた、貨幣が価格のある商品であるという虚構に依拠している。要するに、価値の代理物あるいは価値表現でしかない貨幣に価値が存在すると示唆されるのだが、これは明らかに不合理な考え方である。だが価格が貨幣につけられてしまい、その価格が利子なのである。

　銀行業と金融業はさまざまな役割を果たす。それは、遊休していそうなどんなところからも貨幣を吸い上げては、遊休貨幣を貨幣資本に転化させようとして、有利な投資機会の追求に関心のある者なら誰彼となくその貨幣を貸し付けるのである。仲介者としての銀行と金融機関は「〈資本家〉階級の共同的な資本」[10]として活動する。それらは、低い利益しかあがらない経済部門で活動する人々からは資金を引き揚げ、利潤率が高ければどこにでもその資金を流用するのだが、こうすることで利潤率の均等化を促進するうえで決定的役割を演じている。銀行と金融機関はまた、価値産出の増大とは無関係に信用創造を行なえるという、一定の力を手にしている。金融制度の独立性と自律性は、そこに内在する信用創造の力とともに、運動する価値としての資本の総流通過程に包摂されるかもしれない。しかしそれは、いくつか大きな反響をおよぼさずにはいられない。

銀行と金融機関は、商品としての貨幣を取り扱うのであって、価値生産を取り扱うわけではない。それらは貨幣利益率が高いところなら、どこにでも貸し付けるのであって、生産的活動に従事していないところでも構わない。たとえば土地投機から利益が上げられるのであれば、銀行は土地不動産購入にたいして貸し付けるであろう（実際、二〇〇一年から二〇〇七年にかけてアメリカの銀行は大々的にそれを行なったのである）。「ここでは資本の物神的《フェティッシュ》な性格も資本物神《フェティッシュ》の観念も完成している」[11]。マルクスがこれによって言わんとしたのは次のことだ。すなわち金融制度は、さまざまな分配領域の内部で起こる貨幣シグナルと利益シグナルに必然的に反応してしまい、そのため資本主義的活動が価値生産から逸脱させられて非生産的経路へと向かう可能性がある、ということである。銀行は他の銀行に貸し付けることもあるし、土地不動産会社に貸し付けることもあるし、商人資本家に貸し付けることもあるし、さらには消費者（労働者階級であるかブルジョアジーであるかは問題ではない）に貸し付けることも、国家に貸し付けることもある（国債

◆価値連鎖（バリュー・チェーン）　購買・製造・販売の過程において企業間で付加される価値のつながりのこと。

▼10　C3, p. 490／S. 381／四六一頁。

▼11　C3, p. 516／S. 405／四九二頁。〔なお「物神的な性格」は、ドイツ語全集版では「物神的な姿態」となっている。本書の第3章一〇四頁、第9章二四二頁の引用も同様である〕。

は莫大な額にのぼる）。

それゆえマルクスが「擬制資本◆」の流通と名づける世界が到来することになる。[12] 銀行は、自行の預金額にたいしてレバレッジ◆を用いることで、自分たちが実際に保有する資産の何倍もの額を貸し付けている。その貸付額は、預金として保有する資産額の三倍、あるいは「根拠なき熱狂◆」の時期には三〇倍にも達する。これが信用創造である。それは、現在の価値生産と価値実現をまかなうために必要な貨幣量をはるかに凌駕する。信用創造は〔貸付による〕債務という形態をとる。そして債権は未来の価値生産にたいする請求権になる。蓄積される債務は、未来の価値生産によって返済されるか、恐慌の過程で減価させられるか、そのいずれかとなる。言うまでもなく資本主義的生産はすべて投機活動であるが、金融制度のなかでその特徴は昂進し、究極の物神と化す。金融業者には、マルクス曰く「詐欺師と予言者とが見事に混合した性格[13]」がある。擬制資本は、いつの日か価値増殖と実現とをつうじて現実のものとなるかもしれないし、ならないかもしれない。世界の金融・貨幣制度の頂点には各種の中央銀行が位置しており、たとえ価値生産の状態がどうあろうとも、一見すると無限の信用創造力を備えている。このことは、資本の流通と蓄積の理論とどのように合致し、価値増殖と価値実現の必須要件にどのように適合するのか？

債権債務関係には前資本主義的形態にあるものが無数にあるが、マルクスが――商人と土地所有者についてと同じく――関心を抱いたのは、資本の流通において信用手段がとっているその独特な形態である。資本主義の勃興は、債権債務関係そのものを革命的に変質させた（デヴィッド・グレーバーは債務の歴史を語るさい、この革命的変化を見落としている[14]）。マルクスの時代には、この独特な形態は急成長し、しかも急激に変化していた。株式会社や新しい信用手段が形成途上にあった。われわれの時代においては、銀行・金融業分野でのイノベーションが、事態をさらに別次元へと推し進めている。

分配を、流通過程の受動的な終着点とみなすことは、すでに論じたように甚だしい誤りである。貨幣形態での分配は、資本の運動の独特な移行段階となる。しかし、このことは価値増殖と実現にどのように関係するのか？　この問いにたいして確固たる答えにたどり着くのは困難であるが、少なくとも一つの暫定的結論に向かう可能性があるとすれば、マルクスの知見の一つはその重要な手がかりを与えてくれているのである。

(f) 利子生み資本の流通

貨幣は価値増殖と実現の循環に再投資されるはずなのだが、第三巻は事実上、その一つの理解枠組みを認識している。銀行・金融制度(中央銀行をその頂点とするそれ)の内部にある信用創造の自律的な力は、利子生み資本の流れを流通へと解き放つ。この利子生み資本が価値増殖に流れ込まざるをえなくなるといった、そういう必然性はまったく存在しない。利子生み資本は多種多様な別の機会があるのであり、それは消費者信用からはじまって、商人資本家、土地所有者や不動産投機家、戦争を遂行する国家、果ては外国勢力への貸付にまでと多岐にわたっている。利子生み資本の流通は剰余価値からそれ自体の取り分を

◆擬制資本　剰余価値に由来する貨幣的収益であるか否かとは無関係に、こうした一定の収益(たとえば利子や地代)が定期的に得られることから、その収益の請求権(土地所有証書や株式、社債、国債などの有価証券)をあたかもそれ自体資本であるかのように想定(擬制)した架空の資本。擬制資本の価格は、その収益を利子率(たとえば金利など)で割って逆算(資本還元)される。

▼12　C3, chap. 29／Kap. 29／第二九章「銀行資本の諸成分」。

◆レバレッジ　梃子(レバー)を語源とした金融用語で、保証金などの元手資金を梃子にして、金融機関が何倍もの資金を貸し付けて、投機を含む経済活動をうながすこと。

◆「根拠なき熱狂」　一九九六年一二月五日、当時のアメリカ連邦準備制度理事会(FRB)議長アラン・グリーンスパンが「民主主義社会における中央銀行の挑戦」という講演のなかで、当時のアメリカ株式市場の「根拠なき熱狂」が過度に資産価格を押し上げてバブル経済とその崩壊をもたらすのではないかと懸念して使った言葉。

▼13　C3, p. 573／S. 457／五六三頁。

▼14　Graeber, D., *Debt: The First 5,000 Years -Updated and Expanded Edition*, Brooklyn: Melville Books, 2014［デヴィッド・グレーバー(酒井隆史監訳)『負債論——貨幣と暴力の五〇〇〇年』、以文社、二〇一六年］。

請求するが、その根拠は、活発な生産に貢献したからではなく、純粋な私的所有権があるからである。この所有権が授けられるのは、商品としての貨幣の所有者であるからであり、この商品の使用価値は、さらに多くの貨幣をもたらすために使用できることにある。

　ここにおいて流通の描写に新たな様相が持ち込まれる。これは、第二巻においてマルクスが貨幣資本の流通を一つの独特な形態として考察したさい、あらかじめ示されていたものである。産業資本家は価値を、貨幣として実現すると、利子という価格のついた商品を所持することになる。ここにおいて資本家は一つの選択機会を得る。彼らにしてみれば、さらなる価値生産に投資するか、貨幣市場に貨幣を使い込んで利子を得るか、そのいずれも可能なのだ。〔同じ〕事業を継続するには、産業資本家は、現行利子率以上に儲けなければならない。さもなければ、生産を組織するさいに費やす艱難辛苦と努力のすべてが経済的には意味をなさなくなる。実際、産業資本家の手を介した資本の流れは二つの道に分かれる。つまり資本家は、貨幣所持者としては、貨幣運用にたいする利子を受けとるのだが、その一方で生産者としては、生産における労働者の搾取から資本主義的利潤を受けとるのである。資本家は、「自分の資本を利子生み資本として貸し付けようとするか、生産的資本としてそれを自ら価値増殖させるかの選択肢をもっている」▼[15]。産業資本家は、事業の立ち上げにあたって必要な貨幣を借り入れて、自分のために残りの利潤の確保を期待できるかぎりは、借りた貨幣にたいして利子を支払うこともできる。余談ではあるが、マルクスはこれを、資本主義的金融活動の並外れた利点とみなしている。というのも、それがブルジョア的資本家階級の権力と正統性を維持するからである。この金融活動のおかげで相続財産の権威は弱まり、剛腕企業家や新興起業家も階級障壁をこじ開けられるようになる。さもなければ、この障壁は彼らの妨げになるであろう。資本家階級の政治的、心理的強みは、こうした新たな成員を支配階級に組み込むことで強化される。

　この〔貨幣所持者と生産者という〕二重の役割は――マルクスがさらに続けて書きとめているように――、所有と経営の区別をもたらす。株主は、貨幣資本の投資運用益を要求するのにたいして、経営者は、生産機能の積極的組織化をつうじて自分の取り分を請求する。株主と投資家からなる一階級〔貨幣資本家〕は、貨幣資本を意のままに投資することから、貨幣利得を追い求める。この階級は、単なる貨幣を貨幣資本に転化させるにあたって、それを速めたり引き締めたりする。銀行制度のなかで創造される擬制資本はなおさら活発となり、流通する利子生み資本として貸し付けられる▼16。

ここにおいて資本は、その構成要素のばらばらの流れへと散らばってしまい、敵対的相互関係にしばしば陥っていく。たとえば近年では、資本の流れが価値生産にかんして縮小する傾向にあり、その一方で、貨幣資本は別分野において高い貨幣利益率を追い求めている。この結果、価値生産での長期停滞は深刻化し、これが二〇〇七〜〇八年の大崩壊以降、グローバル経済の大部分にわたる特徴となっている。

マルクスには現代の状況を予測することなどできなかったであろう。今日では、大きすぎて潰せない◆と判断された若干の有力銀行が、国家によってもたらされた自己規律喪失状態《モラル・ハザード》のもとで無責任な出資を行なっており、国家はというと、失敗しても納税者がその損失を補填してくれるからといって、これらの銀行を安心させるのである。利子生み資本の流通は、価値増殖と実現の双方に途方もない圧力をかけることになる。この流通は、運動する資本の全システムに行き渡り、場合によってはこれを毀損させることもある。しかしながらマルクスが、資本家階級全体の階級利害を代表するものとして利子生み資本の流通を描くのには、それ相応の理由がある。まずそれは多種多様な時間性を、利子率という単一基準に還元する。それは、ともすれば欠けがちとなる流動性を価値増殖と実現とに導入する。消費者にたいする貸付は有効需要を支え実現を刺激する。たとえば住宅市場において金融業者は、住宅建設開発業者に資金を融通

▼15　C3, p. 501／S. 390／四七三頁。

▼16　擬制資本の重要性については以下を参照のこと。Harvey, D., *A Companion to Marx's Capital, Volume 2*, London: Verso, 2013, pp. 240-266［デヴィッド・ハーヴェイ（森田成也・中村好孝訳）『〈資本論〉第2巻・第3巻入門』、作品社、二〇一六年、三二四〜三五七頁］; Durand, C., *Fictitious Capital: How Finance is Appropriating our Future*, London: Verso, 2017.

◆**大きすぎて潰せない**　大規模金融機関を破綻させてしまうと連鎖倒産や恐慌などのリスクが発生する可能性があるため、容易に潰すことができない状態のこと。

するのだが、その一方で、当の同じ業者が消費者にも貸し付けて、市場での住宅価値を実現させるのである。利子生み資本の流通は、価値増殖と実現との矛盾した統一を架橋し、両者の調和をもたらす。マルクスは明らかにその違いも認識している。価値増殖を促進する貸付（生産を立ち上げる産業資本家にたいするそれ）と、実現を促進しようとする貸付（たとえばマルクスの時代に一般的であった手形割引◆）とは、明らかに関連しあっているとはいえ、両者はまったく異なるものなのだ。

　しかし、こうしたことから、そこに危険もつきまとうことになる。「差し押さえ」という言葉は、ここでは格好の二重の意味を帯びている。もし消費者が住宅ローンを支払えないのなら、消費者は「差し押さえ」により自分たちの家を失う。しかし、住宅ローンを返済するとなると、今度は消費者の未来が、多くの点で「差し押さえ」られてしまう。というのも消費者は、三〇年にわたる債務懲役〔借金返済のための奴隷労働〕を課せられることになるからだ。言うまでもないが、いつでも〔住宅を〕処分できる自由も彼らにはある。しかし住宅価格が下落していけば、知らぬ間に彼らは「アンダー・ウォーター」に陥っている——つまり今のその住宅の値打ち以上の住宅未払金を負うことになる。それでも債務を返済しようと売却すると、次には暮らす場所を探す羽目になる。

　これは、金融市場をつうじた資本流通のこの側面にふさわしい結論であると私には思われる。さらに言わねばならぬこともあるし、さらなる研究が必要であることも間違いない。しかし認めるべき決定的な点は、分配のさまざまな形態が、資本のさらなる流通を促進するうえで積極的役割を演じているということだ。このうち金融的側面は何にも増して重要である。なぜなら、この側面は直接的に、貨幣資本や信用を、そして金融制度内部で創造される資本の擬制的形態を取り扱うからだ。これは価値生産の拡大をつうじての債務返済義務を課すことによって、さらなる蓄積のための最も飽くなき牽引役の一つとなる。なりふり構わず利潤を追求することは、なりふり構わず債務の返済を求めることによって補完される。なるべくなら、この二つの目標を価値増殖が同時に実現できればよい。運動する価値としての資本の視覚化は適宜、補整され修正されなければならない。

資本の総体性

マルクスは折に触れて、資本を総体性として描くのだと自らの抱負を述べている。われわれがここで作成した資本の流れの構図は、この総体性がいかなるものでありうるかを簡単に視覚化する一つのやり方である。『資本論』のそれぞれの巻がわれわれに示すのは、特定の観点から総体性をとらえるような一つの限定的認識である。それは広場（たとえばタクシム広場◆やタハリール広場◆）で起きている出来事を、三つの別々の窓から動画撮影しているのに似ている。どの動画記録もそれ自身の物語を展開するであろうし、それなりの見方にしたがって正確であろう。しかし、広場で今起きている事態の総体性を把握する最善の方法は、三つの動画記録すべてを一緒に見ることである。『資本論』を読んでみると、実現や分配よりも価値増殖の観点を優先させる根強い傾向が第一巻では明示されており、実現と分配のほうはというと他の二巻で分析される。私に言わせれば、このように重点が偏っていることは深刻な誤りのもととなる。資本を総体性として考えるうえでの要点はまさしく、異なる段階が相互に前提しあい、互いに予示しあうことを認識するということにある。いずれの段階も自律し独立している一方で、すべての段階が総体性の運動のうちに包摂される。ここでの私の言い回しは、金融資本の特徴づけとその利子生み派生形態の運動におい

◆手形割引　手形とは、手形振出人が支払先にあてて、満期がきたら一定の金額を手形所持者にたいして支払うように要請する有価証券。約束手形と為替手形がある。また手形割引とは、満期のまだきていない手形の所持人から金融機関がその手形を譲り受け、手形金額から満期までの利息（割引料）を差し引いた金額を手形所持人に交付する融資方法であり、金融機関の貸付業務の一種。

◆タクシム広場　トルコのイスタンブールにある新市街中心部にある広場。隣接するゲジ公園の再開発問題を皮切りに、二〇一三年に「トルコの春」とも呼ばれるトルコ反政府運動の舞台となった。

◆タハリール広場　エジプトの首都カイロにある新市街西部に位置する広場。近年では「アラブの春」のうちの一つである二〇一一年の「エジプト革命」の舞台となった。これによって当時のムバーラク政権は崩壊した。

て、マルクスが明確に使っている言い回しである。資本の流通過程内部におけるさまざまな契機は、機能的な絡みあいのなかで緊密に結びついたものではなく、むしろ緩やかに連結され関連しあっている。

総体性としてのこのような有機的体制そのものは、その諸前提をもっており、またそれの総体性への発展は、とりもなおさず社会のすべての要素を自己に従属させるか、ないしは自分にまだ欠けている器官を社会のなかからつくりだすことにほかならない。このようにして有機的体制は、歴史的に総体性になるのである。この総体性になるということが、有機的体制の過程の、それの発展の一契機をなすのである。▼17

あるいはマルクスは別の箇所で次のように述べている。

われわれが到達した結論は、生産、分配、交換、消費が同一のものであるということではなくて、それらはすべて一つの総体性の諸分肢をなしており、一つの統一体の内部での諸区別をなしているということである。生産は、生産という対立している規定のうちにある自己を包括しているだけでなく、他の諸契機をも包括している。過程は、絶えず生産から新たに開始する。交換と消費とが包括者でありえないことは、自ずと明らかである。諸生産物の分配としての分配についても同様である。しかし生産の諸手段の分配としては、分配はそれ自体生産の一契機である。したがって一定の生産は、一定の消費、分配、交換を規定し、これらの種々の諸契機間の一定の諸関係をも規定する。もちろん生産もまた、その一面的な形態では、それ自体としては他の諸契機によって規定されている。たとえば市場が拡大すると、すなわち交換の範囲が拡大すると、生産はその量を増大させ、部門間の分業も深化する。分配の変化とともに生産も変化する。たとえば資本の集積、人口の都市と農村へのさまざまな分配などとともに。最後に、消費の必要が生産を規定する。さまざまな諸契機のあいだで相互作用が生じる。こうしたことは、あらゆる有機的全体者の場合にも起こることである。[18]

ここでの総体性は、たとえば人体といった単一生物が示すそれではない。これは、生態系としての総体性である。そこには多様な競合的、協調的活動があり、侵入や新たな分業や新技術に開かれている進化の歴史がある。またこの体制のなかでは、下位組織や種の一部が絶滅する一方で、別の下位組織や種が形成されては繁栄することになり、それと同時にエネルギーの流れが力強い変化をもたらすことで実にさまざまな進化の可能性が示される。マルクスは科学的用語による比喩や隠喩を好んだが、何にもまして最も好んだのは有機的、進化論的比喩である。彼が『資本論』第一巻〔ドイツ語〕初版序文に書いているように、マルクスの「立場」は「経済的社会構成体の発展を一つの自然史的過程と考える」。[19] ダーウィンの熱烈な称賛者であったマルクスは、自然科学においてダーウィンが進化論を広めることで成し遂げたことを、社会科学、歴史科学にたいして行なおうとするのである。

この有機的総体性を解剖し尽くすには、最低限、『資本論』の三つの巻にある個々の認識を一つの全体的理論へと融合することが必要であろう。マルクスはけっしてこれをしようとはしなかった。彼は『経済学批判要綱』のなかで自身の研究計画の概略を何度か書きとめているが、そこで示唆されているのは、彼の計画が完遂されるには、競争、国家（そしておそらくは税金）、世界市場、そして恐慌といったテーマにかんする諸巻も必要になるであろう、ということである。[20] マルクスはこの目標の実現に至ることはなかった。しかしながら彼は、次のような複雑な事態を認めていた。すなわち、資本を構成する有機的生態系のなかでは、さまざまな不安定要素が交錯し横断しあうことによって恐慌が起こりうるのである。彼はこう

▼17　Gr, p. 278／S. 201／①三三二頁。
▼18　Gr, pp. 99-100／S. 35／①四八頁。
▼19　C1, p. 92／S.16／一〇～一一頁。

書いている。

ブルジョア的生産のなかに存在する諸矛盾〈……〉は相殺しあい、調整の過程を経るが、しかし、この過程は同時に恐慌として、ばらばらに引き裂かれて相互にかかわりなく存在ししかも共に全体をなしている諸契機の暴力的な結合として、現象する▼21〈……〉。

資本の視覚化と政治との関連について

どこかの時点で、この視覚化が政治にどう関連するのかと問われるのは必至である。私の回答を言うなら、この視覚化のおかげで、資本の流通の理解という文脈のなかにさまざまな問題や提案を位置づけることができるし、こうすることで、それぞれの目標を実現できる見込みが各種の政治的提案にあるかどうかも評価できるのである。簡単な例を挙げてみよう。

アメリカ大統領選挙での民主党候補予備選挙にさいして、バーニー・サンダース◆は、自分の基本的政治綱領として最低時給一五ドルを強く要求した。二〇一六年八月にはブラック・ライヴズ・マター運動◆を中心に結成された運動連合体が、基本的政治提案としてベーシック・インカム◆（奴隷制時代にたいする包括的補償案の一部として黒人向けにまずは的を絞ったかたちでのそれ）を提起する文書を公表した。どちらの事例の狙いも、有効需要――被雇用者の有効需要（サンダースの場合）、あるいは、雇用の有無にかかわらず歴史的に奴隷制に虐げられてきたすべての人々の有効需要（ブラック・ライヴズ・マター運動の場合）――を増大させて、労働力再生産と結びついている生活の質を劇的に改善しよう、というものであった。いずれの提案も、貨幣賃金に相当するものを引き上げるであろう。この増大した有効需要は、それぞれ関連する人々が受けとる財やサービスを増大させることになるはずだ。

しかし、こうした影響が生じるには、その前提として、この効果をもたらす可能性を減じるような事態が価値実現の段階で何も起こってはならないのである。だが、われわれは資本の流通の分析から、強奪による莫大な価値の領有が実現の段階で行なわれていることを知っている。ヘッジファンド◆が、差し押さえ物件や医薬品特許を買い占めて、その価格を（時に天文学的な額まで）釣り上げてしまって、人々の増大する有効需要から私腹を肥やすとなれば、最低賃金の引き上げであろうが、ベーシック・インカムの創設であろうが、無駄ということになろう。大学授業料の高額化、クレジットカード利用にたいする法外な高利率、電話代や医療保険にかかる実にさまざまな請求料金は、恩恵のすべてをこっそり掠めとるかもしれない。厳格な規制当局が介入して生活支出を規制し、実現の段階で起こる莫大な富の領有を制限することのほうが、人々にとってはありがたいかもしれない。〔他方で〕シリコンバレー［アメリカ、カリフォルニア州のIT企業集積地］のベンチャー資本家《キャピタリスト》◆のあいだで最低限度のベーシック・インカムをめざす提案に根強い人気があるのを知っても

▼20　マルクスがめざした複数の執筆計画案を総括的に論じたものとしては次の文献を参照。Rosdolsky, R., *The Making of Marx's 'Capital'*, London: Pluto Press, 1977［ロマン・ロスドルスキー（時永淑ほか訳）『資本論成立史——一八五七―五八年の『資本論』草案』（原著一九六八年）、全四冊、法政大学出版局、一九七三～七四年］。

▼21　Th3, p. 120／S. 1309／⑦一七六頁。

◆バーニー・サンダース　アメリカの政治家（一九四一年～）。二〇〇七年から上院議員を務め、二〇一六年にアメリカ大統領選挙で民主党候補予備選挙を争った。公立大学の授業料無償化など、民主主義的社会主義にもとづく諸政策を掲げた。

◆ブラック・ライヴズ・マター運動　「黒人の命も大切だ」という意味で、二〇一二年、当時一七歳のアメリカ黒人男性トレイヴォン・マーティンが自警団の白人男性に射殺された事件を発端に生まれた運動。現在では国際的な規模でアメリカ黒人コミュニティを組織する運動となっている。

◆ベーシック・インカム　就労や資産の有無にかかわらず、すべての個人にたいして生活に最低限必要な所得を無条件に給付するという所得保障制度の一種。

◆ヘッジファンド　富裕層や機関投資家から資金を集め、株式、債券、商品、金融派生商品などに分散投資させて、高い運用収益を得ようとする投資組織のこと。

驚くにはあたらない。彼らは、自分たちの技術が数百万単位の人々を失業に追い込んでおり、しかもこれらの人々に所得がなければ、自分たちの製品市場もなりたたないとわかっているのである。このような諸提案を、ここに挙げられた視覚化のなかに位置づけることによって、実行に移すさいに直面するその障害やそこに隠されている本当の意図を、われわれはただちに見てとることができるのである。

この視覚化はまた、全体としての資本流通の連続性に対する潜在的な諸制限も図示している。それは、閉塞状況によって恐慌が引き起こされるさまざまな段階を突きとめる。たとえば一つ一つの価値の変態が、潜在的には危機形成の場となるのである。

さらにこの視覚化が興味深いかたちで浮き彫りにしてくれるのは、さまざまな形態での社会的闘争の存在である。そうした闘争は、この総体性のいたる所で鳴り響きかねない。価値増殖段階での闘争は階級的性格を必然的に帯びる（これはかなり理論化され広く知られている）。価値実現段階での闘争は、売り手と買い手に焦点を当て、市場における強奪行為や「略奪による蓄積」（たとえば都市の中産階級化《ジェントリフィケーション》◆や差し押さえなど）に抗する闘いを引き起こす。このような闘争はまだ十分に理論化されているわけではない。社会の再生産という領域においては、社会的上下関係《ヒエラルキー》、ジェンダー、セクシュアリティ、親族関係、家族関係などの問題がはるかに支配的となり、基本的な政治的焦点も労働過程よりも日常生活の質へと変わる。これらの闘争は、マルクス主義的文献ではしばしば看過される。分配をめぐる闘争において分析を要するのは、とかく敵対しがちな資本分派間関係であり、これらと国家機構との関係である。これらに、市場での賃金率をめぐる資本と労働との闘争を加えれば、資本の流通全域の内外にわたって多様な政治的闘争の潜在的位置を示してくれる一枚の仮説的構図が仕上がることになる。したがって、資本流通の総体性のなかで資本の権力に抗する社会的、政治的闘争は、さまざまな形態をとることになるし、その闘争が成果を得ようとするなら、多種多様な戦略的同盟も必要になる。〔ところが〕そうした同盟の重要性も、同盟の実現のために必要な歩み寄りも、伝統的な「左翼」運動は必ずしも認めてこなかったのだ。

そのうえ、こうした闘争のすべては、資本流通が埋め込まれた環境を現場として発生する。人間性《ヒューマン・ネイチャー》

〔人間的自然〕とは何か、さらにはそれがどうありうるのか、という問いは、政治的に見て非常に重要である。ドナルド・トランプ、ヘルト・ウィルダース◆、マリーヌ・ル・ペン◆、レジェップ・タイイップ・エルドアン◆、ナレンドラ・モディ◆、オルバーン・ヴィクトル◆、ウラジーミル・プーチン◆の支持者たちが示す人間性は、マハトマ・ガンディー◆、デズモンド・ツツ主教◆、ネルソン・マンデラ◆、エボ・モラレス◆の信奉者が示す人間性とは非常に異なるものであり、ましてやウラジーミル・レーニン◆、フィデル・カストロ◆、ガマール・アブドゥル・ナセル◆、ウゴ・チャベス◆、フランツ・ファノン◆、レオポール・サンゴール◆、アミル

◆**ベンチャー資本家（キャピタリスト）**　新技術にもとづく革新的新興企業（ベンチャービジネス）向けに資金を提供する投資機関経営者。

◆**都市の中産階級化（ジェントリフィケーション）**　富裕層が、比較的貧困層が多く住む地域に引っ越したり投資をしたりすることで、その地域が再開発とともに高級化し、貧困層が居住できなくなる現象のこと。

◆**ヘルト・ウィルダース**　オランダの政治家（一九六三年〜）。オランダ自由党の初代党首。政治的には右翼自由主義で、ムスリム諸国からの移民停止やモスクの新規建設に反対している。

◆**マリーヌ・ル・ペン**　フランスの政治家（一九六八年〜）。フランスの極右政党「国民戦線」の第二代党首。父は初代国民戦線党首であったジャン＝マリー・ル・ペン。

◆**レジェップ・タイイップ・エルドアン**　トルコの政治家（一九五四年〜）。イスラム的な伝統を重視する立場をとって、二〇〇三年からトルコ首相を務め、二〇一四年の初の直接選挙によって大統領に当選。二〇一七年には大統領に強権的権限を与える憲法改正に成功した。

◆**ナレンドラ・モディ**　インドの政治家（一九五〇年〜）。二〇一四年から第一八代インド首相を務める。モディノミクスと呼ばれる経済政策、経済改革を実行する一方、ヒンドゥー至上主義者として知られる。

◆**オルバーン・ヴィクトル**　ハンガリーの政治家（一九六三年〜）。一九九八年から二〇〇二年、および二〇一〇年から二度にわたってハンガリー首相を務める。移民の流入に反対し「民族が混ざりすぎると問題が起こる」と発言するなど、極右的姿勢を示している。

◆**ウラジーミル・プーチン**　ロシアの政治家（一九五二年〜）。一九九九年以降、首相、大統領を歴任し、二〇一二年からは第四代ロシア連邦大統領を務める。チェチェン独立派勢力への人権侵害などの問題も指摘されている。

カル・カブラル◆の支持者が示す人間性とも大きく違っている。いかなる政治経済的プロジェクトであろうとも、それを遂行するにあたっては何よりもまず民衆の心をとらえ、まとめあげ、掌握しなければならない。これは政治における凡庸な決まり文句かもしれない。だが、それにもかかわらず、いわゆる人間性という「自然《ネイチャー》〔本性〕」をめぐる政治的諸闘争が、資本流通による経済的諸問題に起因するさまざまな利害関係の基盤にまず間違いなくあるということも事実なのだ。とはいえ運動する資本の視覚化がはっきりと明示してくれていると思うのだが、資本として流通している価値と、さらに広い意味での政治的、文化的、審美的価値観の永続的な構築ならびに再構築とのあいだにはさまざまな関係があり、このことはそれ自体きわめて重大な問題なのである。ただし政治的、文化的、審美的価値観をめぐる考え方やその積極的闘争を優先させる人々は次の点を認識しなければならない。すなわち、こうした考え方や闘争を進める環境というものは、資本の流通によって特定の考え方や活動が促進されたり制約されたりする環境でもあるということである。欲求、必要、欲望の構築ならびに再構築に必然的に絶えず資本が関わりあっていることによって、人間活動の二つの独自領域と思われるものが生き生きと架橋されることになる。

結局のところ、マーガレット・サッチャー◆は経済だけでなく「魂を変える」◆ことをめざしたのであり、そしていくらかはこれに成功した。多くの人々が「他に採るべき道はない《オルタナティブ》」という彼女の見解を受け入れるようになった。この一連の〔資本流通問題に起因する〕同じ対立的利害関係が政治的、文化的諸闘争という広範な領域にまでおよんでいる。その一方で、絶えず進化しつづける「自然」は、環境変革の長い歴史をつうじて「第二の自然」として多くの点ですでに再構成されてきたが、政治的、文化的諸闘争の焦点は、まさにこの「自然」とわれわれとの現在ならびに未来の関係をめぐるものなのである。今日におけるわれわれの自然の生産のあり方は、激論が交わされる問題である。繰り返しになるが、この問題は、資本の流通と拡大の仕組みを理解せずに取り組めるものではない。

私は、これらの広い意味での闘争が、運動する価値の永続化に付随する闘争のなかに包摂されるなどと決めつけているわけではない。それどころか包摂関係はまったく逆さまである。とはいえ運動する価値の研究によって次のことはより正確に理解できるようになる。それは、運動する価値が、この広い意味での政治力学のなかに包摂されざるをえなくなるということである。しかも、その〔政治力学の〕大部分はか

◆マハトマ・ガンディー　インドの独立運動家（一八六九〜一九四八年）。イギリス植民地領であったインドで非暴力・不服従運動を展開し、インド独立運動を指導した。一九四八年、インドとパキスタンの分離独立後、宗教対立が深まるなかで暗殺された。

◆デズモンド・ツツ主教　南アフリカの宗教家、平和運動家（一九三一年〜）。一九八四年ノーベル平和賞受賞。南アフリカのアパルトヘイト（人種隔離政策）解決に向けた指導的な役割が受賞理由であった。

◆ネルソン・マンデラ　南アフリカの政治家（一九一八〜二〇一三年）。反アパルトヘイト闘争の指導者。獄中生活二七年を経て、一九九四年、史上初の全人種参加選挙によって南アフリカ共和国第八代大統領。一九九三年ノーベル平和賞受賞。

◆エボ・モラレス　ボリビアの政治家（一九五九年〜）。長年、反政府運動の中心人物として活動し、二〇〇六年にボリビア史上初の先住民出身大統領に当選。二〇一九年、事実上のクーデターで失脚。

◆ウラジーミル・レーニン　ロシアの革命家、政治家（一八七〇〜一九二四年）。世界初の社会主義革命であるロシア革命を主導し、ソヴィエト連邦の初代指導者となった。

◆フィデル・カストロ　キューバの革命家、政治家（一九二六〜二〇一六年）。一九五九年にキューバ革命を成功させ、二〇一一年まで社会主義国家キューバの指導者であった。

◆ガマール・アブドゥル・ナセル　エジプトの軍人、政治家（一九一八〜七〇年）。第二代エジプト共和国大統領となり、汎アラブ主義を主張した。第二次中東戦争でスエズ運河を国有化した。

◆ウゴ・チャベス　ベネズエラの軍人、政治家（一九五四〜二〇一三年）。一九九九年に第五三代ベネズエラ共和国大統領に当選。「二一世紀の社会主義」を標榜し、貧困層を支持基盤に医療制度改革や農地改革を実施。

◆フランツ・ファノン　フランス領マルティニーク島出身の思想家、革命家（一九二五〜六一年）。植民地主義を批判し、ポスト・コロニアル思想の先駆者とされるとともに、アルジェリア独立運動に参加し、指導的役割を果たした。

◆レオポール・サンゴール　セネガルの詩人、政治家（一九〇六〜二〇〇一年）。フランスからの独立後、一九六〇〜八〇年、セネガル共和国初代大統領を務める。アフリカ社会主義政策を実施。フランス語詩人としても有名。

なり整理しづらいものなのだ。

◆アミルカル・カブラル　旧ポルトガル領ギニア出身の革命家（一九二四〜七三年）。社会主義政党ギニア・カーボベルデ独立アフリカ党を結成し、ポルトガル領アフリカの植民地解放運動を指導。ギニアビサウの独立実現の前年、暗殺された。

◆マーガレット・サッチャー　イギリスの政治家（一九二五〜二〇一三年）。保守党を率いて、第七一代イギリス首相（一九七九〜九〇年）を務めた。イギリスを福祉国家から転換させる新自由主義化を推進し、その強硬姿勢から「鉄の女」と呼ばれた。炭鉱労組と対決し屈服させるとともに、各種民営化、規制緩和、所得税・法人税減税、付加価値税（消費税）増税などを行なった。

◆「魂を変える」　一九八一年五月三日付の『サンデータイムス』紙に掲載されたインタビュー記事におけるサッチャーの発言。そのなかで彼女は「経済学は手段に過ぎません。目的は心と魂を変えることです」と発言している。

［第3章］

価値、その表象としての貨幣

『資本論』に一貫する理論的論述の大半は、価値の観点から書かれている。〔他方で〕世界の経済統計資料やマルクス自身が示している実例のほうは、貨幣の観点から書かれている。それでは貨幣は、何ら疑いのない正確な価値の表象として前提にされてよいものなのか？　もしそうでないとすれば、なぜなのか？　そしてその場合、どのような結果になるのか？　さまざまな表象形態の歴史を考えると、貨幣の基礎には、表象するはずの価値を体系的に歪ませることが起こりうるのではないか？　悪名高いことだが、さまざまな地図投影法は地表の一定の特徴を正確に表わしても、他の特徴は歪めてしまう。貨幣と価値の関係の場合も、これと似たような歪みの可能性を懸念すべきではないか？

価値とは社会関係である。そのようなものとして「非物質的だが客観的〔対象的〕」である。「価値としての商品の対象性には一分子の物質も入っていない」ために「幽霊のような対象性」が立ち現われる。それらの価値としての地位は、「物的対象としての商品の感覚的に粗雑な対象性」とは異なっており、「ある一つの商品をどんなにいじくりまわしてみても、価値物としてはあいかわらずつかまえようがない」。商品価値は、社会生活上の諸要因――権力や評判、地位、影響力、カリスマ性など――と同じように非物質的で客観的な社会関係であり、それは物質的な表現を必要とする。価値の場合には、マルクスの言う「光まばゆい」貨幣形態によって、この物質的表現が得られるのである。[1]

カテゴリーの歴史性

マルクスの言葉の使い方は非常に慎重である。彼は貨幣を、ほとんどもっぱら価値の「表現形態〔form of expression〕」あるいは「表象〔representation〕」と呼んでいる。彼は、価値の化身とする貨幣観や、交換関係での慣習で決まった任意の章標とみる貨幣観を徹底してしりぞけた（後者の貨幣観は彼の時代の政治経済学的通説であった）。価値は、その表現様式である貨幣なしには存在しえない。[2] 逆に言えば貨幣は、一見自律的であるように見えて、それが表象するものとの臍帯を切断できない。したがって、われわれは価値と貨幣をそれぞれ自律し独立したものとしてとらえると同時に、それらが弁証法的に結びついていることも忘れてはならない。こうした関係性には長きにわたる歴史がある。マルクスは、それについて次のように考察する。

われわれの叙述が進むなかで明らかとなったのは、一つの抽象として現われた価値は、貨幣が措定されている場合にのみ〈……〉存在しうるということである。他方で貨幣流通は資本に行き着くのであり、したがってそれは資本の基礎のうえでのみ完全に展開されうるのであって、それは、そもそも資本の基礎のうえでのみ流通が生産のすべての契機をとらえることができるからである。だからこそ、この展開のなかで、資本のように一定の歴史時代に属している諸形態の歴史的性格が明らかとなるばかりでなく、〈その途上で〉価値のように純粋に抽象的なものとして現われるカテゴリー〔ドイツ語全集版では「諸規定」〕が自己の歴史的基礎を、すなわちそこからこれらのカテゴリーが抽象され、〈……〉そのうえでのみこれらのカテゴリーが〈……〉現われることのできる歴史的基礎を示すのであり、また、たとえば貨幣のように、多かれ少なかれすべての時代に属しているカテゴリーは、それが被る歴史的変更を示すのである。

マルクスにとって『資本論』における主要カテゴリーのすべては、一括すれば、資本主義の歴史的経験と実践とにもとづく抽象である。「価値という経済学的概念は古代人のところでは見いだされない。〈……〉価値という概念がまったく最近代の経済学に属するのは、この概念が、資本そのものと資本に立脚する生産との最も抽象的な表現だからである[3]」。地代《レント》や利子、商人資本利潤など長い歴史をもつカテゴリーは時とともに資本主義的生産様式の必須要件に適合していった。こうしたことは貨幣にも当てはまる。問題は、このように資本主義に特有な貨幣の特徴と、それ以前にすでに存在した貨幣形態（タカラガイの貝貨や貝殻玉など）とをいかに区別するかである。この問題は、信用の分析になると、さらに重要となる。

〈流通という〉過程の絶えまない連続性、すなわち価値がある形態から他の形態へと、あるいは過程のある局面から他の局面へと、妨げられることなく滑らかに移行することは、それに先行するどの生産形態の場合よりもはるかに大きな程度で、資本にもとづく生産にとっての根本条件として現われる。〈……〉資本にもとづく生産にとっては、〈この〉本質的な条件が〈……〉現実につくりだされるかどうかが、偶然的なこととして現われる。資本そのものによるこの偶然性の止揚が信用である。〈……〉だからこそ、いくらかでも発展した形態での信用は、以前のいかなる生産様式においても現われることがない。以前の諸状態においても賃借は行なわれていたし、高利は、資本の大洪水以前の諸形態のうちの最古の形態でさえある。しかし、賃借が信用を構成しないのは、もろもろの労働が産業的労働あるいは自由な賃労働を構成しないのとまったく同様である。本質的な、発展した生産関係としては、信用は、歴史的には、資本あるいは賃労働にもとづく流通においてのみ現われるのである

▼1　Cl, pp. 138, 128, 138-139／S. 62, 52, 62／六四、五二、六四～六五頁。
▼2　Gr, pp. 236, 149／S. 159, 83／①二六七～二六八、一二五頁。
▼3　Gr, p. 776／S. 646／②六〇一～六〇二頁。

(貨幣そのものが、さまざまな生産諸部門で必要とされる時間の不均等性を、それが交換の妨げとなるかぎりで止揚するための一形態である)▼4。

資本主義的生産様式のなかで貨幣と信用の両者が帯びる独特な性質とは、「運動する価値」としての資本の運動の連続性を確保することである。逆に言えば、連続性を確保するという必然性ゆえに、貨幣、信用、価値といったカテゴリーは互いに結びつきあい、一つの特殊な歴史的組みあわせをつくりあげる。『資本論』〔第一巻〕第一章は、この種の問題の研究手法の良いお手本を示している。マルクスの指摘によれば、古典派政治経済学者は、ロビンソン・クルーソー◆神話といった過去の虚構に依拠したため、貨幣、信用、価値などのカテゴリーを「自然化」して、あたかも自然状態から生まれたかのように(それゆえ一定不変で変更不可能なものであるかのように)みなした。これにたいしてマルクスは、むしろ前資本主義社会を分析し、カテゴリーが虚構の物語から生じるのではなく、現実の歴史に埋め込まれていることを力説する。「今度はロビンソンの明るい島から暗いヨーロッパの中世に目を転じてみよう」と彼は書いている。マルクスは、封建的賦役労働と「農民家族の素朴な家父長制的な勤労」からなる社会関係とそれに特有なカテゴリーとを簡潔に検証する。そしてその次の段になると彼は、資本主義が超克された後の時代のカテゴリーがいかなるものになるかを想像することによって、今日の資本の特異性を、いわば「三角測量◆」しようとする。彼は、前資本主義的な過去形と、共産主義の前未来形◆(futur antérieur)とを観察点として用いることで、現在における資本の特性(そして貨幣と信用の性質)を把握する。前未来形とは、将来の出来事をユートピア的に想像することではない。それは、共産主義に到達できるとすれば、それ以前に起こるはずの出来事を記すことなのだ。

最後に、気分を換えるために、共同の生産手段で労働し、自分たちのたくさんの個人的労働力を自分で意識して一つの社会的労働力として支出する自由な人々の協同体《アソシエーション》を考えてみよう。〈……〉〈こうした疎外なき状況では、〉人々が彼らの労働や労働生産物にたいしてもつ社会関係は、ここでは生産においても分配においてもやはり透明で単純である。[5]

この世界では、市場の隠された手とか、人々の背後で進行する運動法則とかが、われわれの自由を制限することはないし、もちろん国家の命令も存在しない。これらの過去と未来の視点から考察することによって、マルクスは、彼自身の言うところの「物神崇拝《フェティシズム》」という「神秘のヴェール」の真相に迫る。物神崇拝は、さまざまな政治経済学者の著作に広まっているだけでなく、価格決定市場における商品交換の常識的表象にも悪影響をおよぼす。このような物神崇拝の究極の実例が貨幣である。われわれは、貨幣が自分にたいしても他人にたいしても社会的権力をふるっていると信じ込んでいるし、当然ながら、ある程度は実際そうなっている（これがマルクスの物神崇拝論の核心である。つまり物神崇拝は現実的だが倒錯したものなのである）。

価値と疎外された労働

それではわれわれは、価値と、その表象としての貨幣との弁証法的関係をどのように理解すべきなの

▼4　Gr, p. 535／S. 434／②二〇九〜二一〇頁。

◆ロビンソン・クルーソー　『ロビンソン・クルーソー』はイギリスの小説家ダニエル・デフォーの小説（原著一七一九年）。難破して無人島にたどりついた主人公ロビンソン・クルーソーが自給自足生活で生き抜く物語。当時の信仰心と中産階級の自立精神を反映した作品だとされる。

◆三角測量　両端の点から測定することで対象の位置を決定すること。

◆前未来形　フランス語の時制で、未来の以前に来る時制であり、未来において完了するはずの事態であることを意味する。

▼5　Cl, pp. 169-172／S. 90-93／一〇二〜一〇五頁。

か？　これこそマルクスの時代に徹底的に争われた政治的問題であった。『資本論』の中心的見解の多くをまとめあげるはるか以前の一八四〇年代後半、マルクスは政治的な対立関係に陥っていたが、その相手には、イギリスのリカードウ派社会主義者◆ばかりか、はるかに重大なことにピエール・ジョゼフ・プルードン◆という大物も含まれていた。プルードンはフランスの職人層に多くの支持者を獲得していた。プルードンと彼の信奉者たちは、次のようなまったく合理的な疑問を提起した。当時の代表的政治経済学者の誰も彼も――なかでも特にデヴィッド・リカードウ――が、経済的価値は労働者によってのみ産出されると主張したにもかかわらず、資本家がとても富裕となり労働者階級が貧困にあえぐのはなぜなのか、と。

　プルードンの結論によれば、この〔貧富の格差の〕過失責任は、市場における労働価値の表象のされ方にあった。貨幣と市場交換の非合理性が問題の要点であった。彼の主張によれば、必要なのは、労働価値の測定と価格設定のための代替的《オルタナティブ》な方法であって、それは労働者が生産に費やす実際の時間に直接依拠するというやり方であった。労働者は、労働時間票券、〔別の人の行なう〕労働時間そのもの、あるいは実際に働いた労働時間を記す鋳貨で支払われなければならない。プルードン主義者の運動は、貨幣制度の再構築、無償信用供与の組織化、中央銀行改革、相互信用制度の創設をめざすことで、社会的不平等の問題を解決し、労働者の権利を回復させようとしたのである。

　マルクスは『哲学の貧困』（一八四七年出版）において、これらの考えに激烈な異議を唱えた。一八五七年に書かれた〔生前〕未出版のノートである『経済学批判要綱』の冒頭部分では、プルードンの信奉者の一人であったアルフレド・ダリモンの貨幣論について紙幅を割いて反論している。[6] マルクスが問題視したのは、価値を規定する社会関係をプルードンや彼の信奉者がつかみそこねているという点であった。資本主義のもとで価値を決めるのは、社会的に必要な労働時間なのであって、実際の労働時間ではない。「社会的に必要」という言葉は、まさに資本家と労働者がともに従わざるをえないような「隠された手」や「運動法則」の存在をほのめかしている。マルクスは「一八四四年の経済学・哲学草稿◆」において早くも次の結論に至っていた。すなわち資本主義のもとにおける価値とは、生産において資本に搾取される「疎外された労働」なのであって、それは価格決定市場での私的所有と商品交換とによって保障される。これらの諸条件があるがために、労働者は価値増殖に従事すると同時に、彼らが甘受せざるをえないような社会的不平等や悲惨な状況も生みだされることになる。社会主義革命の目標は、そのもとで労働者が働いている社会関係を根本的に変革することにあった。そのような変革なしには、協同《アソシエーティッド》労働者が決定を下し、社会的に必要な労働時間よりも実際の労働時間が価値尺度となるような世界は訪れえないであろう。

問題の核心は、〔労働者自身とは〕疎遠な階級権力に支配された疎外された労働であった。マルクスの見方では、貨幣とは、労働価値（疎外された労働の価値）を表象するものであった。だからこそ「市場における価格形成の非合理性を排除しようとしながら、生産関係を手つかずのまま残すことは、価格形成によって表現される価値生産の非合理性を存在しないと仮定しているために、本質的に自滅的である」[7]。これこそプルードン的立場の誤りであった。

疎外された労働のより正確な表象形態（時間票券など）を模索して、資本主義的価値法則の基盤となる社会関係を批判しないことは、疎外を倍増させるだけであった。プルードンやその信奉者、あるいはリ

◆リカードウ派社会主義者　一九世紀初頭、リカードウの労働価値説に依拠し、当時の資本主義を批判した一群のイギリス初期社会主義思想家のこと。全生産物が労働者に帰属すべきとする労働全収益権などを主張した。

◆ピエール・ジョゼフ・プルードン　フランスの社会主義者（一八〇九～六五年）。のちに近代アナーキズム（無政府主義）の父とも言われる。主著にプルードン（長谷川進訳）「所有とは何か」（原著一八四〇年）、『アナキズム叢書――プルードンⅢ』、三一書房、一九七一年、五～三〇一頁。

▼6　Marx, K., *The Poverty of Philosophy*, New York: International Publishers, 1963 [MEW, 4, S. 63-182／カール・マルクス「哲学の貧困」（原著一八四七年）、『マルクス＝エンゲルス全集』第四巻、大月書店、一九六〇年、五九～一九〇頁］；Gr, pp.115-238／S. 49-160／①六九～二七一頁。

◆「一八四四年の経済学・哲学草稿」　MEW, 40, S. 465-588／カール・マルクス「一八四四年の経済学・哲学草稿」（原著一八四四年）、『マルクス＝エンゲルス全集』第四〇巻、大月書店、一九七五年、三八三～五一二頁。

▼7　Hudis, P., *Marx's Concept of the Alternative to Capitalism*, Leiden: Brill, 2012, p. 107.

カードウ派社会主義者の多くは、無意識のうちにこれを行なっているとマルクスは考えた。それゆえ『資本論』第一巻での共産主義の前未来形についてのマルクスの記述は非常に重要である。そこには生産手段を共同で保有する協同《アソシエーティッド》労働者（プルードンが遠ざけた概念）の姿が描かれている。このような労働者は、資本－労働の支配関係の命じる社会的必然性にも、あらゆる外部権力（たとえば国家や市場）の介入にもつきあたることなく、完全に透明な関係のなかにあって自覚的な、したがって疎外のない意思決定を下せるのである。

プルードンが自分のカテゴリーを引きだしたマニュファクチュア的世界は、一八四〇年代のパリの職工作業場のそれであった。[8] これは表には店舗、裏には作業場を設けた典型的な小規模事業体であって、自分自身の労働過程を管理する職人たちの手で経営されていた。これに対立する主要な資本形態は商人資本であった。商人は職工作業場から購入して、自分の衣料品店に集約して販売した（一八五〇年代に現われたデパートの先駆けである）。職人たちは自分自身で労働過程を管理していたために、それについての不満はなかった。彼らの立場からすれば、生産段階での労働は疎外されていなかった。彼らの主たる不満は、商人による安値の売り出しであり、問屋制家内工業をつうじた商人による支配の強化であった。問屋制では、商人が商品の発注にさいして、最終生産物の品質の仕様をも指図してきたのであり、場合によっては原材料も提供され、信用貸しさえも行なわれた（しばしば途方もない利子をつけてである）。このような状況では職人たちが、商人によって与えられる微々たる金銭的報酬に対抗して、労働時間の十分な評価を求めた点は理解できるものであった。彼らの労働の価値は、市場において収奪（疎外）された。貨幣と市場に関するプルードンの議論は、こうした聴衆にとって直観的にうなずけるものであった。彼が、労働者の権利の擁護者と見られたのも不思議ではなかったのである。

［他方で］マルクスの執筆の背景には工場制が控えていた。工場制では資本家が労働過程を統制し、疎外された労働が生産段階での特色となった。当時の時代にあって、この違いがどれほど大きく思われたかは、われわれには想像しがたい。ドイツの職工労働制を熟知していたエンゲルスは、イギリスで資本主義的産

業主義と工場制とを初めて目の当たりにしたさいの驚愕と恐怖を書き残している。彼は一八四五年の『イギリスにおける労働者階級の状態◆』においてその特色を描きだし、工場制の最初期の解説者の一人となった。これらの〔職工労働制と工場制という〕二つの産業制度には、労働過程の点で天と地ほどの差が存在した。エンゲルスの工場労働の説明にマルクスは強い感銘を受けた。彼は工場制を、どちらかといえば目的論的に資本の未来とみなそうとした。『資本論』第一巻が取り組んだのはこの未来なのであり、そして、この世界からマルクスは自分のカテゴリーを導きだしたのである。▼9

　プルードンとマルクスを分かつ隔たりは、それぞれ取りあげた異なる労働制度を反映している。したがって、われわれが現代の労働慣行を省みるためには、自分たち自身のカテゴリーも再評価しなければならない。たとえば、マルクスが資本主義の未来と想定した工場労働は、先進資本主義諸国では大きく衰退し、彼が大胆に推測したその目的論はその想像どおりには展開しなかった。現行の資本の構成は、さまざまな時間と場所に応じてまったく異なる労働諸制度を驚くほど複雑に結びつかせている。工場労働は、世界の一部地域（東アジアなど）ではいまだに優勢だが、北アメリカやヨーロッパでは大きく衰微し、それ以外のさまざまな労働制度（デジタル労働◆など）に置き換えられている。

　現在では、プルードン主義型の貨幣的介入戦略に大きな関心が集まっている。この種の戦略では、商品

▼8 Harvey, D., *Paris: Capital of Modernity*, New York: Routledge, 2003, chap. 8［デヴィッド・ハーヴェイ（大城直樹・遠城明雄訳）『パリ——モダニティの首都』、青土社、二〇一七年、第八章］。

◆『イギリスにおける労働者階級の状態』　MEW, 2, S. 225-506／フリードリヒ・エンゲルス「イギリスにおける労働者階級の状態」（原著一八四五年）、『マルクス＝エンゲルス全集』第二巻、大月書店、一九六〇年、二二三〜五三四頁。

▼9　CI, pp. 91-92／S. 14-16／九〜一〇頁。

◆デジタル労働　ソーシャル・メディア・コンテンツの作成において行なわれる不払労働や搾取のこと。従来人間が行なってきた事務管理業務などをAIや機械学習などの認知技術を用いることで自動化するソフトウェアロボットである「デジタルレイバー」とは異なる。

やサービスの従来型交換様式にたいする代替案《オルタナティブ》として、地域通貨やタイムシェアリング◆や労働時間貨幣が用いられる。[10]これは、小規模な分散型生産システム（労働者の管理下にあることが望ましいとされる）の復興を試みる一部の政治運動と関連している。分散型生産システムが可能となったその前提には、一九八〇年代に登場した柔軟《フレキシブル》な専門化◆や小ロット生産〔多角的少量生産〕といった新しい技術と組織形態があった。この当時、マイケル・ピオリとチャールズ・セーブルは、その広く読まれた著作『第二の産業分水嶺』において、こうした変化を、プルードンの夢であった作業場型相互主義を左翼が実現する幕開けだととらえた。イタリアのトスカーナ州に出現した自己組織的な小ロット生産は、一九八〇年代には社会主義的未来の一つのモデルとなった。残念ながら、この労働制度は次第に新自由主義の罠と化した。それは、分散的な雇用不安と不安定状態にもとづく労働制度のなかで、組織労働者の力を掘り崩し、搾取率を上昇させたのである。柔軟な専門化は、資本主義的企業にとっては柔軟《フレキシブル》な蓄積に転化した。[11]他方で、大規模な工場制は東アジアや東南アジアではいまだに健在である。と同時に、デジタル労働による雇用様式や小口金融《マイクロ・ファイナンス》◆も〔世界各地に〕大きく拡散しており、それによって自己搾取的構造が組織化されてきた。このような構造は、伝統的産業労働とまったく同じくらい抑圧的なものなのである。[12]

〔とはいえ〕労働価値説に表明された社会関係が、貨幣制度改革によって再構築できると考えるのは大きな誤りであろう。「銀行の『変改』や、または合理的な『貨幣制度』の創設によって、ブルジョア社会の弊害を除去することはできない[13]」。

特殊な諸商品とならぶ貨幣の存在から生じるもろもろの紛糾と矛盾とを、人が貨幣の形態を変更することによって止揚することは不可能であるように（貨幣のより低位の形態に属する難点は、より高度の形態によって避けることができるとしても）、同様に交換価値が生産物の社会的形態として残っているかぎり、貨幣そのものを止揚することは不可能である。このことを明確に洞察することが、不可能な課題を自らに課さないためにも、また貨幣改革や流通の変改が生産諸関係とそれを基礎とした社会的諸関係を改造できる諸限界を知るためにも、必要なことである。[14]

マルクスに関するかぎり、交換価値の全面的な廃絶こそが究極的な唯一の解決策だと考えられるのだが、当然ながら、それはまた社会的必要労働時間としての価値の廃絶も意味している。使用価値の組織的交換だけは残るのだが、それはマルクスが資本主義から導きだしたカテゴリーのうちで唯一存続するものである。[15]

◆タイムシェアリング　一つの使用物にたいして、時間を分けて使用を割り当てる共同所有システム。

▼10 Nelson, A., *Marx's Concept of Money*, New York: Routledge, 1999; Greco, T., Jr, *The End of Money and the Future of Civilization*, White River Junction, VT: Chelsea Green Publishing, 2009.

◆柔軟（フレキシブル）な専門化　設備の多用途化、職人・工員の多能化などにより、外的変化にたいして柔軟な対応を可能にする生産システムのこと。

▼11 Piore M. and Sable, C., *The Second Industrial Divide: Possibilities for Prosperity*, New York: Basic Books, 1984［マイケル・J・ピオリ、チャールズ・セーブル（山之内靖ほか訳）『第二の産業分水嶺』、ちくま学芸文庫、二〇一六年］; Harvey, D., *The Condition of Postmodernity*, Oxford: Blackwell, 1989［デヴィッド・ハーヴェイ（吉原直樹監訳）『ポストモダニティの条件』、青木書店、一九九九年］。

◆小口金融（マイクロ・ファイナンス）　貧しい人々を対象に無担保で小額の融資を行なう金融サービスのこと。貧困問題の解決策として期待され、二〇〇六年、普及に貢献したグラミン銀行と創始者ムハマド・ユヌス総裁がノーベル平和賞を受賞した。返済率は高いとされる。しかし一方で、融資を受けても事業に成功できない人々も多く、結果、高利貸しからも借金するという貧困層の多重負債者の増加という結果も生み出している。

▼12 Bauwens, M., 'Towards the Democratization of the Means of Monetization', mimeo, Brussels, 21 October 2013; Huws, U., *Labor in the Global Digital Economy*, New York: Monthly Review Press, 2014.

▼13 Gr, p. 134／S. 70／①九九〜一〇〇頁。

▼14 Gr, pp. 145-146／S. 80／①一一九頁。

▼15 Gr, p. 776／S. 646／②六〇一〜六〇二頁。

貨幣の諸矛盾と複数の貨幣形態

マルクスはダリモンにたいする批判を記していくなかで、二つの基本的問題を提起した。〔まず〕「流通用具――流通の組織――の変更によって、現存の生産諸関係とそれに照応する分配諸関係とを変革することができるのか」? この問題にたいするマルクスの答えは明確に「否」である。「さらに次のことが問題となる。すなわち、流通のそのような変形は、現存の生産諸関係とそれに立脚した社会的諸関係に手をふれることなしに、これを企てることができるのであろうか」? これにたいするマルクスの言葉は〔まずは〕はっきりとしない。

貨幣のさまざまに文明化された形態――金属貨幣、紙幣、信用貨幣◆、労働貨幣（これは社会主義的形態のものとしてのそれ）――は、貨幣というカテゴリーで表現されている生産諸関係そのものを止揚することなしには、これらさまざまな形態から期待されるものを達成することができるかどうか、またその場合、他方では、ある関係の形式的な転形によってこの関係の本質的諸条件を乗りこえようとすることは、やはりまた自分自身を台無しにしてしまう要請ではないかどうか〈……〉そのことが、一般的な問題となる。

しかし彼は次のように続ける。

これらのいろいろな貨幣の形態はそれぞれ、社会的生産の異なる諸段階によりよく照応し、そのある形態は、他の形態では手に負えなくなった弊害を除去できるかもしれない。しかし、どのような諸形態であっても、それらがあくまで貨幣の諸形態であるかぎり、そして貨幣があくまで本質的な生産関係であるかぎり、それらは、貨幣の関係に内在する諸矛盾を止揚できるわけではなく、ただそれらの諸矛盾をあれやこれやの形態で表出することができるだけである。〈これと同じく〉どのような形態の賃労働も、そのある形態は、他の形態の弊害を克服できるかもしれないが、賃労働そのものの弊害を克服することはできない。

そのため、ある貨幣形態は「他の形態にくらべてより取り扱いやすく、より適切なものであり、それにまつわる不便もより少ないものであるかもしれない」。

だが、一つの特殊的な交換用具、つまり特殊的であるにもかかわらず一般的でもあるような一つの等価物の存在から生じる不便は、たとえ形態は異なるにせよ、どの形態のうちにも再現してくるにちがいあるまい。[16]

信用制度の台頭と適応は、マルクスがここで述べていることのわかりやすい一例である。〔貨幣の〕過剰蓄蔵問題は、資本の多様な回転期間、固定資本形成、あるいは集団的消費手段への長期投資と関係しているが、この問題に取り組むために当初は〔信用貸付という〕長年の慣行が適応された。近年になると利子生み資本が、それ自体の利益を求めるかたちで強力な独立の蓄積推進力となった。結果的に、欠乏と不足から人間が解放されるのではなく、流通の効率性と剰余価値生産とが増進したのであり、その犠牲として債務懲役も増え、日常生活の政治全域にわたって疎外も拡大した。

貨幣形態の技術とその活用は、資本の歴史をつうじて何度か大きく変わっている。しかし、これがまさ

◆信用貨幣　信用を基礎にして流通する貨幣代用物。本来の貨幣の支払約束をあらわす債務証書が、貨幣のかわりとして機能するようになったもの。手形、小切手、銀行券、預金通貨などをさす。

▼16　Gr, pp. 122-123, 127 ／ S. 57-58, 61 ／①八一～八二、八九頁。

に解釈上の諸問題を惹起する。たとえば中央銀行が量的緩和に取り組んだり、銀行制度内部の信用創造が制御できないように思われたりする場合、労働価値説はどう理解されるべきか？　狂った投機経済◆において、貨幣形態に価値が課すとされる規律はどこにあるのか？　エレクトロニックバンキングやブロックチェーン◆（ビットコイン〔インターネット上で取引される仮想通貨の一種〕がその先駆だが、今では銀行によって積極的に開発が進められている）といった技術が示唆するのは、貨幣形態における革命が進行中かもしれないということである。このような革命は根底的価値関係を脅かしはしないとしても、社会的諸関係へのその影響については詳しく検証されなければならない[17]。マルクスはこうした問題の存在を認めた。それに答えるために、彼は自らの研究の基礎そのものに立ち帰る。

商品交換が標準的な社会活動になると、一つか二つの商品が晶出して、一般的等価物の役割を担うことになる。資本主義時代には金《きん》と銀が、価値の最適な表現形態となった。しかし、これは即座に一連の諸矛盾を引き起こす。〔第一に〕金（一つの感覚的な商品）の使用価値が、「その反対物の、価値の、現象形態になる」[18]。〔第二に〕金の生産に体化された具体的な肉体労働が、「その反対物である抽象的人間労働」[19]の表現様式となる。〔第三に〕金生産に従事した「私的労働」が、「その反対物の形態すなわち直接に社会的な形態にある労働になる」[20]。最後に、そしておそらくすべてのなかで最も重要なこととして、「貨幣はそれ自身商品であり、誰の私的所有物にでもなれる外的な物である。こうして〈社会的労働から引きだされる〉社会的な力が私人の私的な力になる」[21]。

ここに示したさまざまな歪みは、偶発的でもささいなものでもなく、むしろ系統的で重大なものだ。貨幣は、個人の富と権力とを測る尺度となり、欲望の究極目標になる。それは階級権力と階級支配のための特異な基盤を形成する。さらに重要なのは、貨幣が価値増殖の開始にあたってその不可欠な生産手段になるということである。しかしながら貴金属が貨幣制度の基盤であるあいだは、この社会的な力に系統的な限界が設けられる。

社会的分業と交換関係が増殖し複雑化するにつれて「貨幣の力が成長する」。

〈すなわち〉交換関係が、さまざまな生産者に対しては外的な、そして彼らには依存しない力としてその基礎を固める。本来は生産を促進する手段として現われていたものが、生産者に対して疎遠な関係となる。生産者が交換に依存するようになるのに比例して、交換が彼らには依存しなくなるように〈……〉見える。[22]

貨幣は交換のための奉仕者として導入されるのだが、ほどなくしてその横暴な主人になる。アダム・スミスの「隠された手」が優位になりはじめる。生産者は価格設定者《プライス・メーカー》ではなく価格受容者《プライス・テイカー》となる。「生産物としての生産物と交換価値としての生産物とのあいだの亀裂《ギャップ》が大きくなるように見える。貨幣がこれらの対立と諸矛盾をつくりだすのではない」。マルクスは続けて説明する。「そうではなく、これらの矛盾と対立の発展が、貨幣の仮象としての超越的な力をつくりだすのである[23]」。今日われわれが、いたる所で取り囲まれているのは、この超越的な力なのである。

◆エレクトロニックバンキング　コンピュータやインターネットといった情報通信技術を用いた金融機関との取引形態。家庭や企業に設置した端末から金融機関の情報システムに接続して種々のサービスを利用すること。

◆ブロックチェーン　中心となる管理者や取引仲介役のいない分散型ネットワークを構築するコンピュータ技術。分散型台帳技術とも言う。

▼17 Nelson, A. and Timmerman, F. (eds), *Life Without Money: Building Fair and Sustainable Economies*, London: Pluto Press, 2011.

▼18 Cl, p. 148／S. 70／七六頁。

▼19 Cl, p. 150／S. 73／七九頁。

▼20 Cl, p. 151／S. 73／七九頁。

▼21 Cl, pp. 229-230／S. 146／一七二頁。

▼22 Gr, p. 146／S. 80-81／①一二〇～一二一頁。

▼23 Gr, p. 146／S. 81／①一二一頁。

これらの諸矛盾はマルクスのあらゆる著作で繰り返し語られている。労働価値説による彼の資本の説明は、これらの矛盾と密接に絡みあう。マルクスが貨幣の多様な機能を徹底的に調べるにつれて、このテーマも複雑さを増していく。貨幣は、価値尺度、貯蓄手段、価格の度量標準、流通手段になりえるのであり、さらには計算貨幣や信用貨幣として、ついには資本を産出する一つの生産手段として機能できるのである。[24]

これらの機能のいくつかは併立しない。たとえば、金は価値尺度、価格の度量標準、貯蓄手段としては最適である（金は酸化しない金属だからである）が、流通手段には不適当だ。流通手段により適しているのは貨幣章標であり、たとえばそれは、鋳貨であり、国家が発行する法定紙幣であり、そして究極的には電子マネーである。これらの貨幣形態は、その品質にかんして当初は、金属的基盤との関係によって保証されなければ、存在できない。「価格の度量標準の確定と同様に、鋳造の仕事は国家の手に帰する。金銀が国内で鋳貨として身につける国民的制服」は「世界市場では再び脱ぎ捨てる」ことになる。このことは、「商品流通の国内的または国民的部面とその一般的な世界市場部面との分離」を示している。[25]

したがって、これらの根本的に異なる価値の表現形態の相互関係（たとえば、金と鋳貨と中央銀行貨幣との相互関係、あるいは国内貨幣調節手段と国際貨幣調節手段との相互関係）が問題になる。この点において地図投影法との比較が役に立つ。ある投影法では正確な方角は保たれるとしても、その他のすべては歪められてしまう。また別の投影法では、面積や地形や距離は正確に表わされるが、それ以外のあらゆる特徴は犠牲にされる。これと同じことが貨幣の諸形態にも言える。異なる表象は、それぞれ異なる目的にはかなっている。齟齬のないかたちでことが運べばよいのだが、言うまでもなく通常は齟齬が生じる。あるやり方で（たとえば貯蓄手段として）使用されている貨幣が突然、流通手段の役割に切り替えられることもあるし、その逆もまたしかりである。マルクスがからかい気味に書いているように、われわれが商品流通手段としてしか貨幣に関心を抱かないのであれば、国家の保証する法定紙幣も、偽造鋳貨や偽札も、まったく同じように機能できるのである。[26]

皮肉なことだが、社会的価値の物理的な物質的表象を見いだす必要があるということから、貨幣として非のうちのどころのない金属的基盤（金や銀）が採用されることになったのだが、そうなるとこの貨幣は日常的使用には用を果たすことができなくなり、ついには実効あるものとなるために、貨幣それ自体の象徴的表象（紙幣や電子マネー）が必要とされた。貿易が拡大するにつれて、象徴的貨幣が徐々に支配的となった。一九七〇年代初頭に金属的基盤との関係を断ち切ったことは、◆二つの象徴体系——価値と貨幣——を生みだしたのであり、それらは並列しながら厄介なかたちで弁証法的に組み込みあっている。

価格と価値との不一致と恐慌の貨幣的局面

この厄介さの一部は、マルクスが「貨幣価格と価値量との量的な不一致」と呼ぶものからもたらされるのであり、この不一致は「価格形態そのもののうちにある」。市場で提示され実現される価格は（金か、法定紙幣か、あるいは労働時間貨幣で示されるかにかかわらず）、いたる所で変動しうる。ところが、こうした価格変動があるからこそ「この〔価格〕形態を、一つの生産様式の、すなわちそこでは法則がただ絶えざる不規則性の盲目的に作用する平均としてのみ貫かれうるような生産様式の、適当な形態にする」ことになる。▼27 このような道筋をとることで需要と供給は均衡できるのであり、そして均衡価格こそが近似的価

▼24　Cl, chap. 3／Kap. 3／S. 138-139／第三章「貨幣または商品流通」。
▼25　Cl, pp. 221-222／S. 138／①一六三頁。
▼26　Gr, p. 210／S. 138／①二一六頁。
◆金属的基盤との関係を断ち切ったこと　第二次世界大戦後、資本主義世界の国際通貨制度（一九四四年に確立したブレトン・ウッズ体制）では基軸通貨アメリカ・ドルのみ金との引きかえ（兌換）が認められた。だが一九七一年、当時のリチャード・ニクソン米国大統領は、ドルと金との兌換一時停止を一方的に宣言した（「ニクソン・ショック」）。これによりドル兌換制は終結し、一九七六年、外国為替相場の変動相場制への移行のきっかけとなった。背景には、アメリカが、ベトナム戦争による疲弊や日本などの経済復興の影響で弱体化し、その国際収支が悪化したことがある。

値に最も接近する。

さらに悩ましいことに、貨幣形態は「一つの質的な矛盾をも宿すことができる」。

〈すなわち〉価格がおよそ価値表現ではなくなる〈……〉。それ自体としては商品ではないもの、たとえば良心や名誉などは、その所持者が貨幣とひきかえに売ることのできるものであり、こうしてその価格をつうじて商品形態を受けとることができる。それゆえ、ある物は、価値をもつことなしに、形式的に価格をもつことができるのである。

〔ただし〕場合によっては、これらの価格であっても、「たとえば、そこには人間労働が対象化されていないので少しも価値ももたない未開墾地の価格のようなものも、ある現実の価値関係を、あるいはそこから派生した関係をひそませている」こともあるかもしれない。[28]

このことは表面上、労働価値説にとって厄介である。というのも、新古典派経済学者が早くから不平を漏らしていたように、価値の範囲外にある価格の領域において、これほど多くのことが起こるのであれば、市場価格とその運動を直接分析して、価値についてはまったく触れなくてもよいのではないか？　しかし、そうなると不都合なことがあるのも明らかだ。労働者は、資本のための賃労働を行なう最中《さなか》に他人のための社会的労働を果たすよう求められるのだが、もし価格と価値の弁証法的関係を消し去ってしまうのなら、こうした社会的労働の貨幣的表象を批判しようとしても、その手がかりとなる観点がなくなってしまう。われわれは、恐慌《クライシス》の貨幣的局面がどこに由来するのか、そして恐慌一般が不可避的に貨幣形態で表明されるのはなぜかと説明しようとしても、なすすべがないであろう。マルクスはこの点について、『資本論』第一巻のなかで意を尽くして説明している。

「恐慌のときには、商品とその価値形態すなわち貨幣との対立◆は、絶対的な矛盾にまで高められる」。それでは、この矛盾はどこから生じるのか？　それは「支払手段としての貨幣機能のなかに内在している」

とマルクスは言う。

もろもろの支払いが相殺されるかぎりでは、貨幣は、ただ観念的に計算貨幣ないし価値尺度として機能するだけである。現実の支払いがなされなければならないかぎりでは、貨幣は、流通手段として〈……〉現われるのではなく、社会的労働の個別的な化身〈……〉として現われるのである。この矛盾は、生産・商業恐慌中の貨幣恐慌と呼ばれる瞬間に爆発する。貨幣恐慌が起きるのは、ただ、もろもろの支払いの連鎖とその人工的な決済システムとが十分に発達している場合だけのことである。この機構の一般的な攪乱が起きれば、その原因が何であろうと、貨幣は突然、直接的に、計算貨幣というただ単に名目的な姿から堅い貨幣に一変する。それは、卑俗な商品では代わることができないものになる。商品の使用価値は無価値になり、商品の価値はそれ自身の価値形態の前に影を失う。たった今まで、ブルジョアは、繁栄に酔い開化を自負して、貨幣などは空虚な妄想だと断言していた。「商品こそは貨幣だ」と。今や世界市場には、「ただ貨幣だけが商品だ！」という真逆の声が響きわたる。鹿が清水を求めて鳴くように、彼の魂は貨幣を、この唯一の富を求めて叫ぶ。[29]

この種の分析は、価値との関連において弁証法的で流動的な貨幣の運動を認識することによって可能となる。だが、この弁証法の力が認めざるをえないのは、今しがた述べてきた〔貨幣の〕諸運動が、価値それ自体に手をふれざるをえないということでもある。価値が、貨幣によって媒介される市場交換の増大を

▼27　CI, p. 196／S. 117／一三五〜一三六頁。
▼28　CI, p. 197／S. 117／一三六頁。
◆支払手段　貨幣の機能の一つで、為替手形やクレジットカードなどを利用した信用取引（たとえば商品の後払い購入）における債権債務関係を決済する機能をいう。
▼29　CI, pp. 235-236／S. 151-152／一八〇頁。

とおして生じるのであれば、貨幣の質も、貨幣によって測られるものの質も、価値の社会的質に影響をおよぼさずにはいられない。価格と価値との質的な不一致は無視できないものなのだ。[30]

金属的基盤の放棄と分配領域の膨張

貨幣がその金属的基盤を捨て去る以前にあって、マルクスは、それぞれの目的に照応した異なる貨幣があるだけでなく、貨幣制度内部に一つの興味深い階層構造があることも見抜いていた。金属的基盤とは、文字どおり価値の金本位制のことであった。その理由はまさに、金の自然的性質が経年変化しないからであり、その量も、すでに地上にある金の世界的保有量に比べてゆっくりとしか増加できないからであった。このきわめて制約された貨幣形態は、沸騰する信用制度とは著しく対照的である。これについてマルクスは次のように述べる。

> 貨幣制度〔重金主義〕◆は本質的にカトリック的であり、信用制度〔信用主義〕は本質的にプロテスタント的である。「スコットランド人は金《きん》を忌み嫌う」。紙幣としては、商品の貨幣的定在は純粋に社会的な定在をもっている。救済をもたらすのは信仰である。商品の内在的精霊たる貨幣価値にたいする信仰、生産様式とその予定秩序にたいする信仰、自己増殖する資本の単なる人格化としての個々の生産当事者にたいする信仰である。しかし、プロテスタンティズムがカトリック教の基礎から解放されていないように、信用制度も貨幣制度の基礎から解放されていない。[31]

好調な時期には、信用は「富の社会的な形態として、貨幣を追い出してその地位を奪ってしまう」。〈そのため〉生産物の貨幣形態は、ただ一時的でしかないもの、ただ観念的でしかないものとして、単なる心象として、現われてくる。ところが、信用がゆらげば〈……〉たちまちいっさいの実在的な富が現実ににわかに貨幣すなわち金銀に転化させられなければならなくなる。それは気の狂った要求だとはいえ、この要求は制度そのものから必然的に出てくる。そして、この巨額の要求を充たすべき金銀は、イングランド銀行の地下室にある数百万しかないのである。[32]

そうなってしまうと商品の価値は「この価値の空想的で独立した存在である貨幣を確保するために犠牲に供され」なければならない。この犠牲は「資本主義的生産では避けがたいことであって、その特殊な美点の一つをなしている」。[33]

「全体としての生産規模に比べれば取るに足らない量の金属が、この制度の公認された基軸なのである」。その仕組みは次のようなものだ。

中央銀行は信用制度の基軸である。そして金属準備はまたこの銀行の基軸である。〈困難な時期には〉信用制度から貨幣制度へと転換するのは不可避である。

結果として、金属的基盤は「富とその運動とにたいする制限を、物質的であると同時に幻想的でもある

▼30 Bourdieu, P., *Distinction: A Social Critique of the Judgement of Taste*, Cambridge, MA: Harvard University Press, 1984［ピエール・ブルデュー（石井洋二郎訳）『ディスタンクシオン――社会的判断力批判』（原著一九七九年）全二冊、藤原書店、一九九〇年］; Arvidsson A. and Peitersen, N., *The Ethical Economy: Rebuilding Value After the Crisis*, New York: Columbia University Press, 2013.
◆重金主義　金銀などの貴金属を唯一の富として考え、金銀の輸出禁止などを訴える経済思想。
▼31 C3, p. 727／S. 606／七六五頁。
▼32 C3, pp. 707-708／S. 588-589／七四〇頁。
▼33 C3, p. 649／S. 532／六六一頁。

制限を」なしたのである。資本主義的生産は、「この金属的制限を絶えず廃棄しようと努めながら、また絶えず繰り返しこの制限に頭をぶつける」ことも避けがたいのである[34]。

マルクスの見解によれば、この制限はけっして乗りこえられるものではなかった。しかし、それは誤りであった。今日、金属的基盤は放棄され、資本はもはや「この制限に頭をぶつける」必要がなくなったのである。今や唯一の制限は、中央銀行と国家の政策であり、その政治力学である。この変化によって、貨幣の質と量（そして貨幣形態）の問題は、その外的制約として金供給という固定的で不変な自然的質と自然的量とに依存していたのとは対照的に、社会の手に委ねられたのである。

一九七〇年代初頭に貨幣制度の金属的基盤が放棄されたことによって、利子生み資本の流通は、終わりなき資本蓄積の原理となり、その飽くなき牽引役となることができた。この現象を分析するためには、分配領域における銀行業と金融業の位置を、より一般的に、さらに詳しく検討する必要がある。

まず述べておきたいのだが、いくつか非常に複雑な相互作用が分配領域全体のなかで起きている。金融業者は、土地不動産投機に資金と投資をふりむけることができ、したがって、あらゆるものを犠牲にしながら土地不動産所有者階級の活動を支援することになるかもしれない。土地所有者は自分の土地を、ローンの担保として利用する。だからこそイギリスでは、多くの貴族的土地所有者が銀行家になったのである。商人資本家は信用取引を拡張させ、それに頼ることがしばしばである。世界の多く地域で労働者の収入は、クレジットカード利用によって増大する。労働者は、自宅所有者になれるとの希望を抱くことから住宅ローンを借り入れてしまい、これによって利子生み資本の流通に組み込まれるかもしれない。世界銀行がわれわれに断言するには、これこそが社会の安定をもたらすのであり、あるいは古くから言われていることだが「ローンの重荷を背負った自宅所有者はストライキをしようとはしない」のだ。労働者はまた時として年金基金に出資することを求められるが、その基金が一定の利益率をだすためには、他の労働者を搾取するどこかに投資しなければならない。金融業者は政府に融資し、その見返りとして政府は税金を使って信用機関の活動を保証し保護している。その一方で、黒字の銀行は赤字の銀行に融資し、必要な場合には、いずれの銀行も中央銀行の準備金を活用する。さまざまな役割が入り混じり、時には内的に矛盾しあう。自動車会社は、自社製自動車を購入する顧客にたいして信用を供与する販売機構を支えており、その会社利益が価値増殖によるのか、実現によるのか、あるいは分配上の諸活動によるのかは曖昧であることが多い。金融業者は開発業者に融資することで住宅を建設させ、労働者に融資してその住宅を購入させるのだが、こうして自分の統制下にある単独事業の内部に需要と供給とを内部化する。労働者が賃上げを求めて圧力をかけると、自分の年金基金が投資されている株価を押し下げる可能性がある。労働組合は、自分たちを雇用している企業の社債への投資を強いられるかもしれない。エンロン社◆が倒産したさいには、その従業員の年金も消え去った。一九七〇年代に起きたニューヨーク市の財政危機のさいには、市職員組合は彼らの年金基金の市債への投資を強いられたのだが、その帰趨は予測できるものであった。政府は、職員にたいする利益分配制度◆を構築することで、職員の関心を自分たちの賃金要求の抑制に向けさせたのである。

いわゆる「分配領域」(『資本論』第三巻の対象分野)の内部において縦横に交錯しあうさまざまな流れが――先の事例が示すように――時とともに複雑さを増し、その量も増大させてきているが、それと同時に、そこにあるさまざまなカテゴリーや役割も相互に浸透しあい重なりあいつつある。世界の一部地域では、分配領域の内部を横断する経済活動量やそれと結びついた資本の回転が、価値増殖活動を大幅に上回っている。外国為替取引市場は、製造業向けの再投資と比べて巨額なものとなっている。この活動のうち、価値創造とは無関係な単なる投機的あぶくや取引上の空騒ぎがどれだけの規模となるかは見極めがたいものがある。

▼34　C3, pp. 706-708／S. 587-589／七三九～七四〇頁。

◆**エンロン社**　アメリカの大手総合エネルギー会社。二〇〇一年に巨額の粉飾決算が発覚し倒産した。

◆**利益分配制度**　市の収益を職員への年金分配に連動させる制度。

新たな「金融貴族」と貨幣資本の逸脱的還流

貨幣形態での過剰資金が金融制度内部に集中すると、資本としての貨幣の再投資の動きを誘導するという重要な機能を、こうした資金からの支出が必然的に果たすことになる。マルクスはこのことを明確に理解している。われわれはこの論点に、本書の結論に向かうさいに立ち戻るつもりだ。金融制度は事実上、流動資産の広大な貯水池となり、こうして銀行業と金融業は資本家階級の共同資本を囲い込み、それを代表することになった。この共同資本はレバレッジ――擬制資本の貸出――によって時に増大させられる。要するに、これが銀行制度内部での信用創造なのである。時々、この信用創造が過剰になることもある（銀行が、たとえば預金保有額の三〇倍もの貨幣を貸しだす場合である）。金融制度は、実にさまざまな取引にたいする手形交換所◆としても機能する。実際、それは資本一般の中枢神経系となって貨幣資本の流れを調整し、現実的ないし潜在的に利潤率が高くなるところであればどこであろうと、広範な諸活動全体にそれを流し込むのである。

こうした陰から、一つの投資家階級――さまざまな個人、機関、団体、企業からなる一階級――が立ち現われ、自己の貨幣資本利益率を死に物狂いで追求しはじめる。[35] この特異な資産家階級――「金融貴族」――は何をするわけでもなく、ただ利益率を手にしようと利子生み資本の流通を駆り立てる。[36] 年金基金は自己資本利益率を求める（そもそもそうした基金は、そうしなければならない受託者責任《フィデューシャリー・デューティー》◆を負っている）。非営利組織（私立大学など）や裕福な個人の寄付金に厳格な投資運用目録《ポートフォリオ》が付されている場合も同様である。

われわれはまた『資本論』第二巻において、マルクスが資本流通を、商品形態、貨幣形態、生産形態へと見事に分解したことから次の点も知っている。すなわち貨幣資本流通という見地からすれば、価値増殖過程と実現過程は、その営利活動のうえでは不自由なものでしかないのである。利子生み資本は、価値増殖と価値実現とを経ずに自分自身を増やせる手立てを見つけるのであれば、その手立てをとるであろう。このことはまさに、分配領域の内部で行なわれるあらゆる過剰売買によって可能になる。銀行は他の銀行にも貸し付けるのだから、アメリカ連邦準備制度から〇・五％で借り入れて、二％利回りのアメリカ一〇年国債を購入する以上に、いいカモがいるのであろうか？　とりわけ利潤率が低かったり労使関係が厄介であったりする場合には、価値増殖への投資を貨幣資本が回避しようとする動機は多角的なものとなる。〔こうはならないという〕望みがあるとすれば、投資の欠如が希少性をもたらし、価格と利潤率が上昇することによって、価値増殖への貨幣資本の還流がうながされる場合であろう。しかし、こうした過剰売買の最中《さなか》においてヘッジファンドや未公開株式投資会社《プライベート・エクイティ・ファンド》◆は、あちらこちらと短期、長期とあらゆる類の市価の値動きに賭けることから直接的に利益を得る。それらの活動に付される理屈は、はるかに効率よく市場を整理すると思われるというものだが、この整理がうまくいく場合には（たいていそうなるのだが）、この活動によって資本の総流通から莫大な貨幣利得が吸いだされている。マルクスは吸血鬼の描写を好んで使ったが、それは生産の場合と同様に、この分配の描写においても適切であるようだ。

　実際マルクスは、彼の生きていた時代においてさえ、利子生み資本の流通をいくぶん辛辣に評していた。マルクスは、利子生み資本では「資本が、〈……〉資本自身の増殖の神秘的で自己創造的な源泉として現

◆**手形交換所**　金融機関が、取引先から受け入れた他行払いの手形、小切手などを一定の時間に持ち寄って相互に交換して集中決済を行なう場所および施設のこと。

▼35　C3, pp. 528-529／S. 415-417／五〇五～五〇七頁。

▼36　C3, p. 569／S. 454／五五九頁。

◆**受託者責任（フィデューシャリー・デューティー）**　資産運用を受託した者が、もともとの資産保有者にたいして負う責任のことで、資産保有者の利益を最大化する義務があることを言う。

◆**未公開株式投資会社（プライベート・エクイティ・ファンド）**　再建途上にあるなどの理由から株式を公開していない企業に出資あるいは融資し、「企業価値」を高めたうえで株式を転売するなどして利益を得る投資ファンド。

われている」と書いた。ここにおいて資本関係は「その純粋な形態に、自己増殖する価値に、貨幣を生む貨幣に仕立てあげられる」。「ここでは資本の物神的《フェティッシュ》な性格も資本物神《フェティッシュ》の観念も完成している」。それは「最もまばゆいかたちでの資本の神秘化」である。[37] これは、価値が貨幣化することによって、価値が大きく裏切られるということだ。貨幣は価値形態を代表するはずなのだが、このような事態は、貨幣が価値形態に負わせる歪曲の極致である。

価値関係の規制なき貨幣の空間

この影響は、不安定な市場における投機活動といった単なる表面的なあぶく以上に、はるかに深刻である。金融制度内部に資本の流れが集中していくにつれて、さまざまな制度が変化したが、その変化の一部についてマルクスは判断しかねていた。一八六〇年代に株式会社や比較的大規模な銀行が出現したが、それは企業における所有と経営の分離を示唆していた。[38] マルクスは、アンリ・ド・サン＝シモンのアソシエーショニズム◆的な考え方を彼なりに評価していたことから、資本の結合体《アソシエーション》による一定の進歩的帰結に漠然と期待をかけており、ある箇所では、これが「資本主義的生産様式そのもののなかでの資本主義的生産様式の廃止」を意味するかもしれないと主張した。したがって、それは「新たな生産形態への単なる過渡点」なのである。しかしパリの第二帝政下ではサン＝シモン主義的発想は反革命的に動員され、資本主義的な巨大プロジェクトのための新たな信用機関や、そのための財政制度として具体化された。この事態に照らしてマルクスは、この箇所の次の文では自分の意見を転換した。

〈信用制度は〉いくつかの部面では独占を出現させ、したがってまた国家の干渉を呼び起こす。それは新しい金融貴族を再生産し、創業者や投機家や単なる名目上の役員という姿をとった新しい種類の寄生者を再生産し、会社の創立や株式発行や株式取引をめぐる詐欺やいかさまの全制度を再生産する。

これは私的所有による制御なき私的生産である。▼39

資本は「他人の貨幣にたいする絶対的支配力」として再定義されただけでなく、価値関係の規制をまったく受けることのない一つの空間をも創出した。

いっさいの規範的基準が、あるいは資本主義的生産様式のなかで多少ともいまだに是認されている弁明理由のすべてが、ここでは消えてなくなる。投機を行なう取引人たち［ドイツ語全集版では「投機をする卸売業者」］が賭けるのは、自分自身の所有ではなく、社会の所有である。資本の起源は節約だという言い分も同じくばかげたものになる。なぜなら、投機家たちは、まさに自分のために他人が節約することを求めているからである。▼40

だからこそアメリカでは、賦課方式◆での社会保障制度を、株式市場運用型の年金基金に転換させようとする圧力が絶えることがない!!　この影響は、マルクスの時代にあっても明らかに無害ではなかった。

資本主義的生産のより未発達な段階においてはまだ一定の意味があった諸観念も、今やまったく無

▼37　C3, p. 516／S. 405／四九一～四九二頁。
▼38　C3, chap. 23／Kap. 23／第二三章「利子と企業者利得」。
◆アソシエーショニズム　共通の関心にもとづいて結成される自発的集団（アソシエーション）を理想視する思想。フランスの社会主義思想家サン＝シモン（一七六〇～一八二五年）などが提唱した。
▼39　C3, p. 569／S. 454／五五九頁。
▼40　C3, p. 570／S. 455／五六〇頁。
◆賦課方式　その時の現役世代の保険料で、高齢者に年金を支払う仕組み。日本の公的年金も賦課方式を基本としている。

意味なものとなる。成功と失敗のどちらも資本の集中をもたらし、したがって最も巨大な規模での収奪となる。収奪は今では直接的生産者から中小の資本家そのものにまで広がる。収奪は資本主義的生産様式の出発点である。〈……〉この収奪は、資本主義体制そのもののなかでは、少数者による社会的所有の領有という対立的形態をとり、信用はこれらの少数者にますますもって単なる冒険者としての性格を与える。[41]

略奪による蓄積と収奪の経済とが破壊的に関与し、債権債務制度をつうじて組織化される。その結果、資本蓄積の従来の経路に困難が積みあがるにつれて、こうした事態は悪化の一途をたどる。これが一九七〇年代以降、実際に起こりつつあることなのだ。マルクスが明らかに気づいていたのは、これが、資本の再生産が直面するあらゆる未来の危険のなかでも、究極的に致命的となりかねないものの一つだということである。皮肉にも、この場合の中心的矛盾は資本と労働の矛盾ではない。それは資本の異なる分派間の敵対関係にあるのである。

▼41 C3, pp. 570-571／S. 455-456／五六〇頁。

［第4章］
反価値、あるいは減価の理論

『資本論』第一巻第一章第一節の締めくくりには、次のような一文がある。

どんな物も、使用対象であることなしには、価値ではありえない。物が無用であれば、それに含まれている労働も無用であり、労働のなかに入らず、したがって価値も形成しない。[1]

このような的確な言葉でもってマルクスがわれわれに教えているのは、資本の流通が脆弱であり、突然停止してしまうことがあるということである。つまり資本が流通するさいには、それにたいして減価や価値喪失の恐れが、常に、超然と浮かんでいる。さらに言えば、労働によって付加された価値が失われると、商品に取り込まれた生産手段の価値もまた失われる。商品形態から価値の貨幣表象への移行は危険をはらんだ道筋なのである。

われわれが見てきたようにマルクスは第一巻では一貫して、物質的商品と剰余価値の生産過程に専心するために、価値実現の問題を大部分棚上げしている。もちろん彼は次の点も熟知している。

▼1　C1, p.131／S. 55／五六頁。

生きた労働が価値を創造するのにたいして、資本の流通は価値を実現する。[2]

しかしながら、生産と実現に必然的にまたがる統一は「矛盾した統一」である。だからこそ第一巻の冒頭に先ほどの警句が記されているのだ。商品は貨幣と恋に落ちるかもしれないが、「まことの恋がなめらかに進んだためしはない[3]」。

価値と反価値

価値といった重要概念を定式化するさいに、価値自体を否定する可能性をその概念のなかに組み込まないとしたら、それはマルクスの価値概念とはかなり異なるものであろう。一部のマルクス読解のなかには、マルクスの考え方にたいするヘーゲルの「否定の否定」の影響について、いろいろと語るものがある。マルクスはたしかにヘーゲルの定式化に——彼自身の言葉でいえば——「媚びを呈する」ことを厭わなかった。その当時も今も、ブルジョア精神は弁証法を「腹立たしいもの」、「恐ろしいもの」とみなしている。マルクスがこう書いたのは、弁証法が、「存在するものの肯定的理解のうちに同時にまたその否定、その不可避的な没落の認識を含み、いっさいの歴史的に発展した形態を、流動するもの、運動のなかにあるものとみなし、したがってまたその過ぎ去る面をとらえ」るからである[4]。

マルクスにおける価値は、反価値〔anti-value〕との関連においてのみ存在する◆。これは奇妙な定式のように思われるかもしれないが、現代の物理学者は、物質と反物質との関係にもとづいて基礎的物理過程を解釈する。しばしばマルクスは、自然科学で見いだされる概念的枠組みと自分のそれとの類似点に言及した。もし、この喩《たと》えにマルクスが触れることがあったのなら、彼は十中八九それを使ったであろう。物理学の法則が物質と反物質との関係にもとづいているのとほぼ同じように、資本の発展法則もまた価値と反価値との関係の展開に依拠している。この二項対立は交換行為にすら存在する。というのも商品は、買い手にとっては使用価値でなければならないのだが、売り手にとっては非使用価値でなければならないからだ。あるいはマルクスは『経済学批判要綱』において、より哲学的な言い回しで次のように主張している。

価値が資本の基礎をなしており、したがって必然的に対向価値〔counter-value〕との交換を介してのみ存在するのだから、必然的に、資本は自己自身から自己を突きはなす。〈……〉諸資本相互の反発は、実現された交換価値としての資本のうちにあらかじめ含まれている。[5]

価値実現段階での価値の否定については神秘的なものも不明瞭なものも何もない。あらゆる資本家にとっては周知のことだが、自分の事業の成功が保証されるとすれば、それは、自分たちの商品が、賃金と生産手段とに当初費やした以上の貨幣価値で売られる場合に限られる。もしこれができないとなると、彼らはもはや資本家ではなくなる。彼らは、賃金労働者を働かせて商品をつくったあとに一定の価値を手にするはずだと想像していたのだが、そのような価値は実現しないということになる。しかし反価値の概念は、このような事態に限られたものではなく、いたるところで機能している。マルクスの世界では、それ

▼2　Gr, p. 543／S. 441／②二二一～二二二頁。
▼3　C1, p. 202／S. 122／一四三頁。
▼4　C1, p. 103／S. 28／二三頁。Moseley, F., and Smith, T. (eds), *Marx's Capital and Hegel's Logic: A Reexamination*, Chicago: Haymarket, 2015.
◆反物質　われわれの世界を構成する陽子、中性子、電子からなる物質にたいして、反陽子、反中性子、陽電子などの反粒子からなる物質のこと。物質と反物質が接触すると消滅し、エネルギーに転化する。素粒子物理学や宇宙論で重視され、また実験的にもその存在は確認されている。
▼5　Gr, p. 421／S. 334／②三八頁。

は不運な事故や誤算の結果というわけではなく、資本それ自体の深遠で変わらぬ一つの特徴なのだ。

生産過程をとおって資本が価値および新価値として再生産される一方で、それは同時に非価値〔not-value〕として、まずもってこれから交換をとおって価値実現されるべきものとして措定されている▼6。

反価値の可能性も現実性も常に存在する。もし価値の生産が流通の労苦を乗り切れるとすれば、反価値は克服されなければならず、いわば換金＝返済《リディーム》されなければならない。

資本とは運動する価値であり、いかなる理由からであれ、その運動の中断も、あるいはその減速でさえも、価値の喪失となる。この価値は、資本の運動が再開する場合にのみ、部分的ないし完全に蘇生するかもしれない。資本が特定の形態——生産過程、販売されるのを待っている生産物、商人資本家の手によって流通させられている商品、あるいは送金や再投資のために待機している貨幣——をとっているさいには、資本は「潜在的には減価している」。これらのいずれかの状態で「休止している」資本は、「否定されている」、「遊休している」、「休眠している」または「固定されている」と、さまざまに呼ばれている。あるいは次の一文を考えてみよう。

> 資本は完成生産物の形態に凍結されたままになっているかぎり、資本としての活動状態にあることはできないのであって、それは否定された資本である。

資本がその運動を再開するやいなや、この「潜在的な減価」は克服され「止揚される」。このマルクスからの叙述のコラージュ〔ばらばらの素材を組みあわせる絵画技法のこと〕から明らかなのは、彼が、運動する価値にたいして「超然と浮かんでいる」反価値を、外的脅威とみなしたのではなく、むしろ資本の流通それ自体のまさに内奥にある永続的な破壊力とみなしたということである。

減価を「価値実現過程の」必然的な「契機」◆とみなすことに利点があるとすれば、それは、これによってわれわれが資本の全般的減価――危機／恐慌《クライシス》――の可能性をたちどころに理解できるようになる、ということである。▼7 生産、実現、分配というさまざまな段階において、資本流通が一定の速度を維持できないとなると、そのいずれの場合も困難と攪乱とをもたらすことになる。

　われわれは、流通の連続性と速度を維持することが重要なのだと認めざるをえない。いかなる運動する価値の減速も価値喪失をともなう。逆に、資本の回転期間を加速させることは、価値生産を増進させる重要な要因である。これが『資本論』第二巻の、主要だが暗黙の結論の一つである。しかしながら、これらの特色は『資本論』第一巻では、すべてのものがその価値どおりに交換されるという前提のために触れられることがない。在庫が積み増しされたり、必要不可欠な期間以上に貨幣が使われずにいたり、生産中に資源が必要以上の期間とどめおかれたり、あるいは他に何か起こったりするなら、危機が生じることになろう。「恐慌は、単に商品が売れないためだけでなく、商品が一定の期間内に売れないために生ずる」▼8。この同じ原理は、生産にかかる労働時間についても同等の効力を発する。たとえば仮に韓国の工場が、デトロイトで必要とされる時間の半分で自動車を生産できるとすれば、デトロイトでかかった余分な時間は無

▼6　Gr, p. 403／S. 316／②七頁。

◆「価値実現過程の」必然的な「契機」　ハーヴェイは『経済学批判要綱』の英語版にしたがって「価値実現過程 realisation process」と書いているが、マルクスの原語は「Verwerthungsprocess」であり、「価値増殖過程」とも訳しうる。ここでは英語版の解釈にしたがって訳出した。

▼7　Gr, pp. 621, 546, 447, 474, 403／S. 507-508, 443, 357, 381, 316／②三五九～三六〇、二二七、八三、一二一、七頁。次の文献も参照。Harvey, D., *The Limits to Capital*, Oxford: Basil Blackwell, 1982, pp .85-89［ディヴィド・ハーヴェイ（松石勝彦・水岡不二雄訳）『空間編成の経済理論――資本の限界』上巻、大明堂、一九八九年、一五一～一五六頁］。

▼8　Th2, p. 514／S. 1137／⑥七二一頁。

駄である。

資本は、生産過程にとどまり続けているあいだは、流通することができず、潜在的には減価している。資本は、流通にとどまり続けているあいだは、生産することができ〈……〉ない。資本は、市場に持ち込めないあいだは、生産物として固定されている。市場にとどまらなければならないあいだは、商品として固定されている。資本は、生産諸条件と交換されることができないあいだは、貨幣として固定されている。[9]

したがって資本家は、価値を生産するためだけでなく、その潜在的な否定に抗するためにも、不断に闘わざるをえない。この闘争が堂々と交わされる資本の総流通のなかにあって、生産から実現への移行は一つの重要な段階である。

反価値としての社会闘争

市場での価値の実現が不可能になるとすれば、それはいかなる事情によるのか？　まず、その時々の場所と時間において売りに出された個々の使用価値にたいして、欲求も必要も欲望も誰一人として感じないなら、この生産物には何の価値もない。[10]それは商品という名にさえ値しない。〔第二に〕潜在的な買い手は、使用価値の代価を支払うのに足る十分な貨幣も所持していなければならない。これら二つの条件のうち、いずれか一つでも満たされなければ、結果として価値は存在できない。これら二つの条件が達成できない理由については、われわれはあとで少し詳しく追究するつもりだ。しかし端的に言って、新しい欲求、必要、欲望を生産し管理することが資本主義の歴史に巨大な影響をもたらしてきたし、それによって人間性だとよく言われるものも、不変で所与というよりは、必然的に変化する可塑的な存在に転化した。資本は、人々の欲望にもその頭脳にも干渉する。

しかし実現の契機にある一つの特徴には、非常に重要な意義がある。実現に関わる基本的社会関係は、買い手と売り手のそれである。最低賃金しか支払われていないような労働者でさえ市場に参入して、消費者選択という不可侵の権利を授けられる。[11] これは価値増殖過程で支配的な資本と労働の関係とは大きく違っている。たしかに資本と労働は市場で出会うのであり、そのさいには市場の交換原則が形式的には適用される（ただし資本は、技術変化と産業予備軍の産出とをつうじて、労働力の需要条件と供給条件の双方を思いのままに操る）。だが価値増殖の場合、本当に重要なのは、隠れた生産の棲《す》み処《か》での出来事――労働過程で体験される資本と労働の階級関係――である。実現過程では、これに相当するものは存在しない。後者の場合、商品の買い手（どの階級に所属していようとも構わない）は一定程度、消費者選択を――個人的なそれであれ集団的なそれであれ――行使する。買い手の欲求、必要、欲望が、実にさまざまな直接的、間接的手段によって徐々に操作され、資本によって定義された「合理的消費者」の行動様式をとるように変えられてきたというのは、広範に当てはまる事実である。しかしその一方で、このような操作を免れたところも常に存在してきたし、時には、これに抵抗する全面的な社会運動も現われている。集団的な消費者選択は、さまざまなあり方で行使される。たとえば、こうした選択は、長期にわたる政治運動の要求に立法行為が応じることによって、社会的賃金にかんする国策が強行されることをつうじて行なわれる。道徳的、政治的、文化的、審美的、宗教的、そして哲学的根拠からさえも、さまざまな抵抗が生じる。場合によっては抵抗は、商品化という概念そのものにも、基本的な財やサービス（たとえば教育、医療、飲料水）の入手における市場配分というあり方にさえもおよぶことになる。多くの人々はそのような財を、売買のための商品ではなく、基本的人権とみなすであろう。資本流通における技術的な支障と停滞からもたらさ

▼9　Gr, p. 621／S. 507-508／②三五九頁。
▼10　C1, p. 201／S. 121／一四一～一四二頁。Gr, p. 527／S. 426-427／②一九六～一九七頁。
▼11　C2, p. 391／S. 318／三八七頁。Re, p. 1033／S. 103-104／二四四～二四五頁。

れる反価値は、民営化〔私有化〕と商品化とにたいする政治的抵抗運動という積極的な反価値に転化するのである。

したがって反価値は、反資本主義闘争が活発となる一領域を規定している。消費者の不買運動《ボイコット》は、めったに成功することがないとしても、この種の政治力学の一つの兆しではあり、それどころか顕示的消費様式に反対する運動はもとより代償的消費様式にさえ反対するあらゆる運動が実現にたいする政治的脅威となる。資本家は、この脅威への対抗を組織しなければならない。しかし実現の政治力学の内外で進行する多様な闘争の存在は否定できない。たとえ反資本主義闘争の意図が明確にあろうとなかろうと、日常生活の諸問題にたいする組織的闘争、抵抗運動、扇動活動はよくあることだ。マルクスは、このような問題を探究しなかった。彼はそれを、ことのついでに書きとめたにすぎない。だがここにおいて、資本の流通を表わそうとマルクスが描きだした全体的枠組みの長所もいっそう明瞭になる。

実現された価値が資本として存続できるとすれば、その唯一の手段は「増殖」のために生産に回帰して、さらに労働者を生産で活用することである。資本が、最も根強い積極的否定の別の脅威に遭遇するのは、価値増殖段階――貨幣が復帰して労働過程に再融資される段階――であり、この脅威は、疎外された反抗的労働者という人格のなかに宿る。労働者階級は――いかように定義されようとも――反価値の体化した姿である。マリオ・トロンティ、アントニオ・ネグリ、そしてイタリアのアウトノミア派が生産段階での労働者の抵抗理論と階級闘争論を構築したのは、疎外された労働というこの概念にもとづいてのことである。[12] 労働を拒否する行為は、人格化された反価値である。この階級闘争は、隠れた生産の棲《す》み処《か》で勃発する。そこで引き起こされる政治力学は、実現の契機で優位となる買い手と売り手のあいだでのそれとはまったく異なっている。労働者は剰余価値を生みだすさい資本も生みだし、資本家を再生産する。労働の拒否とは、資本の生産も資本家の再生産も拒否することなのだ。

マルクスは、資本蓄積の連続性という観点から、生産と実現との矛盾した統一を考えだしたが、これと同じように反資本主義運動もまた、生産における闘争と、実現をめぐって交わされる闘争とを、矛盾した統一として認識しなければならない。表面的に見れば、実現の政治力学には、価値増殖のそれとは非常に異なる社会構造と組織形態が存在する。この理由から左派の側においてしばしば、実現の政治力学が価値増殖とはまったく切り離された闘争として取り扱われ、しかも価値増殖のほうがより重要なものとして優先されるのである。だがこの二種類の闘争は、総体性としてとらえられた資本流通の全体的な論理と発展のなかに共に包摂されている。反資本主義運動が、自分たちの闘争の矛盾した統一を認識もせず、それに取り組みもしないとすれば、それはなぜなのであろう?

この矛盾した統一の研究は、あらゆる脱《ポスト》資本主義秩序のもとで展開するはずの諸矛盾の大半を明らかにしてくれる。この秩序においても社会的労働——われわれが他人のために行なう労働——が主要な特徴でありつづけるのは、ほぼ間違いないであろう。いかなる反資本主義社会も現代資本主義の胎内から生まれざるをえず、あるいはマルクスの言葉を使えば、それ自身の反対物があらゆるものに「はらまれている」[13]世界から発展しなければならない。「すべての経済」は「時間の経済」に「結局のところ帰着する」のだから、「資本主義的生産様式が廃絶されたのちでも、社会的生産が保持されるかぎり、労働時間による規制と、さまざまな生産集団への社会的労働の配分、最後にそれに関する簿記が、以前よりもいっそう重要になるという意味では、価値規定は引き続き有効なのである」[14]。こうなるのは、たとえば協同《アソシエーティッド》労働者が自らの労働過程と生産手段とを制御しつつ、自分と他人の能力の調整に着手し、その一方で、自分の欲求、必要、欲望を、他人の協力を得て実現する場合であろう。現実に存在する価値と、反資本主義世界で

▼12　Tronti, M., 'Our Operaismo', *New Left Review*, 73 (2012): 119-139; Negri, A., *Marx Beyond Marx: Lessons on the Grundrisse*, New York: Autonomedia, 1991［アントニオ・ネグリ（清水和巳ほか訳）『マルクスを超えるマルクス——『経済学批判要綱』研究』（原著一九七九年）、作品社、二〇〇三年］。

▼13　Marx, K., 'The Civil War in France', in Tucker, R., *The Marx-Engels Reader* (2nd edn), New York: Norton, 1978, p. 636［MEW, 17, S. 343／カール・マルクス「フランスにおける内乱」（原著一八七一年）、『マルクス＝エンゲルス全集』第一七巻、大月書店、一九六六年、三二〇頁］。

▼14　Gr., p. 173／S. 103-104／①一六二頁。C3, p. 991／S. 859／一〇九〇頁。

のあるべき価値との一騎打ちが、マルクスの文章のなかで絶えず繰りひろげられている。[15] 目標は、価値を廃絶することではなく（ただし、なかにはそのように述べたがる人もいるが）、価値の意味と内容を変えることだと思われる。そして、この一騎打ちにおいて反価値は絶えず呼び覚まされる。この意味で反価値は、理論と実践の両面において反資本主義が花開くことができる土壌となる。

マルクスが、隠れた生産の棲《す》み処《か》における資本との闘争を、本質的に異なるものとみなしたことは疑いようもなく正しいし、だからこそ彼は市場での闘争より深い政治的意義をそこに見いだした。だが、われわれが今や明確に理解していることだが、反価値が重要となる場所は生産だけではない。価値と反価値とは資本流通の内部でさまざまなあり方で関わりあう。〔しかも〕反価値の役割は必ずしも対抗的というわけではない。反価値には、資本の未来を決定づけ保障するうえでも重要な役割がある。反価値にたいする闘争は、いわば資本を身構えさせる。反価値を補償＝返済《リディーム》する必要性は、価値生産にたいする一つの強制力となる。

反価値としての負債経済

このことからわれわれは債務の機能を研究せざるをえなくなる。というのも債務は、反価値の決定的形態であるからだ。マルクスは次のような問題を提起する。債務が生じるのはなぜ、いかにしてなのか？　そして資本主義的生産様式を完全に機能させるなかでの債務の機能とは何なのか？　長期の固定資本投資の場合を検討してみよう。相対的に耐用期間の長い機械の購買のために資本が投資される。その耐用期間のあいだ、毎年回収される機械の価値の一部分は、その古い機械が摩滅したさいに新しい機械を購入するために蓄蔵（貯蓄）されなければならない。しかし蓄蔵貨幣は、死んで減価された資本である。機が熟し、新機械の購入に足る貨幣が貯蓄されるまでは、反価値が、否定された資本の形態をとって年々蓄積されていく。[16] 自動車や住宅など、高額商品の購入のために消費者が行なう貯蓄も同じように積み立てられる。莫大な量の死んだ資本（あるいは消費者の場合にはタンス預金での遊休貯蓄）が積み重なる。蓄蔵貨幣での貯蓄の積み立ては、機械化の進展と耐久消費財の消費増加につれて増加する。信用制度が救いの手を差し伸べてくれる。いかなる目的のためであれ、蓄蔵された貨幣は銀行に預けることができ、利子を稼ぐために他の資本家に貸し付けられる。実際、産業資本家には次の選択肢がある。機械を購入するために借入を行なって、その機械の耐用期間が終わるまで分割払いで債務を返済するか、あるいは機械を現物で購入し、その機械の交換が必要になるまで年々の減価償却費を金融市場に投じて利子を稼ぎだすか、このどちらかである。

いずれの場合においても貸し付けられる貨幣――〔誰かに〕背負わされる債務――は、信用制度内部を流通する反価値の一形態、すなわち利子生み資本となる。債務の取引は、金融制度の内部にあって一つの積極的要素となる。それは巨大な流動性をつくりだす。また、さまざまな資本の回転期間が根本的に違っていることから不断の流通にさまざまな障害が持ち込まれるが、債務取引はこれを回避する手助けにもなる。商品生産それ自体がぎこちなくもたつき、その断絶が頻発するにしても、貨幣は円滑に流通しつづけることができる。それゆえ信用制度は、資本主義的生産様式のなかでも非常に特別なものになり、それ以前のすべての構築物から区別される。「労働時間と流通時間の矛盾は〈……〉信用論をそっくり含んでいる」とマルクスは書きとめている。

> 労働の未来の果実の先取りは〈……〉信用制度の発明ではない。その根源は、固定資本の特有な価値実現様式にあり、その回転様式にあり、その再生産様式にある。[17]

▼15　次を参照。Henderson, G., *Value in Marx: The Persistence of Value in a More-than-Capitalist World*, Minneapolis: University of Minnesota Press, 2013.
▼16　C2, chap. 8／Kap. 8／第八章「固定資本と流動資本」。
▼17　Gr, pp. 660, 732／S. 543, 607／②四二三、五三一頁。

信用制度は資本の流通の内部で形成されるのであって、外部からさし込まれるものではない。

信用介入の直接的機能は、蓄蔵貨幣資本――したがって「死んだ」貨幣資本――を蘇生させて、それを再び運動状態に復帰させることだ。しかし債権は、未来の価値生産にたいする請求権であり、それは価値生産をつうじてのみ回収《リディーム》される。もし未来の価値生産が債務の返済に足るものでなければ、危機が生じる。価値と反価値との衝突は周期的な通貨危機や金融危機の口火となる。長期的に資本は、負債経済と信用制度の内部で増大する反価値を返済するために、未来の価値にたいする請求権の恒常的増大に直面せざるをえない。資本は価値や富を蓄積するかわりに、返済されるべき債務の累積を生みだす。価値生産の未来は差し押さえられてしまう。

債務という反価値は、さらなる価値生産や剰余価値生産を確保するための主な動因の一つとなり、その梃子《レバー》の一つになる。資本の流通を駆り立てる活力はどこから来るのかと問われれば、伝統的な主流の見解は、たいてい個々の資本家の利潤追求（貪欲さ）からだというものであった。たしかに、政府の規制に取り囲まれた小規模事業主や野心的企業家という姿は、どのようなものであれ一見すると資本主義を活力あるものにする英雄として頻繁にとりあげられる。このような描きだし方は、おそらく現実のものというよりも大げさな仮面であろう。しかし、利潤最大化を追求することが剰余価値生産の最大化につながるわけではない。利潤シグナルは人を惑わすものであり、最悪の場合には完全な誤りである。マルクスが示すように、このシグナルに従うと〔本書第6章で述べるように、特別剰余価値を求める技術革新競争と機械化の進展などによって逆に〕利潤を低落させ、危機を引き起こすかもしれない。そこで二つの解決策が出てくる。〔第一に〕競争圧力を緩和させるために大企業に資本が集中するか、〔第二に〕国家介入が有効需要を創出し、実現条件を操作することで、蓄積が刺激されるか、このいずれかであり、あるいはその両方となる場合もある。国家や民間の負債金融は、価値生産の連続性を維持する重要な手段になる。これが、一九四五年から一九八〇年にかけて資本主義世界の多くの地域で起こったことの実態である。競争資本主義が国家独占資本主義に道を譲り、その一方で、ケインズ主義的国家政策は、まったく異質な路線での市場刺激策を整えることになり、負債金融型の総有効需要創出に主眼を移した。

この体制は二つの困難に直面した。第一に、労働者階級の大きな部分が力をつけるとともに、一九六〇年代をつうじて彼らの反価値的、反資本主義的感情が明々白々となったのである。第二に、ますます負債金融だのみになることによって、利子生み資本も資本の流通過程へとより大規模に流入し、それをつうじて反価値の力も強まることになった。結果として、未来にわたる価値生産のあり方は固定させられてしまい、さまざまな別の可能性《オルタナティブ》は差し押さえられた。さもなければ何かしらの大崩壊によって、そのような債務負担を不履行にする道筋が切り開かれるしかなかった。それゆえ一九七〇年代半ば以来、債務危機が増大したのである（それは一九七五年のニューヨーク市のテクニカル・デフォルト◆から始まり、一九八二年のメキシコを皮切りとした途上国世界での債務危機をつうじて激増した）。

価値増殖、実現、分配は、資本流通の総体性のなかで独立しながらも相互に関連しあう「諸契機」――マルクスが好んで使った言葉である――として作用する。しかし、それらの相対的な重要度は状況の変化に応じて変わっている。未来の価値生産を保障するために金融制度の内部に反価値が大規模に展開したことは、比較的新しい事態である。そして地理的にも、さまざまな変化が起きている。ごく最近まで中国の資本蓄積では生産的消費（物的インフラ）向けの国家投資が中心を担ってきたが、今では金融制度の自由化に向けて劇的な変化が進行中なのかもしれない。この種の変化は反資本主義的対抗勢力にさまざまな問題を突きつける。債務の触手が遠く広範囲にまでおよび、自分の財布に少なくとも一枚はクレジットカードを携えさせるというかたちであらゆる人々を巻き込んでいくなかで、階級的敵対者と相対することは困難になりつつある。

◆テクニカル・デフォルト　債務返済能力とは無関係に、融資や債券の発行の前提とされた借り手が守るべき条件などによって債務の不履行に陥ること。

資本は当初、債務を反価値として創出したが、それは、たとえば産業ごとに異なる資本の回転期間に対処するさいに過剰蓄蔵が起こる危険など、特殊な諸問題の解決策であったからである。反価値の力が駆使されることで、休眠している価値のすべてが放出され、可能なかぎりの連続性が保障された。

この絶対的な致富衝動〈……〉は、資本家にも貨幣蓄蔵者にも共通である〈かもしれない〉。しかし、貨幣蓄蔵者は気の狂った資本家でしかないのに、資本家は合理的な貨幣蓄蔵者なのである。価値の絶えざる増殖、これを貨幣蓄蔵者は、貨幣を流通から救いだすことによって追求するのだが、もっと賢明な資本家は、貨幣を繰り返し流通に投げ込むことによって、それを成し遂げるのである。[18]

そしてこれを資本家が果たしうるとすれば、活発な信用制度と開かれた貨幣市場が存在する場合しかないであろう。マルクスは『資本論』第一巻で、この問題にほんの少し触れている。「債権者ないし債務者という役割は〈……〉単純な商品流通から生ずる」。この関係は市場交換に潜在している。しかしマルクスは続けて、不吉なことにこうほのめかす。この役割は「もっと深く根ざしている敵対関係、つまりは経済的存在条件の次元にある敵対関係を反映しているだけである[19]」。このもっと深く根ざしている敵対関係が何を指すのかについては、この文章からは明らかではない。ここでマルクスは、価値と反価値との関係という隠れた弁証法に言及しているのであろうか？　私はそのように考えたい。

債務者と債権者の関係は、資本が支配的生産様式として登場するはるか以前から存在した。マルクスにとってもわれわれにとっても問題なのは——商人資本の利潤や地代《レント》の場合と同じことだが——、債権債務関係が、運動する価値の基本的推進力へと変容して存続するのはいかにしてかであり、それによって資本の歴史の途上にいかなる帰結がもたらされるのか、ということだ。たとえばインドにおける小口金融《マイクロ・ファイナンス》の発展によって、およそ一二〇〇万人もの人々が借金を返済せざるをえない状況にひきずり込まれ、そのために彼らはできるだけ多くの価値を生産しなければならなくなっている。もし返済できなかったり、政治的意思の問題として積極的に拒否したりすると、彼らの資産（大体の場合は土地不動産である）は差し押さえられてしまう（これがサブプライム住宅ローン◆という名高い計略であった[20]）。要するに、周縁化された脆弱な人々を多重債務状態に陥れることは、借り手を規律づけて生産的労働者に仕立てあげる一手法である（生産的というのは、法外な率での利子という形態で資本が領有できるような価値を生産するものと定義される）。われわれになじみのある事例をあげれば、債務に苦しむ学生や住宅所有者の未来の自由は大きく剝奪されている。このやり方で価値生産を手中にすることが急増し表面化しているのも偶然ではない。というのも資本は、従来のような価値生産の組織化がますます困難になっていると自覚しているからである。この問題については結論で立ち戻るつもりだ。

この会計帳簿の反対側では、未来での返済を信じて、私の年金基金が〔誰かの〕債務〔債券・債務証券〕に投資されている[21]。しかし、この未来が現実化しなければ、私の年金基金の（擬制的）価値は反価値というブラックホールのなかに消滅する。今日の世界の年金状況を読み調べると、未積立年金負債◆がはるか未来にまでおよぶという、おぼろげな危機が見えるであろう。国債は、はるかに緊迫した状況のように見える。個々人が債務に支配されるのと同じように、国家もまた、債券保有者が行使する反価値に圧迫される。経済システムが反価値の重荷のもとで崩壊する危険があるのである。二〇一一年以後にギリシアで起こったことは、その小規模な実例である。債務があまりにも莫大な規模となり、未来の価値生産による返済の

▼18　C1, pp. 254-255／S. 168／二〇〇頁。
▼19　C1, p. 233／S. 149-150／一七七頁。
◆サブプライム住宅ローン　信用力の低い個人や低所得者層を対象にした高金利の住宅ローン。アメリカにおいてこのローン返済が滞ったことは多くの住宅差し押さえ事案をもたらしたとともに、二〇〇八年の世界金融危機の引き金にもなった。本書二五〇頁も参照。
▼20　Roy, A., *Poverty Capital: Microfinance and the Making of Development*, New York: Routledge, 2010.
▼21　Blackburn, R., *Banking on Death: Or Investing in Life*, London: Verso, 2002.
◆未積立年金負債　予定利率によって将来支払われなければならない年金と、現実の年金資産との差額。

見通しが立たなくなると、債務懲役や債務奴隷が支配的となる。われわれは民主主義発祥の地として過去のアテネを賞賛するが、今日のアテネは非民主主義的な債務懲役の典型である。

利子生み資本の形成と流通は事実上、反価値の流通である。ロンドンのシティー、ウォール・ストリート、フランクフルト、上海など、今日のグローバル資本主義の主要な金融中心地を、反価値の中心的形成地とみなすのは奇妙に思われるかもしれない。だがこれこそが、そうした債務詰め込み工場がまるごとグローバル都市の高層建築群を支配している事態の真意なのである。マルクスが銀行業、金融業、そして擬制資本の形成について書いたさいにほのめかしたことだが、危険があるとすれば、資本が一つの巨大なポンジ・スキーム◆に変質し、昨年の債務が、もっと巨額の今日の借入金によって返済されることである。各国の中央銀行は目下のところ、今この場にいる寡頭《オリガーキー》支配層の利益のために証券市場と資産価値を下支えしようとして、それに足る新たな貨幣を創造している。そこで、このことから、自行の貸借対照表に積み上げられた負債〔中央銀行券の発行残高〕をどう返済するかという問題◆が中央銀行に残ることになる。マルクスが『資本論』第一巻の結論で指摘した社会的不平等の拡大という筋書きはますます際立っているが、ただし今回は金融操作と金融排除という異なる仕組みによって現実のものとなっている。富裕層は金融操作をつうじてますます豊かになり、その一方で、貧困層は（個人的にも、また国家による借入という体《てい》で集団的にも）自らの債務を返済せねばならないことから、ますます貧しくなる。それと同時に、価値増殖はほぼ二の次のように思われてしまい、それに取り組むことは地球上の最貧困国の手に委ねられる。

反価値の概念がその絶頂を迎えるのは、甚大な恐慌の時期にあって大規模な減価が起こる最中《さなか》である。『資本論』第一巻でマルクスはこの仕組みを一つの具体的な事例でもってわれわれに示している。彼はセイの法則（リカードゥによって採用されたそれ）に異議を唱えているが、この法則によれば、あらゆる販売は購買を含んでいるがゆえに販売と購買は常に均衡するはずであった。このいわゆる「法則」を容認すると、全般的恐慌はありえないということになる。▼[22] これは純粋な物々交換経済の場合であれば妥当するかもしれない。しかしながら貨幣経済での単純流通は、商品から貨幣に変わり、それが商品に変わり、さらにまたそれを繰り返すという形態をとる。貨幣を得るために販売した人が、別の商品の購買のためにその貨幣をただちに使うよう駆り立てるものなど何もない。もし、あらゆる経済当事者たちが何らかの理由（たとえば経済システムにたいする信頼の崩壊など）から貨幣の保持と貯蓄とを決断すれば、流通は途絶え、価値が否定されることから経済が破綻する。これは、ケインズがのちに「流動性の罠」と定義したものである。価値は不断の運動をつうじてのみ価値たりうるのだから、反価値が価値を圧倒してしまう。二〇〇七〜〇八年に起きた危機にさいしてアメリカでは資産価値が累積的に喪失（減価）したが、その額はおよそ一五兆ドルであった（一年間の財とサービスの総生産高市場価値に近い額である）。

マルクスの思想においては価値と反価値という一対の考え方は重要である。だがそれは、彼の思想の数々の解説においては無視されたか、あるいは安易に片付けられてきた。しかし、価値の否定を基礎とした弁証法的論述（古典派経済学や新古典派経済学にしてみれば、その実証主義的傾向を前提とすれば、とうてい把握できないような論述）は、資本の危機傾向を理解するうえで根本的である。マルクス自身がその含意のすべてを理解していたか否かは一つの興味深い問題だ。彼は『資本論』第三巻において、イギリスの金

◆ポンジ・スキーム　金品を払う参加者が増えつづけることを前提に行なわれる詐欺行為。名称は詐欺師チャールズ・ポンジに由来する。日本では「出資金詐欺」と呼ばれ、「無限連鎖講」とか「ねずみ講」などとも訳される。

◆どう返済するかという問題　金本位制が廃止されて以降も、中央銀行は、その金融政策の適切な遂行によって信認を確保しなければならず、その意味で中央銀行通貨（民間金融機関の中央銀行への法定準備預金と中央銀行券、いわゆるマネタリーベース）は「債務証書」のようなものとして負債に計上される。中央銀行が量的緩和政策によって、民間金融機関から国債などを買い入れる対価として中央銀行通貨を増大させた場合、その前提には、中央銀行の購入した国債が、実際に利子を付けて最終的には返済され、中央銀行通貨が中央銀行に還流することが想定されている。この中央銀行通貨の還流が実際に生じた場合、中央銀行は「負債」を「返済」することになる。だが、そうならなかった場合には、中央銀行の信認が問われ、破綻する恐れが出てくる。

▼22　C1, pp. 208-210／SS. 127-128／一四九〜一五一頁。

融制度の探究を長々と、しかもしばしば込み入ったかたちで述べているが、そこからわかるのは、「貨幣資本の蓄積の大部分は、生産にたいする〈……〉請求権〈……〉の蓄積以外の何ものでもない」[23]ことをマルクスが的確に理解していたということである。銀行業と信用業は「資本主義的生産をそれ自身の制限を超えて駆り立てる最も強力な手段」となってきた。それらはまた「恐慌と詐欺的眩惑の最も有効な手段の一つ」にもなってきた。とどまることのない擬制資本の蓄積によって「資本の現実の価値増殖過程とのいっさいの結びつきは最後の痕跡に至るまで消え去」ることになりかねない。したがって「自分自身で価値増殖する自動体としての資本」という錯覚が固められるかもしれない[24]。私が自分の預金口座に貨幣を預けると、時とともに、そこに利息が複利でついていく。それはまるで魔法のようだ。何もしていないのに貨幣は増えている!! しかし今では、これが習わしであるようであり、このやり方で経済全体が成長するはずなのである。マルクスが金融制度を、資本主義の物神的《フェティッシュ》な傾向の極致とみなしたのも不思議ではない。

信用制度は「資本主義的生産様式の内在的形態」[C3, p. 742／S. 620／七八二頁]であり、終わりなき資本蓄積を推し進める決定的力の一つである。

資本主義的生産の対立的な性格にもとづく資本の価値増殖は、現実の自由な発展をある一定の点までしか許さないのであり、したがって実際には生産の内在的な束縛と制限とをなしているのであって、この制限は信用制度によって絶えず突破される。それゆえ、信用制度は生産力の物質的発展を加速し世界市場の創出をうながす〈……〉それと同時に、信用は、この矛盾の暴力的爆発である恐慌を促進し、それとともに古い生産様式の解体の諸要素を促進する。信用制度には内在的な二面的性格がある。信用制度は、一面では、資本主義的生産の原動力を、すなわち他人の労働の搾取による致富を、最も純粋で最も巨大な賭博・詐欺制度へと発展させ、これまで社会的富を搾取してきた少数者をますますもって数少なくするとともに、他面では、新たな生産様式への移行形態をなすのである。この二面性こそは〈……〉信用の主要な告知者に、詐欺師と予言者とが見事に混合した性格を与えるものである[25]。

悲しむべきことに、今日の「巨額取引トレーダー《マスターズ・オブ・ジ・ユニヴァース》」――ウォール・ストリートの住人は、しばしばそう呼ばれている――は、詐欺師としてはるかにうまくたちふるまうとともに、虚偽の予言の技法を洗練させて自分たちの詐欺行為を正当化している。またこれも悲しむべきことに、信用制度が発展したり、未来にたいする決定力を利子生み資本の流通が明らかに強めたりしても、それが何か新しい生産様式を出現させる過渡期の踏み石になる兆しもほとんど見られない。それどころか、われわれに残されていることといえば、飽くことなき貪欲な投資家の一群が十分な資金力をもって、どんな深刻な敵対勢力もほぼ買収できてしまい、さらには消化しきれないほどの信用貨幣を残りの世界に日々、無理やり食らわしているような、そんな姿を想像するくらいだ。

なぜ金融業者は、さまざまな恐慌の暴力的発生をきまって祝うのであろうか？　一見したところ、このことは直観に反するように思われる。しかし、反価値の流通にかんしていえば、恐慌とは実のところ、価値生産と価値実現に関わるすべての人々に絶望を感じさせるとともに、反価値勢力にとっては勝利の瞬間でもあるのである。かつて一九二〇年代に銀行家のアンドリュー・メロンが語った言葉だが、「恐慌において資産はその本来の所有者に」、つまりメロン自身に「戻るのである」▼[26]。恐慌は通常、そのあとに大量の減価された資産を残すのであり、支払うための現金（あるいは特権的なコネ）を所持する者は、そうした資産を破格の安値で獲得できる。これが一九九七～九八年に東アジアならびに東南アジアで起きた出来事である。まったく存続できたはずの企業が流動性不足のために破産し、国外の銀行に買収され、その数年

▼23　C3, p. 599／S. 486／六〇〇頁。
▼24　C3, pp. 742, 597／S. 620-621, 484／七八三、五九七頁。
▼25　C3, pp. 572-573／S. 457／五六二～五六三頁。
▼26　Wade, R., and Veneroso, F., 'The Asian Crisis: The High Debt Model versus the Wall Street-Treasury-IMF Complex', *New Left Review*, 228 (1998): 3-22.

後に巨額の利益を上乗せして売り戻されたのである。

マルクスは一般的に、恐慌にさいして過剰蓄積の不合理性を克服する唯一「合理的」な方法として、次のような可能性を想起している。（一）使用価値の物的な破壊と劣化、（二）交換価値において貨幣で表わされる強制的価格下落〔depreciation〕、そして（三）それと同時に起こる価値の減価〔devaluation〕である。[27] ここでの言葉遣いに注目してほしい。そこに関連する形態――使用価値、交換価値、そして価値――は、それぞれ特殊な否定形態の影響を被るのであり、また一つの否定形態は他の否定形態を自ずと意味するわけではない。交換価値の下落と〔価値の〕減価とは必ずしも使用価値の物的破壊ではない。使用価値は、資本蓄積が復活するための自由財に転化できる。これは、反価値が作用して価値生産条件を回復させる一つのやり方である。地下鉄が破綻する◆（地下鉄の価値を減価させ、投資家の資本価格を下落させる）と、そのあとにトンネルという使用価値が残されたのであり、われわれは今もロンドンの地下鉄を利用するさいにそれを使っている。二〇〇七～〇八年に起きた危機にさいしてアメリカでは住宅価値が下落したが、そののちに残された住宅使用価値の膨大な在庫は、未公開株式投資会社やヘッジファンドによって二束三文で買収されえたのであり、こうして利益性の高い用途に再びふりむけられた。このような可能性をマルクスは百も承知していた。彼は次のように書きとめている。

〈資本が〉行なう投資は利益をもたらさないのであって、ある程度まで減価したときにはじめて、それは利益をもたらすようになる。〈……〉〈そして〉多くの事業の場合に、最初にあるのは回収見込みのない投資であって、最初の企業家たちが破産したのち、投下資本が減価のおかげで前よりも少なくてすむ第二の、あるいは第三の企業家のもとで、はじめて自らを実現する［新全集版では「価値増殖がなされる」］のである。[28]

同様に、交換価値（たとえば土地不動産市場でのそれ）の急騰は価値の増大を必ずしも意味しないし、使用価値の実質的改良にもまったくならないかもしれない。

死重としての不生産的労働

反価値についての理論は、資本の機能には必要不可欠だとしても価値生産的ではないような、あらゆる種類の活動を網羅しなければならない。このことから、われわれは不生産的労働という悩ましい問題に連れ込まれることになる。それはアダム・スミスが非常に長々と論じた問題であった。

マルクスは、流通（たとえばマーケティング）で雇用された労働者が価値を生産しないということを認めている（さもなければ彼は市場交換によって価値が生みだされることを認めずにはいられなくなるであろう）。しかしながら彼らは剰余価値の一要因にはなりうる。こうした労働者は機械と同じようなものだ。機械は価値を生産できないのだが、それを使用すると賃金財の費用が低落し、それゆえ労働力価値が減少し、結果的に、資本家のためのさらなる剰余価値が生みだされ、これによって相対的剰余価値が増大できるのである。マルクスの議論によれば、流通ならびに国家行政に付随する費用は、価値生産ならびに剰余価値生産からの控除とみなされるべきである。▼29 市場流通にかかわる費用（運輸費〔ならびに保管費〕以外のそれ）は、産業資本家か商人資本家かそのいずれが負担したかにかかわらず、すでに生産された潜在的価値からの必要な控除とみなされる。マルクスが言うには、これらの流通費用の節約と流通期間の短縮は「つくりだされた価値の否定を減少させる」［Gr. p. 633／S. 519／②三七九頁］ことになる。だが、この控除を減らすべきであるとして、そのために不生産的労働における搾取率を上げると、もっと多くの剰余価値が資本家に残ることになる。簿

▼27　Th2, pp. 495-496／S. 1118-1119／⑥六九七〜六九八頁。

◆地下鉄が破綻する　ロンドン地下鉄は、インフラ老朽化の補修に民間資金を活用するとして、二〇〇三年にPPP（官民連携）が導入された。しかし七年後にPPPは破綻し、再び公営化された。

▼28　Gr, p. 531／S. 431／②二〇三頁。C3, p. 199／S. 114／一三二頁〔参照〕。

▼29　C2, chap. 6／Kap. 6／第六章「流通費」。

記、小売、適切な国家規制や法の執行など、不生産的であっても社会的に必要な諸活動は、本質的に反資本主義的なものではないのである。

しかし、あらゆる人が、このような〔不生産的労働という〕方法で生計を立てようとして、生産に従事する人が誰もいなくなるとすれば、資本は死滅するであろう。反価値が優勢となるであろう。その結果は明らかだ。すなわち反資本主義者の姿を明らかにとったり、その意図を明白にもっていたりしなくても、流通――これは価値を生産しない――に労働力が過剰に（つまり社会的必要性に反して）吸収されたり、官僚制化が（国家部門でも企業内部でも）過度に進行して価値を生みださなくなったりすると、資本の再生産は脅かされるのである。これは、運動する価値が動かなくなりうる偶然的事態の一つである。流通活動、規制活動、そして官僚的支援活動（警察活動など）の費用が膨れ上がり、またそれらが非効率になると、莫大な量の価値が不生産的に吸い上げられないともかぎらない。一部の主流派経済学者が主張するように、アメリカ経済のあまりにも多くの活動が現在「多忙だが役に立たない」ものにふりむけられているのであれば、こうしたことは価値や剰余価値の生産と流通にとっては足手まといとなる。だからこそ、ある者は現代資本主義における「大停滞」を仮説として主張する。ほとんどすべての右翼的国家批判に見られる標準的な売り出し文句は、過度な規制と官僚制化が自由市場にとって、ひいては万人に資するはずの完全な資本主義の発展にとって大敵である、というものである。言うまでもないが、マルクスの最も際立った偉業は、『資本論』第一巻のなかで次の点を決定的に示したことである。すなわち、まったく無規制な自由市場資本主義が存在するとしても、それは万人に資するものにはならず、はるかに多くの富と権力が上位一％層に集まることにしかならないであろう。だが、不生産的労働に過度に依拠することが価値生産と価値流通とに有害な影響をもたらすと力説する点では、右翼の批判にも、いくぶんかの真実以上のものがあるのだ。

したがってマルクスの主張によれば、不生産的労働が、たとえ意図せざる結果であっても反価値の主要な現場になってはならないとすれば、必要な流通費用の節約と効率性の向上が決定的である。まったく当然の結論として、これら不生産的活動における生きた労働を搾取する諸条件は、生産においてと同じように（場合によってはそれ以上に）ひどいものになることがある。

社会的に必要な不生産的労働と過剰な不生産的労働とのバランスを定めることは困難だ。規制環境をめぐる政治的議論の多くは、適切な水準を確立しようと夢中になっている。この点で、労働日の時間規制についてのマルクスの議論は興味深い見本を提示している。絶対的剰余価値をめぐる激烈な資本家間競争は、労働日の延長と労働の強化をもたらし、労働者の生活や健康や労働能力を危険にさらすことになる。それゆえ資本の見地からでさえ、破滅的競争による労働力への破壊的影響から資本を守るために、いくつかの集団的規制を制定して、いわば〔底辺に向かう〕競争に下限を設けることが必要であった。しかし労働者の組織力が他の利害関係者と同盟しながら、ますます強まっていき、一労働日の長さをさらに劇的に制限しようとすれば、これは反対方向からの反資本主義的脅威になるかもしれない。労働時間をめぐる労働者の権利と資本の権利とをどう裁定するかは、諸階級の力関係にかかっている。すなわち「同等な権利と権利とのあいだでは力がことを決する」[30]。同様に、いかなる資本主義的社会構成体にあっても、生産的労働と不生産的労働とのバランスがどうなるかは、社会的、政治的な諸過程と諸闘争の展開によって決まる。

反価値をめぐる直接的政治力学

商品生産と商品交換の外部にあるような代替的《オルタナティブ》な生活様式の考案にもとづいた反資本主義的な活動と政治力学が普及してきているが、ただし、それは小規模なものでしかないことが多い。バーテル・オルマンが主張するように、価値とは疎外された労働にほかならないのだが、そうであるとすれば、疎外なき存在を政治的に探求することは、個人的かつ集団的な生活において資本主義的価値法則を積極的、意識的に否

▼30　CI, p. 344／S. 249／三〇五頁。

定せざるをえない。反価値の政治力学には多様な形態がある。たとえば、さまざまな連帯経済組織や目的共同体は、価値生産の力のおよばないところで自分たち自身の再生産を確保しようと模索するかもしれない。[31]これらの組織や共同体の交換関係は――それら相互間の交換関係であろうと、他の原理にもとづく経済組織との交換関係であろうと――必ずしも市場原理にもとづくわけではない。アナーキスト〔無政府主義者〕の生活共同体《コミューン》、宗教的基盤にもとづく共同体、そして先住民の社会秩序は、資本主義体制の隙間にありながら価値法則の支配を免れている異他なる《ヘテロトピック》空間をなしている。〔ただし〕そのような非価値生産的な諸活動は、資本によって領有されて価値生産の基盤に変えられてしまう（たとえば人間性の無償の贈与として領有されたり取り込まれたりする）か、あるいは、産業予備軍――ますます使い捨て可能《ディスポーザブル》となりつつある余剰労働力――のある種の再生産補充部分として機能するか、このいずれかに陥る危険も常に存在している。

資本は流通し拡大しながら、さまざまな対抗政治の機会を創出する。資本は芸術や科学技術の力を動員するのだが、その過程で不本意ながらも、一方では社会的必要労働時間という価値法則が支配するようになり、他方では自由に処分できる《ディスポーザブル》労働時間あるいは「非労働時間」がもたらされることによって、この両者のあいだの対立関係がつくりだされる。

> 〈資本の傾向は〉一方では、自由に処分できる時間を創造することであるが、他方では、それを剰余労働に転化することである。資本は、前者の点でうまく成功しすぎると、剰余生産に苦しむことになるのであり、その場合、剰余労働が資本によって価値実現されえないので、必要労働が中断される。[32]したがって価値実現が不可能であることは、克服できない制限となる。

この矛盾が発展すればするほど、ますますはっきりしてくるのは、生産諸力の増大はもはや他人の労働［新全集版では「剰余労働」］の領有に縛りつけられたままでいることができないということ、労働者大衆自身が自分たちの剰余労働を領有しなければならないということである。〈……〉〈これによって可能になることだが、〉社会的生産力の発展〈……〉の結果として、〈……〉万人の自由に処分できる時間が増大するであろう。というのも現実の富とはすべての個人の発展した生産力だからである。そうなれば、富の尺度は、もはや労働時間ではなく、自由に処分できる時間である。▼33

労働者は、そもそも（擬制的な）賃労働契約によって、疎外された存在となることを余儀なくされ、資本の価値増殖こそが自分の唯一の運命になるように強いられてきたが、その渦中で「価値とは測定しえないものだ」という感覚も失われた。だが〔今や〕彼らは、この感覚を取り戻すことができるのである。

ここでわれわれは、いくつか興味深い政治的逆説に遭遇する。近年の批判的論評に見られる関心の多くは、知識や科学、不払家事労働、あるいは自然の「無償の贈与」を価値計算に組み込もうとすることに向けられてきた。結局のところ、これらは価値の源泉ではないのであろうか、と。マルクスの答えは、機械の場合と似ているというものだ。つまり資本が価値とは何かを定めるのだから、知識やら家事労働やら自然やらが価値の源泉ではありえない。だが労働力の生産性を改善するかぎりでは、資本家階級にとっての相対的剰余価値の一因にはなる。今日においては、従来「価値だとされなかった」ものを資本主義的な価値生産・流通体制《レジーム》に組み込もうとする欲望が蔓延している。この戦略を理解することはできる（その理由

▼31　Hudis, P., *Marx's Concept of the Alternative to Capitalism*, Chicago: Haymarket, 2013.

▼32　Gr, p. 708／S. 584／②四九四頁。マルクスにおける「時間」については次を参照のこと。Bensaïd, D., *Marx for Our Times*, London: Verso, 2002［ダニエル・ベンサイド（佐々木力監訳）『時ならぬマルクス——批判的冒険の偉大さと逆境（十九—二十世紀）』（原著一九九五年）、未來社、二〇一五年］; Tombazos, S., *Time in Marx: The Categories of Time in Marx's Capital*, Chicago: Haymarket, 2015.

▼33　Gr, p. 708／S. 584／②四九四〜四九五頁。

の一部には、「価値」といった言葉に積極的意味が含まれており、またたいていは無視されてしまうものを評価すべきだとするといった、わかりやすい要求もあるからである）。ただし政治的には、それは物事をあべこべにしてしまう。この戦略は、対抗的政治力学における非価値や反価値（そして疎外なき労働者や自由に処分できる時間）の弁証法的な役割を理解できていない。資本主義的生産様式やその特異な価値形態やさまざまな疎外にたいして、広範囲にわたる深遠な批判を民衆が着手できるのは、まさに非価値と疎外なき労働とからなる諸空間からなのである。そして脱《ポスト》資本主義経済の特徴が最もよく明らかになるとすれば、それもまたこれらの場からなのである。マルクスが記しているように、資本主義的生産様式の内部で価値および剰余価値の生産者であるということは幸運ではなく「不運」である。▼[34]

知識、情報、文化活動などは、まったく商品化できるし資本主義に組み込まれうる。同時に、疎外なき自由な活動へのその潜在的可能性は、反資本主義的政治力学の最先端をなす。この矛盾した位置にあることから、実にさまざまな文化生産者は、急進的政治活動の可能性に満ちた重要な集団を形成している。寄生的な金利生活者《レンティア》階級が文化生産者の生産物をわがものにする事態に直面して、これらの生産者たちは疎外なき生活を追求するのだが、この争点をめぐって緊張が高まりつつある。ただし彼らの生産条件が、資本主義的統制をめぐる係争地であるとしても、その政治力学は大部分、実現条件を中心として転回する。

これと同じように家事労働が価値計算に入らないという事実は、この労働が、反資本主義的政治力学を表明する可能性に満ちたもう一つの場であることを示唆している（ただしジェンダー、家父長制、セクシュアリティ、育児慣行などに関連した家事労働自体の内的矛盾と疎外とが解消できると前提したうえである）。家事労働活動はますます商品化され市場に持ち込まれつつある（食事の持ち帰り《テイクアウト》からネイルケアや散髪に至るあらゆるものが、そうなっている）。と同時に、労働節約型家事技術（洗濯機やロボット掃除機）が到来したにもかかわらず、家事にかかる労働時間はむしろ増大している（一部の人は、これが到来したからこそと言うかもしれない）。しかし他人のための労働は家庭の内部でも営まれるし、コモンズ◆の生産と保護のために設けられるような、より広範な社会的連帯関係を横断するかたちでも行なわれるのだが、こうした他人のための労働は資本主義的商品生産とそれに結びついた社会的諸関係の支配にたいして強力な防衛手段になることがある。家事にたいして賃金が与えられても——幸いなことに実際にはそうなっていないものの、仮にこれが現実になるとしたら——、家事労働も、資本主義的生産様式に原則的には組み込まれる（そして疎外された労働としての取り扱いを受ける）ことができると再確認するだけにしかならない。一九七〇年代にフェミニストが立ち上げた「家事労働に賃金を」というキャンペーンは、マルクス主義的伝統のなかでジェンダー問題の無視が横行してきたことに焦点を定めた見事な介入活動ではあったが、そこで提案された政治的改善策の点ではまったく誤ったものであった（この運動の主唱者の何人かは、のちに素直にそう認めている）[35]。私の考えでは、資本主義的生産様式内部の価値と反価値との関係が十分に理解されていたとすれば、こうしたことはまったく起こらなかったのかもしれない。

　自然の無償の贈与についても、価値生産の流れに組み込もうとする並行した動きが起きてきたが、それは恣意的な価値評価手段（たとえば環境経済学者が提案するような手段）を用いてのことである。これは洗練されたグリーンウォッシング◆でしかないし、一つの空間——資本主義的生産様式と、商品化をつうじて疎外されたその（そしてわれわれの）対自然関係とが覇権《ヘゲモニー》を握る現状にたいして、猛反撃の起点になりうる空間——を商品化することにしかならない。これは、反資本主義的批判をつくりだすことがあるような、まったくもって典型的な空間である。しかし近年優勢となっている政治運動は、価値論的枠組みにこれら

▼34　CI, p. 644／S. 532／六六〇頁。

◆コモンズ　もともとは共有地・入会地という意味だが、今日ではより広く共同的なもの、共用するものを指す。なおアメリカの生物学者ギャレット・ハーディン（一九一五〜二〇〇三年）は、中世の共有牧草地を例にとり、多くの人が共用する共有資源は乱獲を防ぐことができず、やがて消滅すると説いて、この事態を「コモンズの悲劇」と称した。本書一四八〜一四九頁も参照。

▼35　Himmelweit, S., and Mohun, S., 'Domestic Labour and Capital', *Cambridge Journal of Economics*, 1 (1) (1977): 15–31.

◆グリーンウォッシング　利潤目的の事業を、環境問題解決策として偽装すること。

の空間を組み込むことに賛意を示している！　もし資本主義のもとにある価値が、疎外された労働者と疎外された労働の生産を必要とするのであれば、あらゆる進歩主義者が、そのような体制に取り込まれるための運動を展開するというのはいったいなぜであろうか？

最後に減価は、労働力商品の保持者である労働者を直撃することもある。労働者の技能も労働能力も変わらないのに、賃金は削減され、その健康と福利は脅かされる。たとえば二〇〇八年のゼネラルモーターズが事実上国有化されていた時期に二重雇用構造が出現した。古参労働者が自分たちの賃金と社会保障給付を維持した一方で、新規採用労働者ははるかに低い賃金とはるかに劣悪な給付条件のもとで雇用されたのである。当然ながら資本は通常、労働人口の自然的死滅にまでおよぶことはないのだが、労働力の減価とその価値の価格下落が長引いたり深刻化したりすると、そうしたことにもなりかねない。しかし、このような事態の進行は、労働者からのある種の（個人的かつ集団的な）政治的反応を引き起こさずにはいられない。

価値論にかんしては反価値の力に直面せざるをえない。私がうすうす感じていることだが、もしこの力が、運動する価値としての資本の流通に奥深く埋め込まれた「深く根ざしている敵対関係」だとするなら、この矛盾を明確化することは、債務懲役と対決する重要な一歩をなす。現代の社会的諸関係とわれわれの福利だけでなく、われわれの未来の生活展望までも、ますます債務懲役によって決められうるように思われるからである。非常に多くの人々にしてみれば、世界の終末よりも資本主義の終末を展望するほうが困難になっているのは事実である。そのことは、反価値としての債務が積み上がるなかで資本蓄積の未来が差し押さえられているという事実と大いに関係がある。多くの人々が唯一の希望とみなすのは、外部からの何かしらの介入――ある種の黙示録的出来事――がわれわれを救いだしてくれるかもしれないということくらいだ。そんな出来事が起こるはずがない。われわれが救われるとすれば、われわれの未来を決めてしまうような高く積み上がった債務を段階的に公然と縮小するか、場合によってはそれを帳消しにするかしかないのである。

反価値は、資本流通の連続性が中断される可能性を示唆している。これによって予想される事態とは、資本の恐慌傾向が異なる形態をとり、ある契機（たとえば生産）から別の契機（たとえば実現）へとたらい回しにされうるということだ。[36] この洞察もまた重要だが、残念ながらしばしば無視されている。マルクスが（多くの一般的見解に反して）われわれに教えていることだが、恐慌は、資本主義の終焉を必ずしも意味するわけではなく、むしろその刷新のお膳立てとなる。資本の再生産における反価値の弁証法的役割をわれわれが最も明確に理解するのは、ここにおいてである。

> 恐慌は、常に、ただ既存の諸矛盾の一時的な暴力的解決でしかなく、攪乱された均衡を一瞬回復する暴力的爆発でしかない。[37]

しかし資本の再構成は不安定であり、さまざまな限界もある。債権（未来の価値生産にたいする請求権）の累積は、価値と剰余価値とを生産し実現できる未来の限度を超えるかもしれない。債務返済に成功するとしても、その返済義務は他にも可能な《オルタナティブ》未来を差し押さえてしまう。債務懲役は、各人の未来にも、経済全体の未来にも、その足枷となる。[38] このテーマについては、結論を述べるさいに立ち戻ることにしよう。

▼36　Harvey, D., *The Enigma of Capital*, London: Profile Books, 2010, chap. 5［デヴィッド・ハーヴェイ（森田成也ほか訳）『資本の〈謎〉――世界金融恐慌と21世紀資本主義』、作品社、二〇一二年、第五章］。

▼37　C3, p. 357／S. 259／三一二～三一三頁。

▼38　Hudson, M., 'The Road to Debt Deflation, Debt Peonage, and Neofeudalism', Working Paper No. 709, Annandale-on-Hudson, NY: Levy Economics Institute of Bard College, February 2012; Hudson, M., *Killing the Host: How Financial Parasites and Debt Destroy the Global Economy*, Glashütte: ISLET-Verlag, 2015.

［第5章］

価値なき価格

価値と価格との質的不一致は厄介であり、マルクスが認める以上に重要なのかもしれない。この矛盾は時とともに先鋭化してきた可能性がある。投資家が、価値や剰余価値の創造に投資するかわりに、無価値の資産（美術品や通貨先物取引、炭素排出権先物取引など）をめぐる価格決定市場において投機的利得を求めるのであれば、これが意味するのは次のような価値の経路の存在である。すなわち価値が資本の一般的流通の外部に漏出して、擬制的市場において貨幣として流通可能となり、そこで直接的な価値生産（価値の領有と対立する意味でのそれ）をまったく引き起こさなくなるというものである。価格シグナルが本来表象すべき価値に相反するのであれば、投資家は必ず誤った決定を下してしまう。不動産市場やその他の資産投機での貨幣利益率が最も高いのであれば、合理的な資本家は、生産的活動領域よりも、そちらに貨幣を投資するであろう。合理的資本家は、発展する総体性としての資本の再生産過程の見地からすれば非合理的に行動する。その結果、経済全体が長期停滞に向かう傾向が深まっても不思議ではない。

私的領有、価格付与、使用料《レント》の搾出

この傾向に反対に作用する事実があるとすれば、それは、ある種の使用価値が資本主義的生産に「無償の贈与」として流入することである。こうなるのは、「労働対象が、金属鉱石、鉱物、石炭、石材など〈……〉自然から無償で贈られるものである」[1]場合だ。資本は自然との物質代謝に物質的に依存しているが、これは自然そのものに価値があるという意味ではない。自然は、資本がいっさいの支払いをせずに利用できる無償の贈与の貯蔵庫である。しかしながら、そのような使用価値が囲い込まれ、他人の私的所有物になると、これに価格を付けることができる。そこでこの所有者は、たとえこれらの資源に価値がなくとも、その資源から貨幣での使用料《レント》を引きだせる立場にある。同じことは建造環境、開墾された景観、そして古来からの文化的遺産にも当てはまる。時に「第二の自然」と呼ばれるものは、生産において使用価値として機能する無償の宝庫でもある[2]。資本にたいする「自由財」の同様の「寄贈」は、家事労働からも、自給自足する小農民の生産物からも、その他の非商品生産者の生産物からもしぼりとることができる。マルクスは次のように述べている。

> 労働者階級の維持も再生産も資本の再生産のための必要条件である。〈……〉〈その一方で〉資本家は安んじてこれを、労働者の自己維持本能と生殖本能に任せておくことができる[3]。

労働者が自ら身につけた技能さえも、資本によって対価もなく領有されることがある。これは特に、仕事で身についた技能や、労働者の頭脳に蓄えられた仕事上の知識に当てはまる。

> 労働の社会的生産力は、労働者が一定の条件下におかれさえすれば、資本への無償の贈与として発揮されるのであり、資本は労働者をまさにそのような条件下におくのである。この生産力は資本にとっては何の費用もかからないのだから、他方ではこの生産力は労働そのものが資本のものになるまでは労働者によって発揮されないのだから、この生産力は、資本が生来もっている生産力として〈……〉現われるのである[4]。

しかしながら、こうした技能の再生産が困難である場合には、熟練労働者は自分の技能にたいする独占使用料《レント》を引きだせるかもしれない。だからこそ労働力における独占可能な技能の再生産にたいして資本は闘いをしかけるのである。近年、コンピュータ・プログラマの地位が――熟練した専門家から定型化《ルーチン》された仕事に従事する労働者へと――急変したことは、その好例である。

これらは古くからの慣行の名残というわけではない。職務をこなすことによって労働者が獲得する学習内容は、資本の政治経済学の特色としてますます際立ってきている。ただし労働者の力能は、自由財として資本の力のように見えるし、実際、そのようなものとして領有される。現代のデジタル労働という厳然たる事実を考察してみよう。P2P《ピアツーピア》財団の創設メンバーであるミシェル・ボーウェンズは次のように述べている。

> 認知資本主義体制《レジーム》のもとでは、使用価値の生産は指数関数的に拡大するが、交換価値は直線的にしか増えない。しかも交換価値は、ほぼ資本だけによって実現され、超搾取という形態をもたらす。〈……〉古典的な新自由主義においては労働所得が停滞するが、超‐新自由主義においては、社会が脱プロレタリア化される。すなわち賃金労働者は、孤立した、そしてほとんどの場合、不安定な自由契約者《フリーランサー》に絶えず置き換えられていく。より多くの使用価値が労働の形態を完全に脱却する。〈……〉〈そして〉使用価値の生産者は、交換価値という点ではまったく報酬を与えられはしない。交換価値は、プロプライエタリなプラットフォームによってのみ実現されるのである。

▼1　CI, p. 751／S. 630／七八七頁。
▼2　Smith, N., *Uneven Development: Nature, Capital and the Production of Space*, Oxford: Blackwell, 1984.
▼3　CI, p. 718／S. 597-598／七四五頁。
▼4　CI, p. 451／S. 353／四三七頁。

実際に仕事をしている人の平均時給は「二ドルを超えず、これはアメリカの最低賃金を下回る」。ここでの価格形態は、ボーウェンズの考える「新封建的」価値体制における「超搾取」をおおい隠しており、これは伝統的資本主義よりもはるかに悪い。この体制は「無償の『賦役労働』にますます依存し、広範な債務懲役囚を創造する」[▼5]。こうしてできあがった政治経済体制の土台では、自発的労働が、コモンズ志向のピア・プロダクション◆に用いられる。オープンアクセス・コモンズ◆という、当初は共同生産を行なう解放型制度だと考えられたものが、あからさまに資本の餌食とされる超搾取制度へと変貌してしまった。自己研鑽した熟練労働力によって生みだされる自由財を、巨大資本（アマゾンやグーグルなど）が飽くことなく略奪する――これが現代の大きな特色になってきた。こうしたやり方は、いわゆる文化産業にも持ち込まれている。独創的かつ創造的な活動が、仲介業者や文化企業家によって容赦なく取引され、取りあげられて、利益の上がる商売に変えられてしまう。この種の労働が、価値および剰余価値の創造と領有に関連してどのような位置にあるかは、より詳細に検討されなければならない。こうしたことから、われわれは目下議論されている「認知資本主義」の役割という問題にいざなわれる。そしてまた創造的活動や知識生産の価値生産性という問題にも向かうことになる[▼6]。

価値生産の可能性の条件にたいする価格付与――認知資本主義論の困惑

精神的諸観念、知識、想像力が、資本の流通にたいしてどのように影響し、またどのように関係するのかを考察してみよう。それらは価値および剰余価値の生産とどのように関係するのか？　認知資本主義の理論家たちが多弁を費やして主張する考え方は、知識が、資本として流通する一つの価値形態に転化したというものである。彼らが言うには、経済は、かつては商品基盤型であったが、現在は知識基盤型である。現代資本主義の重要な特徴である知的所有権の増大をふまえれば、今日生産される知識の多くに価格が付けられるのも確かである。だが知識が、流通する価値であるなどと主張できるかといえば、それはありえないし実証されてもいない。とりわけ科学技術上の知識は、価格は付きうるが価値なきものの一つである。それは何世代にもわたって少しずつ形成されたものであり、マルクスによれば、一つの自由財、人間性の文化的歴史がもたらす一つの贈与であるはずなのであって、使いたいのであれば誰でも自由に利用できるものなのである。知識というコモンズが絶えず囲い込まれ、私有化され、商品化されるという事実がわれわれに何事かを告げるとすれば、それは資本主義の現代的軌道のことなのである。

しかし認知資本主義論者は、この事実が、『経済学批判要綱』でマルクスが指摘した趨勢なのだと主張する。マルクスは、幾度となく引用された一節のなかで、「一般的知性」の所産が、蓄積の発展力学にどのような影響をおよぼすのかを検討している。〔ところが、ここで〕マルクスが注目しているのは、価値形態としての知識ではなく、知識と精神的諸能力――人間性による無償の贈与――が、価値生産にかかわる

◆プロプライエタリ　情報技術産業における「独占的」状態を指す言葉。特定の企業や団体が権利を保有し、ソースコード、仕様、規格、構造などを公開していないこと。

◆プラットフォーム　コンピュータ上でのソフトウェアやアプリケーションの動作環境のこと。具体的には、機器としてのコンピュータそのもの、ないしはマイクロソフト・ウィンドウズなどのオペレーティングシステム（ＯＳ）のことを指す。

▼5　Bauwens, M., 'Towards the Democratization of the Means of Monetization', mimeo, Brussels, 21 October 2013.

◆ピア・プロダクション　インターネットなどを介した集合知を活用して行なわれる生産活動。

◆オープンアクセス　インターネットをつうじて情報などを無料で閲覧したり再利用したりできる状態に置くこと。

▼6　Moulier Boutang, Y., *Cognitive Capitalism*, Cambridge: Polity, 2011; Vercellone, C., 'From Formal Subsumption to General Intellect: Elements for a Marxist Reading of the Thesis of Cognitive Capitalism', *Historical Materialism*, 15 (1) (2007): 13–36〔カルロ・ヴェルチェッローネ（沖公祐訳）「形式的包摂から一般的知性へ――認知資本主義テーゼのマルクス主義的読解のための諸要素」、『現代思想』第三九巻第三号、二〇一一年三月、五〇～六九頁〕。

固定資本に組み込まれて労働生産性を向上させ、ついには価値生産の当事者である労働者を余剰化させることである（一例は、現代における人工知能への転換である）。マルクスの示唆によれば、このことは労働価値説を不必要にしてしまうであろう。マルクスの検討対象は固定資本なのであって、知識それ自体ではないのである。▼7 固定資本に埋め込むことができない知識はすべて無関係である。マルクスが関心を向けるのは、労働生産性を向上させる類いの知識だけである。この点で経営工学は、遺伝子工学やジェット・エンジンの設計知識と同じくらい重要である。

とはいえ、決定的な問題は、人間の想像力と創造性——人間性の無償の贈与——が、市場での一販売商品としての技術や組織形態を生みだすために、どのように動員され領有されうるのか、である。「最悪の建築師を最良の蜜蜂から区別するというのは、建築師は、蜜房を蝋で築く前に、すでに頭のなかで築いているからである」▼8。発想、知識、想像力は、人間性がもたらす無償の贈与でありながら、生産技術に投入される主要な使用価値として機能することがある。労働過程における人間の想像力の位置づけは重要である。どんなに豊饒なものであろうと沸きたつものであろうと、人間の想像力は真空では生まれはしない。いかなる新たな知識であろうと、それが構築される背景には、既存の体験が常に存在しており、言語、概念、語り《ナラティヴ》、既存の物語をつうじてその体験を理解し解釈する多様なあり方が控えている。できることは何か、そしてそれが有益に産出されるのはいかにしてかを決めるうえで、人間性の無償の贈与は引き続き決定的な役割を担っている。一体制としての資本にたいする批判は長期にわたってあるが、その一部は、人々の大多数が創造的可能性に不満を抱いている事態に注視している。というのも資本は、今ある生産対象やその生産方法を掌握するだけでなく、他人の知的、文化的作品を、さも自分のものであるかのように領有する事態にまでおよぶからである。最悪の建築士が建築士事務所に雇われて、資本主義的開発業者に計画や設計を売り込む場合、あるいは生物学者がモンサント社◆に勤めて、数千年にわたって進化してきた植物のDNA配列を取りだして、その植物を栽培する特許を取得する場合、人間の想像力は囲い込まれ、剰余価値の生産と領有のための要因としてあてがわれる。マルクスはこの見解を文化生産の分野にまで広げている。

『失楽園』◆を書いたミルトンは不生産的労働者であった。それにたいして、自分の出版社に工場労働を提供する著述家は生産的労働者である。ミルトンは、蚕が絹の糸を生みだすように、その天性〔自然〕の発露として『失楽園』を生みだした。彼はのちにその作品を五ポンドで売り、そのかぎりで彼は商品取引者となった。しかし、出版社の指令にもとづいて書物を、たとえば経済学概説を生産するライプツィヒの文筆プロレタリアは、もうほとんど生産的労働者である。なぜなら、彼の生産は資本によってわがものとされ、資本の増大を目的として行なわれるにすぎないからだ。鳥のように歌う歌手は不生産的労働者である。彼女が自分の歌声を貨幣と引き換えに売るならば、そのかぎりで彼女は賃金労働者か商品取引者である。しかしその同じ歌手が、お金《かね》を稼ぐために彼女に歌を歌わせる企業家に雇われるならば、生産的労働者である。なぜなら彼女は直接に資本を生産するからである。他人にものを教える教師は生産的労働者ではない。しかし、教師が賃金労働者として他の人々とともに学校に雇われて、その労働をつうじて知識商い機関の企業家の貨幣を増大させるなら、生産的労働者である。▼9

ここでの「生産的」という定義は、剰余価値の生産のことを指している。ミルトンは『失楽園』を執筆

▼7　Gr, pp. 685-695／S. 565-574／②四六二〜四七九頁。

▼8　Cl, p. 284／S. 193／二三四頁。

◆モンサント社　アメリカの多国籍バイオ化学メーカーで、二〇一八年にバイエルによって買収・吸収された。遺伝子組換え作物と除草剤の製造メーカーとしては世界屈指の規模であったが、環境NGOなどからは、人間の健康と環境の両方を脅かす多国籍企業として批判された。

◆『失楽園』　ジョン・ミルトン（平井正穂訳）『失楽園』（原著一六六七年）上・下、岩波文庫、一九八一年。

▼9　Re, p. 1044／S. 113／二六七〜二六八頁。

したさいには、何の価値も創造しなかった。彼が、自作を使用する独占権を誰か他人に五ポンドで売却すると、彼は貨幣流通の圏域を拡大したが、価値生産には貢献しなかった。作品内容の使用権には価格はあるが価値はない。このような商品販売の前提には、排他的な知的所有権を作品内容に安置させるような法制度の存在がある。資本主義的企業として組織された出版社が、書物という商品形態で『失楽園』を印刷した場合にのみ、価値および剰余価値の生産と実現の可能性が関与することになる。しかしながら、商品としての書物に凝固された価値および剰余価値の実現は、そのような本にたいする欲求、必要、欲望を抱きながら支払能力にも支えられたどこかの誰かに依存する。だがここに関係するのは、どんな内容の古い書物でもよいわけではなく、『失楽園』という独特で唯一無比の内容をもった書物だけである。この作品内容の独自性は、独占価格を請求したり独占利潤《レント》を引きだしたりすることを可能にするし、また実際しばしばそうなっているのだが、こうした場合にはその価格は、物的対象としてのこの本の加工価値〔労働内容〕によって正当化される額を上回るのである。さらに、その本が初版であれば、骨董品として天文学的な価格で売却されるかもしれない。

　こうしたことは、しばしば認知資本主義論者を困惑させる。なぜなら、その生産物を例外的かつ独自なものにしているのは、創造的な知的、文化的労働に何かあるからであり、価格が上昇するのは、加工価値とは無関係な「評価価値」とかいうものを付加することによるのだと思われるからである。[10] 他方で、本が倉庫で埃を被っていては、価値も剰余価値も存在しない。したがってミルトンが『失楽園』を書いたさい、彼が創造したのは、価値を生産し独占利潤《レント》を引きだすための可能性の条件ではあった。だが、この可能性の条件が資本の流通をつうじて実現されるまでには、さらにいくつかの段階を経ることになったのである。

　世の中は出版社を待つ書き物であふれている。それらに価格を付けて知的所有権市場に流通させることは、潜在的には何の限界もないであろう。しかし、こうなっても価値および剰余価値の生産に寄与することにはならない。それは、価値とその貨幣的表現との矛盾を深めることにしかならない。その過程で価値は資本の流通過程からさらに漏出する。知的所有権市場と骨董品市場が急速に拡大して、価値生産と価値蓄積とにたいして否定的影響を与える可能性がある。超富裕層にたいする減税措置によって、投資のための貨幣権力が集積することになるかもしれない。しかし富裕層が美術品市場に投資したがるのであれば（よくあることだが）、これは価値創造には何の効果もない。実際、所得と富の不平等が拡大するとともに、価値生産は長期にわたって停滞しており、ピカソの作品価格は高騰している。

囲い込み、商品化、領有という、ちょっとした活動だけで、非価値のもの（ピアツーピア・コンピューティング◆でつくりだされたものなど）は資本のための使用価値へと無償で転化される。そのような無償の贈与という土台に価値生産が依拠することは、その度合いこそ種々さまざまであるが、先進資本主義のいたる所で起きている。▼11 そこに巻き込まれるのは自然の無償の贈与だけではない。歴史、文化、知識、芸術的建造物、技能、そして慣行も全面的に囲い込まれ、その内容（たとえばミルトンの『失楽園』）は領有され、商品化されて、一定の価格でもって取引される。だが、この価格は、これらのものが究極的には生じさせる可能性がある価値とは、まったく無関係なのである。ほぼ自由な、疎外なき――「蚕」のごとき――労働の多くが社会では営まれつづけている。だが、その内容がかたちをなすや否や、囲い込み、領有、貨幣化、そして売買取引が始められるのである。

▼10　Arvidsson, A., and Peitersen, N., *The Ethical Economy: Rebuilding Value After the Crisis*, New York: Columbia University Press, 2013.

◆ピアツーピア・コンピューティング　ネットワーク・サービスを提供する特別なコンピュータ機器（サーバなど）を設置することなく、自立した複数のコンピュータを直接ネットワークにつなぎ、互いに通信を行ないながら、全体としてのプログラムを同時並行的に処理させる技術のこと。

▼11　Huws, U., *Labor in the Global Digital Economy*, New York: Monthly Review Press, 2014.

価値生産の減少傾向──労働節約型イノベーションと独占利潤《レント》の追求

科学技術知識の場合、人間の創造性と「蚕のごとき労働」という無償の贈与は、一つまた違ったかたちで資本流通に入り込む。ただしマルクスが関心を抱いたのは、彼の言う「一般的知性」の創造にたいしてだけであり、それは固定資本の形成をつうじて労働生産性に影響をおよぼすかぎりにおいてであった[12]。彼の具体的関心は、自動化《オートメーション》をつうじて（そして現代であればロボットと人工知能をつうじて）労働者を駆逐し無力化するために、技術的、科学的知識がどのように生産的固定資本に埋め込まれるのかにあった。科学的知識それ自体についてはマルクスは自由財と考えている[13]。その他すべての事情が等しいままであれば、さまざまな技術変化をつうじて労働者が生産から駆逐され無力化させられるということは、価値生産の能動的当事者である労働者の寄与を縮小させる傾向にある。このことから、われわれは次のことを考えるよううながされる。それは、生産性の上昇によって物的商品の流通総量が急増すると同時に、価値と剰余価値が減少して流通から消滅しさえする場合、何が起こるのか、ということである。商品の物的生産の増大およびそれにたいする価格設定と、価値および剰余価値の社会的生産の減少とのあいだの乖離が破滅的なまでに拡大する。多くのマルクス主義者の見方によれば、こうして資本主義が終局的崩壊へと向かう不可避の道筋が高らかに告げられるのである。

ローベルト・クルツの研究に触発されたドイツの価値批判理論学派は、この見方を最も声高に表明している。ただし彼らは、そのような崩壊が切迫しているとは主張していない[14]。この理論の支持者たち（ある意味、マルクス自身もその一人である）の理解によれば、この矛盾は、労働節約型イノベーションにたいする資本主義の根強い選好と相関して、経済停滞や利潤低下へと、そして価値および剰余価値の生産と実現との不断の圧縮へと向かう長期的傾向を宿すのである。

［この傾向にたいする］一つの明らかな対抗手段は、新しい労働集約型生産活動部門を開設することで、

製造業や、より伝統的な価値生産部門での雇用喪失を補うことである。近年では、たとえば物流、運送、食品製造などの労働集約型部門が大幅に拡大している（これらは急成長する観光業とも結びついている）。労働者は、長期のインフラ整備からスペクタクル◆——それはほとんど瞬間的に消費されるので、流通期間ゼロという資本家の理想と一致する——の上演にわたる、あらゆるものに絶えず吸収されてきた。工業部門職務のロボット化と自動化とによって放逐された労働者の一部は、このようにして吸収された。雇用喪失と雇用獲得とのバランスは予断を許さない状況のようだ。ただし雇用の質的低下が、労働人口に広まりつつある疎外感を根底から支えているという点には、大まかな意見の一致が見られるのである。

もう一つの選択肢は、資本主義的生産への投入要素として自由財の流入を増大させることであり、これら自由財の流れからの独占利潤《レント》の領有と抽出とを阻むことである。地代《レント》と税金の軽減が、利潤低下に反対に作用する一手段であるとマルクスが考えていたことは興味深い▼15。またこれも興味深いことだが、現代における最も活気あふれる発展部門の一部——たとえばグーグルやフェイスブックやその他のデジタル労働部門——が急成長した背景には、無償労働の存在があった。近年、いわゆる「文化産業」が、「蚕」のご

▼12　Gr, pp. 690–706／S. 569-583／②四七一〜四九二頁。
▼13　Gr, p. 765／S. 637／②五八五頁。
▼14　Larsen, N., Nilges, M., Robinson, J. and Brown, N. (eds), *Marxism and the Critique of Value*, Chicago: MCM' Publishing, 2014.
◆スペクタクル　元来は、大仕掛けの見世物や、視覚的印象に訴える作品を意味する。二〇世紀フランスの思想家ギー・ドゥボールは、テレビ映像やオリンピックといったイベントなど、現代資本主義社会におけるスペクタクルを「イメージによって媒介された、諸個人による社会的諸関係」と定義した。こうしたスペクタクルは、「疎外」によってつくりだされ、消費生活のすべてが転換されたメディア上の表象や情報であるとされる。本書二七二頁も参照。
▼15　Harvey, D., 'Crisis Theory and the Falling Rate of Profit', in Subasat, T. (ed.), *The Great Meltdown of 2008: Systemic, Conjunctural or Policy Created?*, Cheltenham: Edward Elgar, 2016.

とき疎外なき創造的労働を大きく利用しつつ、資本主義的組織化と資本主義的事業の領域として急速に拡張してきていることも重要である。

資本主義の内部で進行していることの多くは、価格決定市場でのさまざまな活動によって駆り立てられる。ところが、これらの活動は、剰余価値生産をうながすような使用価値を創造する場合を除けば、価値生産とは直接関係がない。このことから多くの活動と交換行為が、価値生産・流通の領域外におかれると同時に、投入使用価値としてはこの領域に関連する。観光業は、自然、歴史、文化、そして自然の壮観さ《スペクタクル》といった無償の贈与を、価値なき無料の投入要素としてその商売に活用するのだが、他方で観光業は、資本主義的に組織されることで、価値と剰余価値とを生みだしている。〔そこで〕ある曖昧さが生じる。なぜなら商品化された歴史や文化、さらには自然の壮観さを維持し、そこに立ち入りできるようにするには、さまざまな質やその立ち入りを維持する労働が必要となるからだ。面白いことに、観光ツアーには無償の贈与と商品価値とが混在する。そのような観光業に関連する労働は資本主義的にも組織でき、したがって価値および剰余価値の生産に資することもある。だからといって次の事実もなくなるわけではない。観光業生産過程に投入される基本的使用価値の多くは自由財——たとえば日当たりのよい海辺や文化遺産——なのである。しかし、この同じ自由財には、たとえ価値がないのだとしても（ただし近年、歴史や伝統や文化が通俗商業《ディズニー》化的様式ででっち上げられており、その渦中で生産されたものとなると話は別なのだが）、貨幣上の価格は付けても差支えがない。歴史的、文化的所産に先行価格が付くとすれば、これは通常、独占利潤《レント》の形態をとる。▼16 それらは自由財のままでありつづけることもあるが、それは歴史的、文化的所産がコモンズにとどまって、囲い込まれることも、私的所有物として領有されることもないかぎりにおいてである。囲い込みがなければ歴史や文化や自然といった自由財は利用できるのだが、そうなる前に囲い込んでしまえば、所有者は使用料《レント》を先取りできる。われわれは、大聖堂に入ったり古代の記念碑を見物したりするのに入場料を求められるさいに、まったく同じことを体験している。この入場料は、その利用のための経費や維持費として正当化されうるものである一方で、こうした費用以上に高額になって、所有者のための独占利潤《レント》を引きだす基盤をもたらすこともある。これらのあらゆる部門において、さまざまな闘争が多くの人を巻き込みつつ活発化しているが、それは、コモンズとして残しうるものとは何か、独占利潤《レント》の抽出を確保するために囲い込まれるのは何か、といった課題をめぐっている。

生産に組み込まれる知識の取り扱いは、実質的には、観光業による歴史、文化、空想の領有でのそれとまったく変わりがない。マルクスが認めるように、科学技術イノベーションは、資本主義的に組織された一つの独自ビジネスになることがある。しかし、そもそも科学技術知識は、歴史や文化や大地と同じようにグローバル・コモンズの一部なのであり、原則として自由財のはずである。だが実際には、その多くを利用しようとすると、特許権、許認可権、知的所有権などをつうじて一定の対価が強要される。

〔なお〕ここにおいては資本のもとでの労働の形式的包摂と実質的包摂との違いが重要である。[17] マルクスがこの区別を導入した目的は、労働者が管理する労働過程と比較して、資本によって設計され統制される労働過程に移行した場合の特色を示すことにあった。いわゆるマニファクチュア時代の資本主義は、主として伝統的な職人技能を活用したのであり、それらの技能が協業や分業をつうじて集められて、馬車の組み立てといった生産過程をつくりあげた。こうした組織における剰余価値の主たる源泉は、絶対的剰余価値、つまり労働力の再生産に必要な社会的必要労働時間を超えて労働時間を延長することである。資本は生産物とその価値を支配するが、労働過程を統制しない。これは工場制とは対照的である。工場制では、資本は労働過程を統制し、資本の指揮下にある外的動力源に労働者の活動を従属させるまでに至る。賃金財（労働力再生産に必要な諸商品）の生産での生産性向上からもたらされる相対的剰余価値が、ここでは支配的となる。絶対的剰余価値は相変わらず基盤ではあるが、相対的剰余価値生産は資本の発展の推進力に

▼16　Harvey, D., 'The Art of Rent', in *Rebel Cities: From the Right to the City to the Urban Revolution*, London: Verso, 2012〔デヴィッド・ハーヴェイ（森田成也ほか訳）『反乱する都市──資本のアーバナイゼーションと都市の再創造』、作品社、二〇一三年、第四章〕。

▼17　Re, pp. 1019-1049／S. 91-117／二一五〜二七七頁。

なり、しかも、それは科学技術から得られる特別な知識に依拠することが多い。

しかし、これはいつでもそうなるとは限らない。たとえばデジタル労働の場合、出現した労働慣行は、一八世紀後半のイギリスの初期紡織業における問屋制家内工業に不気味なほど似通っていた。また問屋制家内工業は、一九世紀の大部分にわたりパリの産業構造の特徴でもあった。エミール・ゾラの小説『居酒屋』◆は一九世紀のパリでこうした制度が稼働していたという見事な事例を示している。長年、日本の自動車産業の成功は、その多くの部品の生産を町工場に下請けさせることにもとづいていた。形式的－実質的という区別は、絶対的－相対的という区別と同じく、目的論的にではなく弁証法的に適用されるものなのだ。

二重の「大いなる矛盾」の昂進――資本の貨幣的理論の誤謬

このようにして価値とその貨幣的表象形態との乖離は大きく開き、しかも広がりつつある。そのため、貨幣的表象形態を資本そのものの本質とみなし、運動する価値ではなく運動する貨幣として資本を再定義してしまいそうになる。そのように再定義すると、投機的な所有権市場での過剰取引が、現代資本主義の独特な形態として注目されやすくなる。こうした所有権市場は、文化や知識や企業努力、あるいは資産市場での広範な投機的実践までも対象としている。だからこそ、知識が優勢となるような資本主義の新局面にわれわれは突入しつつあると言い張られ、この知識とその労働節約型イノベーション全体（たとえば自動化や人工知能）にもとづく輝かしき技術的《テクノ》ユートピアがまさに間近であるとか、あるいは――ポール・メイソンといった人が断言するように――すでに到来したと主張される▼[18]。このような再定義は、シリコンバレーの観点からすると、おおよそ正しいように見えるかもしれない▼[19]。だが、バングラデシュで工場が倒壊し、深圳といった工業雇用区域でも、インドの農村雇用区域――そこでは小口金融《マイクロ・ファイナンス》がその網を広げ、すさまじいサブプライム型貸付危機を助長している――でも、自殺が蔓延する渦中にあっては、それも惨めな失敗に終わる。近年、多くの資産市場（特に住宅市場や土地不動産市場）の特徴となった過剰取引と投機とによる暴利の獲得が価値を再分配したことは疑いない。だが、こうした活動は、貨幣利得の少なくとも一部を資本に再転化して価値増殖を図ったり、実現の促進に足る有効需要を創出したりすることを介さないのであれば、それ自体で価値創造の増大を後押しするものでは何らないのである。

われわれはここで、資本が直面する第二の「大いなる矛盾」に遭遇する。第一の大いなる矛盾は、相対的剰余価値の追求から生じた。それは労働節約型の技術変化に傾注することになり、それが首尾よく果たされると労働力が削減される。〔ところが〕価値と剰余価値は労働力から搾りとられなければならないのだ。第二の大いなる矛盾は、貨幣的利益を最大化しようとする資本の潜在的傾向である。これによって資本は、価値や剰余価値をまったく生みださない領域への投資に引きつけられる。極論すれば、これらの傾向のいずれであっても、資本の再生産にとって致命的なものとなりうる。それらが結びついた場合には――そして今日示されるところでは、この両方の動向とも認められるのだが――、それは破局的なものになるかもしれない。

これにたいする新古典派の典型的反応としては、そしてまたマルクス主義的伝統のなかで研究する一部論者の反応としては、次のような言明が行なわれる。すなわち、こうした貨幣的側面と価格決定の政治力学とが主導的《ヘゲモニック》になりつつあるのであれば、そもそも価値について思い悩む理由があるのか（これが新古典派の立場である）、あるいは、ここで直面している理論的窮地にたいする唯一可能な対応として、なぜ価値

◆『居酒屋』　エミール・ゾラ（古賀照一訳）『居酒屋』（原著一八七七年）、新潮文庫、二〇〇六年。

▼18　Mason, P., *Postcapitalism: A Guide to Our Future*, London: Penguin, 2016［ポール・メイソン（佐々とも訳）『ポストキャピタリズム――資本主義以後の世界』、東洋経済新報社、二〇一七年］。

▼19　Ford, M., *The Lights in the Tunnel: Automation, Accelerating Technology and the Economy of the Future*, United States of America: Acculant Publishing, 2009［マーティン・フォード（秋山勝訳）『テクノロジーが雇用の七五％を奪う』、朝日新聞出版、二〇一五年］。

の貨幣的理論を発展させないのか（一部のマルクス主義者は現在こう提案している）、と。[20] こうすることで彼らは、現代グローバル資本主義に蔓延するかに思われる長期停滞について、それを説明する可能性そのものをまったく放棄してしまい、価値の流通にたいする反価値の重要性を見失うのである。このように転向してしまえば、修正主義的マルクス主義者と新古典派経済学者はともに心強く安らかな思いで、「完全に機能し適正に規制された価格決定市場が均衡条件を定めるようになれば、グローバル資本主義に懸念はない」といった見解をとることができる。同じことは、資本の貨幣的理論（たとえば「運動する価値」ではなく「運動する貨幣」として資本を定義したり、あるいはもっと通俗的に、資本とは、あらゆる手段で貨幣を増やすために使われる貨幣でしかないと述べたりする理論）を明示的に受け入れるマルクス主義者にも言える。

貨幣と価値の矛盾をまったく無視することは、現代の資本蓄積が抱える困難を理解するうえで、正直なところ複雑かつ重要な理路を断ち切ってしまう。ビッグデータ〔従来のシステムでは記録・解析が困難な巨大データ群〕の精緻な解析に絶えず頼りがちな分析活動を批判できるとすれば、それはこの理路にもとづく認識からでしかない。ビッグデータ分析が理解していないのは次の点だ。すなわち経験的データの大半は貨幣によって測られるのだが、この貨幣という尺度は、それが表象されると思われる非物質的な社会関係から逸脱し、最悪の場合には、それに相反することさえあり、また事実そうなるということである。しかも分配領域での価値の運動過程において貨幣の創造や領有がどう行なわれるのかといった問題を持ち込まない場合でさえ、事態はこうなっている。〔もし、この問題を持ち込んでみると、たとえば〕アメリカ連邦準備制度理事会とヨーロッパ中央銀行は、量的緩和を実行すると、価値が存在しないところに貨幣を創造する。この貨幣が利子生み資本として流通する場合、それは反価値として機能する。この反価値は、未来における価値生産ならびに剰余価値生産によって返済されなければならないし、建前上はそうなるはずだ。しかし投下された貨幣が、不動産などの資産市場や株式市場や美術品市場に流入すると、超富裕層はその投機活動ではるかに裕福になるとしても、反価値は返済されはしない。そこで以前に発行させた反価値を返済するために、いっそう多くの反価値を創造しようと強く思うようになる。したがって価値生産における長期停滞が生ずるばかりか、ポンジ型資本主義もつくりだされる。これは、われわれが近年歩みつつある終わりなき金融拡大という危険な道筋である。

われわれが純粋な資本の貨幣的理論を受け入れてしまうならば、クルッとその仲間たちが明言したような、現代資本主義への痛烈な批判を系統的に述べることは、はるかに困難になる。絶えざる貨幣的富の集積は、その欲求、必要、欲望を支払能力によって支えられずにいる残りの人類を必然的に犠牲にするものなのだが、この矛盾を解明する力をわれわれは失ってしまう。大多数の人々の欲求、必要、欲望は満たされないままなのに、富裕層のなかではピカソの鑑賞が広まっているのである。

▼20　Moseley, F., *Money and Totality: A Macro-Monetary Interpretation of Marx's Logic in Capital and the End of the 'Transformation Problem'*, Leiden: Brill, 2015.

［第6章］

技術の問題圏——あるいはマルクス歴史理論再考

技術の問題圏は、運動する資本の発展力学を理解するうえで、その基礎となる。マルクスは先見の明をもって鋭くこのテーマを論じた一人である。だからといって、彼の分析が完璧で議論の余地がないというわけではない。科学と結びついた技術は、『資本論』第一巻のいたる所で言及される主要な論点であるが、それは第二巻では一定不変のものとされている。第三巻でマルクスは、技術変化が利潤と地代《レント》におよぼす影響をいくつか取りあげつつ、金融仲介と貨幣流通にかんする一定の技術的、組織的特徴にも時折ふれる。『資本論』におけるマルクスの主たる着眼点は、資本の価値増殖と商品生産とに関係する科学と技術の役割にある。『経済学批判要綱』においては、彼はもっと幅広い視座から、技術の諸問題について徹底的に、ときには思索的で予見に富んだ議論を展開している。しかし実現の技術、流通の技術（ただし運輸技術だけは例外である）、あるいは社会の再生産（労働力の再生産を含む）の技術については、彼の著作では実質的に論じられた箇所はなく、分配の技術にかんしても系統的に吟味されているとはいえない。この結果として、技術的、組織的変化のやや一面だけがとらえられている。

しかしマルクスには、こうした立場をとるもっともな理由もあった。技術的、組織的変化は、あらゆる場所で展開されてきた人間諸社会の歴史のなかで起こる事態であり、しかも、あらゆる活動に影響する実にさまざまな理由によって生じている。技術と組織にかんする人間の創意工夫は限界を知らないと思えることもある。〔ただし〕新しい技法や組織形態には存続するものも、そうでないものもある。古代中国には注目すべき技術的、組織的イノベーションの長い歴史があるが、そのどれもが広く受け入れられることも存続することもなかった。技術的、組織的発展を生みだす力強い系統的力が持続し、その影響も累積していくのが見いだされるのは、資本主義のもとにおいてのみなのである。マルクスの考えでは、この力は、非常に特殊な理由から価値増殖の契機に集中する。その力をつくりだすのは、資本主義のもとでの相対的剰余価値の不断の追求である。[1]

価値増殖過程における技術革新《イノベーション》

互いに競争しあう資本家は自分の商品を、社会的平均価格で販売する。生産において優れた技術や組織形態をもつ者は超過利潤（特別剰余価値）を得るが、それは彼らがより低い個別的生産費で生産しながら、社会的平均価格で販売するからである。反対に、劣った技術や組織形態をもつ者は低い利潤しか得られないか損失をだすことになり、淘汰されるか、さもなければ新しい生産方法を採用せざるをえない。優位にある生産者は自己の市場占有率と超過利潤を守ろうとして、さらに優れた生産方法を採用する気に駆られる。競争が激しいほど飛躍的なイノベーションが起こりやすく、ある企業が抜きんでると他の企業が追いついたり、あるいは社会的平均水準を反映するような技術の組みあわせや組織形態が乗りこえられたりする。価値増殖段階での労働過程を形づくる諸力は、労働力の生産性を絶えまなく高める方向へと押し進む。労働生産性が高まるにつれ、個々の商品の価値は下がる。賃金財が安くなれば、一定不変の物的生活水準を前提とすれば労働力の価値も低下し、さらなる剰余価値が資本のために残されることになる。賃金財生産における労働生産性が高まることで、すべての資本家が、より高い利潤（より多くの相対的剰余価値）を獲得する。時として相対的剰余価値の増大は、労働者の物的生活水準の向上をともなうこともある。すべては、生産性向上の力強さ次第であり、生産性の増大による恩恵が資本家と労働者のあいだでどのように分配されるかにかかっている。相対的剰余価値のごく一部が労働者の手に戻されることから、彼らもより多くの使用価値を得ることができるのだが、その一方で、相対的剰余価値の大部分は資本家の手にわたる。これは階級闘争の状態に左右される（労働組合は労使協定にさいして、生産性向上の成果利益配分条項について、しばしば交渉している）。生産上の技術的、組織的変化へと向かう絶えざる圧力の根底には、相対的剰余価値を生産しようとする衝動があるのである。

資本家にとって機械は特別剰余価値の要因であり、それがその真の姿であるように見える。ここから資本家は機械が価値の源泉だと推測する。マルクスの議論によれば、こうしたことは到底ありえない。機械は死んだ資本あるいは不変資本であり、それ自体は独力では何も生みだせない。機械の価値の一部は商品の価値に移転されるが、それは不変資本（つまり使用されてもその価値を変化させない資本）としてそうなる。生きた労働（過去の労働ではない）だけが剰余価値の源泉である。機械は労働力の生産性を向上させる助けとなるだけだから、価値の総量は変わらないまま、〔生産される商品量が増えることで〕個々の商品の価値が下がる。その結果は逆説的だ。労働と結びつくと、機械はより多くの剰余価値を資本家にもたら

▼1　Cl, chap. 12／Kap. 10／第一〇章「相対的剰余価値の概念」。

◆特別剰余価値　原文では「相対的剰余価値」（relative surplus value）となっているが、『資本論』にそくして「特別剰余価値」とした。相対的剰余価値は、労働力価値を引き下げて剰余労働時間を増やすことで資本家が得る剰余価値のことだが、これは社会全体の次元で得られるものである。これにたいして特別剰余価値は、ある個別的生産者が技術革新によって他の生産者より生産性を高めた場合に生じるもので、その個別的生産者に限っての利益である。技術革新競争によって、その革新的技術が一般化すると、当該生産者が得ていた特別剰余価値は消滅する。ただし、この一般化によって生産力が高まり、社会全体にわたるかたちで労働力価値を引き下げることになれば、相対的剰余価値が生じることになる（Cl, pp. 433-436／S. 335-338／四一六～四一九頁）。本書での特別剰余価値は「特別剰余価値」（extra surplus value, 本書二〇四頁）と記される場合と、この箇所のように「相対的剰余価値のつかの間の形態」（本書二〇四頁）という意味での「相対的剰余価値」と書かれる場合とがある。以下、原著英文として「相対的剰余価値」とあっても、意味として「特別剰余価値」であると判断した場合には、「特別剰余価値」と訳しその旨注記する。

すのだが、それは生産される価値が変わらない場合でもそうなるのである。たいていの資本家は——世論とも一致するかたちで——機械が価値を生んでいると信じ込み、その確信にもとづいて行動する傾向がある。マルクスは、これを物神的《フェティッシュ》な見解だとみなす。技術にたいする物神崇拝《フェティシズム》は一般にはびこっており、これは重大な影響をもたらす。たとえばそれは、あらゆる社会問題ないし経済問題にたいして技術的な解決策があるはずだという、世に蔓延する信仰につながっている。

この議論の根拠には、競争状態が定着し熾烈なものとなる、という仮定がある。しかし、そうならない場合には、どうなるのか？　結局のところ資本家は、自分たちが時に「破滅的」な競争と呼ぶものよりも、独占状態や寡占状態のほうを好む。技術発展の推進力は独占力によって弱められる。しかし、この推進力は破壊されるというよりは〔別の次元に〕置き換えられる。賃金財の価値低下を介した労働力価値の低下から得られる相対的剰余価値という社会的形態は存続する。これは時に、政治的手段によって成し遂げられる。

マルクスは、この仕組みの実例を挙げている。一九世紀、イギリスの産業界は、賃金の水準がパンの価格に関係していると考えた。彼らは（労働者と同盟して）、土地所有貴族という農業利権集団に対抗し、パンの価格を引き下げるために輸入小麦の関税撤廃を訴えた。実業家たちの目的は、労働者の生活水準を上げることではなく（労働者の支持を得るために彼らはよくそう主張してはいたが）、賃金を切り下げて、自分たちの相対的剰余価値（金銭的利益）を増大させることであった。彼らは、そうすることが自分たちに有利になるかぎりにおいて、自由貿易の福音を説いた。[2] 現代のアメリカの状況もこれに似ている。もし労働力の価値が、たとえばナイキの靴やGapのシャツによって決まるのなら、これらの製品を対象とする自由貿易は、資本一般にとって信奉すべき好都合な福音である。ウォルマートで販売される安価な輸入品は労働力価値の削減を可能にし、アメリカのすべての資本家の利潤率を上昇させる。問題があるとすれば、シャツや靴をつくろうとするアメリカ国内の製造業界と労働者階級内の利害関係者が自分たち以外の部門の資本全体に屈するということだ。というのも、こうした部門の側の資本は、低廉な輸入品で衣食を供され慰撫されるような安上がりの労働者を享受できるからである。

しかしながら、破滅的競争に起因する以外にも、新技術を採用したがる別の動機が存在する。多くのイノベーションは、市場と労働過程の双方において労働者から力を奪うことを目的とする。熟練労働者や一部の技能に備わる独占力を、単純作業機構（女性や子どもによって、あるいは時間動作研究の専門家フレデリック・テイラー◆が言うところの「訓練されたゴリラ」によって操業可能な類のそれ）に置き換えるさまざまな技術は、階級闘争における決定的な武器である。

> とはいえ機械は、いつでも賃金労働者を「過剰」にしようとする優越した競争者として作用するだけではない。機械は、労働者に敵対する権力であり、資本はこの事実を利用するだけでなく、そのことを声高に意地悪く宣言する。機械は、ストライキを、すなわち資本の専制に反抗する周期的な労働者の反逆を押しつぶすための最も強力な武器である。▼3

技術誘発型の失業によって失職した労働者からなる産業予備軍の創出は、労働節約型の技術適応を重視させることになる。生産と流通の双方において効率や連携を改善したり、また回転期間を加速させたりするイノベーションは、より多くの剰余価値を資本にもたらす。終わりなき資本蓄積が可能となるには生産が拡充しなければならないのだが、この必要性から、生産価格の削減によって既存製品市場を広げたり、あるいはまったく新たな製品種目や産業部門（たとえば、ここ数十年の電子機器）の創出によって市場を拡

▼2　CI, pp. 393-397／S. 298-301／三六九〜三七四頁。

◆フレデリック・テイラー　アメリカの技術者、経営学者（一八五六〜一九一五年）。テイラー主義とも言われる科学的管理法の発案者。主著にフレデリック・W・テイラー（有賀裕子訳）『科学的管理法』（原著一九一一年）、ダイヤモンド社、二〇〇九年。

▼3　CI, p. 562／S. 459／五六九〜五七〇頁。

大したりしようと強く思われるようになる。製品イノベーションと新技術とは密接に関連しあう。こうした動機は、独占状態や寡占状態のもとでさえも存在する。しかし、その大部分は価値増殖の段階に全面的に集中する。こうしたことがよりあわさる結果として、競争と独占力とのバランスがどういうふうになっていようとも、技術的、組織的変化にたいする永続的で不断の革命的力学が資本主義のもとで確保されることになる。競争の減衰が経済停滞を生みだす場合には、いつでも競争の再活性化が、公共政策の目標としてさえも優先課題となる。一九七〇年代の資本主義的中核地域における「スタグフレーション」問題［経済停滞と物価上昇が併存する事態］は、部分的には、グローバル化された競争環境へと世界貿易を開放することによって対処された。

資本主義の総体性と諸契機の運動――歴史の非「決定論」者マルクス

技術変化にかんするマルクスの分析は、価値増殖過程での労働力の生産性に影響をおよぼす諸力だけに限定されているかもしれない。だが、技術で活用される諸手段の問題については、視野の広い研究手法がとられている。たとえば彼は、機械というハードウェアにくわえてソフトウェアや組織形態の重要性を認識している。コンピュータや携帯電話を実際に使うには、通信ネットワークだけでなく、プログラムやアプリケーションも必要である。携帯電話用の便利な機能を自分で入手しておいたとしても、いつの間にかどこか電波の届かない場所に行ってしまえば、まったくの水の泡だ。組織形態（近代資本主義的な企業、通信ネットワーク、研究機関、大学など）の発展はハードウェア（コンピュータ、精巧に設計された組立ライン）やソフトウェア（プログラム設計、作業能率化アプリケーション、最適スケジューリング、ジャスト・イン・タイム型管理システム）のそれとまったく同じように重要であった。ハードウェア、ソフトウェア、組織形態の区別は有用であり重要でもあるが、われわれはそれぞれを内的関係にあるものとして認識することを学ばなければならない。当然のことであるが、自動車デザインの発展それ自体を記述することは可能である。しかし、組立ラインを使ったヘンリー・フォード◆のイノベーションが、その後の自動車産業の発展にあたかも何の役割も果たさなかったかのように描くことは、明らかに、この物語の決定的な点を見失うことになる。それは、インターネットの社会的、政治的影響やマイクロソフトについての言及のないコンピュータの歴史を書くようなものだ。

〔さらに言えば〕マルクスの技術分析は、その焦点に制約があったとしても、資本の発展軌道において技術がどのような役割を果たしてきたかという広範な研究手法とも絡みあっている。マルクスは『資本論』のある重要な脚注にこう書いている。

技術は、自然にたいする人間の能動的関係を、直接的生産過程を、したがって人間の生活の維持に寄与する過程をあらわに示しており、したがってまた人間の社会的諸関係やその諸関係から生ずる精神的諸観念の形成様式を暴露している。[4]

「あらわに示」すことや「暴露」は「決定」を意味していない。マルクスは「技術決定論者」ではなかった。彼が生産力の変化を歴史変化の原動力と考えたという広く普及した見方は、マルクスを批判する多くの者にも支持する者にも共有されているが、それは間違いであ

◆ヘンリー・フォード　アメリカの技術者、企業家（一八六三〜一九四七年）。自動車メーカー、フォード・モーターの創設者。

▼4　CI, p. 493／S. 393／四八七頁。〔この箇所は、これまでハーヴェイが参照してきた英語版（ニュー・レフト・レヴュー版）とは異なる英語版（インターナショナル・パブリッシャー版）の文章が引用されている。ドイツ語全集版では次のようになっている。「技術は、自然にたいする人間の能動的な態度をあらわに示しており、人間の生活の、したがってまた人間の社会的生活関係やそこから生ずる精神的諸観念の直接的生産過程をあらわに示している」。ニュー・レフト・レヴュー版の英訳文も、だいたいこれと変わらない。ここではインターナショナル・パブリッシャー版の文章にそって訳出した。〕

る。たしかに資本主義の技術発展と社会的諸関係との矛盾した関係は、資本の歴史において重要な役割を果たしてきたし、時に攪乱要因にもなってきたが、それは資本の歴史の内部で作用する唯一の矛盾ではない。[5]同様に、すべての歴史は階級闘争の歴史かもしれないが、けっしてそれだけというわけではない。この種のテーマについてのマルクスの気の利いた寸評の多くは誤解されやすい。そうした言葉は常にマルクスの実質的な研究内容と照らしあわされたうえで、それに意味があるのかどうか、あるいは、どのような意味があるのかが理解されるべきである。たとえば、なぜ彼は、技術変化が起こらないという前提で『資本論』第二巻を書いたのか？　そして階級闘争にいっさい言及しなかったのはどうしてなのか？　第二巻の内容が資本の発展と関連するのは間違いないことなのか？　社会的諸関係と生産力のうちのいずれが資本主義的発展の原動力とみなされるべきかをめぐって壮大な論争が交わされてきたが、これそのものが的外れなのである。それはマルクスの技術研究を、資本主義的社会構成体をなす諸関係の総体性という文脈のなかに位置づけられないでいる。それはまた十分な根拠もないままに、原動力があるはずだと思い込んでいる。

『資本論』第一巻においてマルクスは、先に挙げた異なる「諸契機」（さらに完全を期せば『資本論』第一巻第二章◆で描かれたような社会的諸制度を加えたそれ）のすべてが、どのように相互作用しあい関係しあうのかを考察するよううながしている。われわれの精神的諸観念は、たとえば見たり測ったり検査したりする能力に依存しており、現在われわれは望遠鏡、顕微鏡、エックス線、コンピュータ断層撮影法といったものを手助けにして宇宙や人体の働きを理解している。しかし次に、望遠鏡や顕微鏡のようなものを、どこかの誰かが想像したのはなぜなのか、そして、それをつくるレンズ研磨工や金属工、さらにそれを使う顧客を（しばしば敵対行為や妨害に見舞われながら）見いだしたのは誰であったかを考えてみよう。この結果として、こうした新規の道具も用いられるようになったのであり、それによって新しいモノの見方も、自然界での人間の位置や自然界そのものについての新しい精神的諸観念も発展できたのである。詩人ウィリアム・ブレイクがかつて言ったように、「今証明されているものも、かつては想像されただけであった」◆。

七つの諸契機——技術、自然との関係、社会的諸関係、物質的生産様式、日常生活、精神的諸観念、制度的枠組み——のすべてが、不断の発展過程にある資本主義の総体性のなかで関係しあうのであり、そしてこの発展過程は、いわばこの総体性のエンジンとして機能する資本の不断の流通によって駆動している。七つの諸契機はそれぞれが自律し独立しているが、互いに重なりあって関係的に結びつきあっており、それらを横断するかたちでの発展は、さまざまな方向にこの総体性を動かすことがありうるのである。さらには、どれか一つの契機にでも反抗や停滞が起これば、別の契機で進行中の変化を妨げることもある。われわれがすでに見たように、貨幣形態における技術革新《イノベーション》は、社会的諸関係、精神的諸観念、社会的諸制度における同時的変化が最低限なければ成功できない。新しい技術（インターネットやソーシャルメディアといったそれ）はユートピアとしての社会主義的未来を期待させるが、他の活動がないかぎり、資本はそれを、搾取と蓄積の新形態や新様式へと取り込んでしまう。しかし同様に、一つの契機における自律的変化が、その他の契機の劇的変化をうながすかもしれない。HIV・エイズウイルス、エボラウイルス、ジカウイルスのような新しい病原体の突然の出現は、それらの予防のために七つの諸契機すべてを横断する早急な適応を必要とする。気候変動対策を組織するさいの難しさは、七つの契機すべてを横断する劇的な変化が求められている点にある。一部の人々は気候変動という問題そのものを否定したり（精神的諸観念）、その他（たとえば支配的な社会的諸関係や日常生活）を何も変えなくても特効薬としての技術的方策（グリーン資本主義）が実行可能だと素朴に信じたりしているが、この事実ゆえに、さまざまな戦略も失敗せざる

▼5　Subasat, T. (ed.), *The Great Meltdown of 2008: Systemic, Conjunctural or Policy Created?*, Cheltenham: Edward Elgar, 2016; Larsen, N., Nilges, M., Robinson, J., and Brown, N. (eds), *Marxism and the Critique of Value*, Chicago: MCM' Publishing, 2014.

◆第Ⅰ巻第Ⅱ章　C1, chap. 2／Kap. 2／第Ⅱ章「交換過程」。

◆「今証明されているものも……」　ウィリアム・ブレイク「地獄の格言」（原著一七九〇～九三年）、（松島正一編）『対訳ブレイク詩集——イギリス詩人選〈4〉』、岩波文庫、二〇〇四年、一九五頁。

をえないのである。

社会科学における研究の大半は、社会変革についての何らかの「特効薬」型理論に引きつけられている。制度学派は制度的イノベーションに、経済決定論者は新しい生産技術に、社会主義者とアナーキストは階級闘争にそれぞれ引きつけられており、理想主義者は精神的諸観念の変革を強調し、文化理論家は日常生活の変化に焦点を当てる、といった具合だ。マルクスを特効薬型の理論家と解することはできないし、そう理解してはならない。たとえそう見られる表現が彼の作品のなかに数多くあるとしても、である。とりわけ『資本論』第一巻は、たとえその文中において技術適応と技術発展の影響に圧倒的な力点がおかれているとしても、そのように解釈することはできない。マルクスの実質的研究には原動力など存在しない。むしろ、そこで見いだされ解明されるべきなのは、しばしば矛盾をはらむような、異なる諸契機の雑然たる横断運動であり相互運動なのである。

だからといって、一定の場所や時代において、〔諸契機の〕既存の組みあわせが破壊されたり、あるいはその変化が頑なに拒まれたりするさいには、これら七つの諸契機のいずれも主要な役割を果たさないというわけでもない。われわれが技術革命、文化革命、政治革命、情報革命、あるいは精神的諸観念における革命、さらにはこれらの領域におけるいずれかないしすべての反革命について語るとき、われわれが認めているのは、状況依存的《コンティンジェント》な考え方である。この考え方によれば、全体としての資本の歴史は、異なる諸契機の全面にわたって、そのそれぞれを貫通するかたちで展開するのが常なのである。言うまでもなくマルクスは、何らかの社会主義革命ないし共産主義革命を望んでいた（そしてさまざまな箇所で、共産主義への必然的前進という、いささか目的論的な見方をとったりもした）。しかし、そのような変革をもたらすのに、これらの七つの契機をどのように組みあわせればよいのかについては、彼は明確に述べることがなかった。ソヴィエト共産主義の失敗は、七つの契機すべての相互作用を無視してしまい、共産主義への適切な道筋は生産力革命を介してであるといった、特効薬型理論を支持したことに大きく起因している可能性がある。より詳細なその歴史研究でも『資本論』でもマルクスは状況依存性《コンティンジェンシー》をあますところなく論じている。革命を構成するのは、政治運動ではないし、冬宮の襲撃のような断絶的出来事でもない。革命とは、異なる諸契機を横断する諸運動という現在進行中の過程である。マルクスによれば、資本は本質的に革命的であるが、それは資本が、不断の成長や技術革新を条件として運動する価値だからである。価値増殖技術の絶えざる変革は他の諸契機にも反響をおよぼす。しかし新自由主義革命は、制度的、技術的革命であるに負けず劣らず、大衆の精神的諸観念における革命でもあった。▼6 対照的に、意識的な革命的変化は、あらゆる契機を横断した既存の諸運動を定義しなおし、その方向性を必然的に転換させる。人々は精神的諸観念を変えるかもしれない。だが、自らの社会的諸関係、日常生活、自然との関係、生産様式、制度構造をも変える心構えが彼らにないのであれば、それは意味をなさないのである。

　とはいえ組織形態や作業様式はハードウェアやソフトウェアと同じく重要であり、また社会的諸関係や知識、技能、心性《マンタリテ》はハードウェアの形態に埋め込まれざるをえない。そうであれば、われわれの社会的諸関係にたいする、社会生活にたいする、そして自然との関係にたいする技術の意味や影響といった問題全体は、いっそう複雑化し広範囲に影響するものとなる。これこそ、〔『資本論』英語版〕第一巻第一五章◆の〔先ほど一六一頁で引用した〕重要な脚注で、マルクスがまさに言わんとしたことだと私には思われる。しかしながら狭隘な還元論（この場合はハードウェア的な意味での技術還元論）には確信がつきものだが、こうした確信がなくなってしまうと、あらゆるものが他のあらゆるものと関係する世界に面と向かいあうには不都合でもある。だからこそ我慢しなければならないのに、ついつい原動力を選びだしたいと思ってしまうのだ。まただからこそ原動力としてのみならず、あらゆる災難の打開策としても、技術変化を物神崇拝する傾向が生まれるのである。

▼6　Harvey, D., *A Brief History of Neoliberalism*, Oxford: Oxford University Press, 2005〔デヴィッド・ハーヴェイ（渡辺治監訳）『新自由主義――その歴史的展開と現在』、作品社、二〇〇七年〕。

◆第一巻第一五章　C1, chap. 15／Kap. 13／第一三章「機械と大工業」。

諸契機の運動と資本の生産力の創出――『資本論』第一巻再読

ここまで論じてきたことは、マルクスの作品についてマルクス主義者とマルクスの批判者がともに喧伝するものとは、いくぶん異なった見方であるから、その根拠を手短に示しておく必要がある。このことは『資本論』第一巻の構成と論証とに最もよく表われている。資本は、一定の先行条件が事前に整っていなければ生まれなかった。商品交換、適切な貨幣制度、実用的な労働市場、最低限の社会的諸制度（法的個人、法律、私的所有など）、生産された商品を吸収する消費市場は、前もってあるべき最小限の前提条件である（二五頁「図表2」参照）。労働者の一定水準の生産性や技能が存在し、一定の基本的な生産手段（土地、工具、その他の労働器具、そして輸送機関といった物的インフラなど）が利用可能であることもそうだ。マルクスは、初期の労働生産性が自然条件（土地の豊度、あるいは滝、鉱物資源、動植物の成長と再生産という生物学的諸過程などといった自然の無償の贈与）に左右され、また、さまざまな民族の文化史やその成果（技能、知識、精神的諸観念、慣習的な社会的諸関係、時間的規律などの堆積）にも依拠することを認識していた。自然からの無償の贈与、そして人間性の文化的歴史からの無償の贈与は、資本蓄積が本格的に始まるうえで、その基盤となる。このような無償の贈与はきわめて重要なものでありつづけている。というのも、まさに資本は絶えずそれを囲い込み、私有化して、そこから――たとえば価値のない知識にたいして価格を課すなどして――使用料《レント》を引きだそうとするからである。

『資本論』第一巻を注意深く読んでみれば、どれほど頻繁にマルクスが、これらすべての論点に繰り返し立ち戻っているかがわかるであろう。〔英語版〕第一巻第八篇◆においてマルクスが描いているのは、これらの前提条件の多くが本源的蓄積の過程をつうじてどのように構築されたのか、である。しかしながら資本そのものにとって重要なのは、生産物を〔単に〕つくる（その一部は市場で交換されるかもしれない）ことから、市場向けの組織的商品生産をつうじた剰余価値生産へと移行することにある。後者が直接的生産者の唯一の目的である。このような生産者が資本家と定義される。

資本は既存の諸条件や諸過程を見いだすと、それらをわがものとし、資本主義的生産様式の要求に特にふさわしいものへと変貌させる。そして、それはさまざまな仕事の技法の場合にも当てはまる。資本は、協業を可能とする古来の能力（エジプトのピラミッド建設に示されたそれ）をわがものとし、これを資本家階級の再生産に適した組織形態に取りまとめることによって、規模の経済の拡大や協業による生産性増大を自らの手中におさめようとする。そうする最中《さなか》にあって資本は、労働過程内部における資本と労働との社会的諸関係を——両者の中間にある職工長や管理人とともに——変化させる（〔英語版〕第一巻第一三章◆参照）。

同じように資本は、先行して存在する分業をわがものとし、それを資本主義的形態内部の計画的分業と、市場シグナルによって調整される社会的分業とに分割する。資本は労働過程内部に新しい上下関係《ヒエラルキー》をつくりだし、資本と労働の双方を、生産における資本の規律に服させるとともに、無秩序な市場過程の無規律状態にも従属させるのである（〔英語版〕第一巻第一四章◆参照）。

資本は、生産規模を変化させることによって、またさまざまな仕事を資本の統制下に結びつけて複雑化させることによって、古くからの技法を根本的に大きく変えてしまう。それは既存の分業をいっそう細かな特殊作業へと細分化し、これをより大きな全体の一部に転換する。ついに資本は工場制の創出をつうじて、労働過程それ自体を掌握せざるをえない局面に到達する。マルクスはこの事態を、資本のもとでの労働の形式的包摂（市場原理を介した調整）から実質的包摂（資本の直接的監督下におかれた包摂）への移行とみなした。[7] 作業動力源を労働者の肉体的力から外部化させ、そのはるか彼方におくことによって、技術は

◆第一巻第八篇　C1, chaps. 26-33／Kap. 24-25／第二四章「いわゆる本源的蓄積」、第二五章「近代植民理論」。
◆第一巻第一三章　C1, chap. 13／Kap. 11／第一一章「協業」。
◆第一巻第一四章　C1, chap. 14／Kap. 12／第一二章「分業とマニュファクチュア」。
▼7　Re, pp. 1019-1049／S. 91-117／一一五〜一七七頁。

純粋に資本主義的な土台のうえに組織される。その最高潮は機械による機械の生産とともに到来する（人工知能の出現によって、ようやく現在その意味が完全に理解されつつあるマルクスの側での驚くべき洞察である）。

資本主義的生産様式に適した生産力の形成がこの一連の出来事の最後に訪れるということに注目しておこう。そうするとマルクスの描く物語を考慮すれば、生産力が歴史的変化の推進力になりうると考えることには相当な無理があることになる[8]。実際のところ、この生産力は歴史の結果なのだ。マルクスに特有なのは、ある段階での結果が後の時点での主要な推進要因に転化することがあると、そこで論じていることであろう（推進要因になりうるという意味では、おそらく一八世紀よりも今のほうが技術や組織形態により当てはまるのではないであろうか）。

しかしマルクスは、これらの移行を研究する過程において、この革命的運動が成功裏に完遂されるさいに必ず起こるべき別の諸変化をも注意深く描きだしている。たとえば彼は、かつては徒弟制度をつうじて習得される秘儀に満ちた技巧《アート》とみなされた生産が、科学に転じなければならないと論じる。この科学が、労働過程の資本主義的統制と結合すると、資本に固有の独特な活動領域である技術《テクノロジー》を実質的に規定する[9]。前資本主義社会には技法《テクネ》があったが、資本主義にあるのは、秘儀にとどまりえない技術《テクノロジー》なのである。それは制御を目的とし、科学的に自然を解剖する。このため、生産それ自体にたいしてだけでなく、自然にたいする精神構造も変化せざるをえなくなった。自然は、創造性あふれる生きたものではなく、人間の支配と操作を受け入れる死んだ対象と解されなければならない（この点にかんしてマルクスはデカルトを引用している[10]）。その一方で労働者は、自分自身の労働過程を自ら制御する全面的な人間ではなく、機械の支配下にある分業のなかで特殊機能に縛られた「断片的人間」に転化する[11]。工場の組織形態および工場制は――われわれが見てきたように――、職人による生産からの抜本的脱却である。職人生産の破壊と工場労働への転換は、女性や児童の雇用、労働者階級の家族生活や家族労働の再編というかたちで社会的諸関係の性格を変化させる。より高い形態での新しい家族が登場する[12]。労働者に求められる柔軟性や流動性は次のことを要請する。

かの奇怪事、すなわち、資本主義的搾取の変転する諸要求のために使い捨て可能《ディスポーザブル》な労働人口が予備として貧窮のもとに保存されるという奇怪事にかわって、自己の必要とするさまざまな種類の労働にたいして完全に準備を整えた個人が登場しなければならない。ある専門化された社会的機能の担い手でしかない部分的に発達した諸個人のかわりに、さまざまな社会的諸機能を自己のさまざまな活動様式としてかわるがわる遂行する全面的に発達した個人が登場しなければならない。▼13

労働日や工場法に関連して国家規制は重要となるが、その一方で国家はまた義務教育を導入することで、読み書きができる労働者を、そして資本によって発展させられる労働過程の変転する必要にただちに対応できるような労働者を確保しようとする。こうした変化のすべてが〔英語版〕第一巻第一五章◆で触れられている。

またマルクスはその経過を次のようにも記している。

▼8　Harvey, D., 'Crisis Theory and the Falling Rate of Profit', in Subasat, T. (ed.), *The Great Meltdown of 2008: Systemic, Conjunctural or Policy-Created?*, Cheltenham: Edward Elgar, 2016; C1, pp. 616-617／S. 509-510／六三三〜六三四頁。

▼9　C1, p. 508／S. 407／五〇三頁。

▼10　C1, pp. 512-513／S. 411-412／五〇九頁。

▼11　C1, pp. 481-482／S. 381-382／四七二〜四七三頁。

▼12　C1, pp. 620-621／S. 514／六三七〜六三八頁。

▼13　C1, p. 618／S. 512／六三四頁。

◆第一巻第一五章　C1, chap. 15／Kap. 13／第一三章「機械と大工業」。

ある一つの産業部面での生産様式の変革は他の産業部面でのその変革を引き起こす。〈……〉たとえば、機械紡績は機械織布を必要にし、両者は結合して、漂白や捺染《なっせん》や染色での機械的、化学的革命を必要不可欠にした。また他方では、綿紡績での革命は〈……〉繰綿機の発明を呼び起こし、これによって、当時要求されていた大きな規模での木綿生産がはじめて可能になったのである。だが、これとともに工業や農業の生産様式に起きた革命は、社会的生産過程の一般的な諸条件、すなわち運輸・通信手段の革命をも必要にし、〈……〉〈それは〉河川汽船や鉄道、海洋汽船、電信の体系によって、徐々に大工業の生産様式に適合していった。▼[14]

しかし、ある段階で大工業は「それ自身に特徴的な生産手段である機械をわがものとし、機械によって機械を生産しなければならなくなった。このようにしてはじめて大工業は、それにふさわしい技術的基礎をつくりだして、自分自身の足で立つようになったのである」▼[15]。これが『資本論』の主張の一つである。この本でマルクスが追跡するのは、彼の言う「産業革命」が実現し完成することから生じる外部効果◆なのである。

資本主義での技術崇拝とその矛盾的帰趨

最後に、そしておそらくこれがすべてのうちで最も重要な点だが、技術それ自体が一つのビジネス〔営利事業〕になる▼[16]。蒸気機関の発明にともなって引き起こされた一つのイノベーションは、運輸業、鉱業、耕作業、製粉業、そして言うまでもなく力織機を備えた工場など、さまざまな業界に多角的に適用された。今日、無数の分野に応用されているコンピュータとまさにそっくりである。いったん技術がビジネスになると、それは一つの商品——新しい技術あるいは新しい組織形態——を生産する。そしてこの商品にたいしては新市場が発見——もっと言えば創出——されなければならない。

われわれはもはや、個々の生産設備を自力で発明し刷新することで生産性の改善を考案しようとする個人企業家を論じることなどできないのである。論じられるとすれば、イノベーションに特化し、それを他人に（生産者にも消費者にも）販売することに専念する一大産業部門である。街角の食料雑貨店や金物店は丸め込まれ、説き伏せられ、ついには（税務署に）強制されて、販売、購入、納税などの記録や在庫管理のために、いくぶん最新式の事務機器を導入することになる。こうした技術の費用負担は零細店舗を淘汰して、スーパーマーケットや総合安売り店を有利にし、したがって資本の集中をいっそう推し進めることになるかもしれない。これらのイノベーションが数多く導入されるか否かは、そのイノベーションが労働者を規律づけてその力を奪ったり、労働生産性を向上させたり、生産と流通の双方における資本回転の効率と速度を上げたりできるかどうかにかかっている。結果として資本主義全体が、技術変化や経済進歩の確実性に夢中になる。あらゆる問題への解決策として技術的回避《フィックス》◆や技術革新を信じる物神的信仰は、これこそ原動力にちがいないという誤った信念とともに深々と根を降ろしていく。この物神的信仰を助長するのが、イノベーションと技術とを巨大ビジネスに転換する一部の資本であり、そこには組織形態について経営改善策を売り込むコンサルタント業者、存在しない病気にたいして医薬品をつくりだす製薬企業、ごく少数の専門家以外には誰も理解できないような自動化《オートメーション》システムを押し売りするコンピュータ専門家などが含まれる。資本主義的企業家や法人がイノベーションを採用するのは、彼ら自身が欲するからではない。むしろ市場を占有しその占有率を維持することで資本家としての再生産を確実にするためだからと説

▼14　Cl, p. 505／S. 404-405／五〇〇～五〇一頁。
▼15　Cl, p. 506／S. 405／五〇一頁。
◆**外部効果**　市場取引での副次的効果が、市場を経由しないで当事者や第三者におよぶこと。
▼16　Gr, p. 704／S. 580／②四八八頁。
◆**技術的回避（フィックス）**　ハーヴェイの用語。資本の過剰蓄積を一時的に解消するため、金融化をつうじて過剰資本を長期投資にふりむけること（「危機の時間的置き換え」）があるが、その一環として研究・教育施設の建設を含む技術開発投資を行なうこと。結果として、技術革新のいっそうの昂進をもたらす可能性がある。

き伏せられたり、その必要に迫られたりするからなのである。

マルクスは技術にたいする物神崇拝の起源を論じたが、その妥当性を確かめるにあたってマルクスの概念装置を受け入れる必要はない。物神崇拝は純粋に想像上のものではなく、しっかりとした実在的基盤に支えられている。あたかも生産性こそが資本主義の成長と安定の究極目的であるかのようであり、それが利潤率を決定するかのように思われる。アラン・グリーンスパン◆が、アメリカ資本主義の発展力学の中心に生産性向上問題があると証言するさい、彼は虚構の大演説を一席ぶっているわけではない。〔だが〕近年の資本市場の混乱からわかるように、危険なのは、生産性の向上では絶対に果たせない役割があるのに、その役割を生産性向上に起因すると思い込むことにある。生産性の向上は、現在の不安定な沈滞状況をもたらすのに一役買ってきたのである。〔ただし〕同じようにまた生産性の立ち遅れも、終わりなき蓄積という螺旋《スパイラル》運動に深刻な問題をもたらす▼[17]。したがって、経済的不安定という現在の窮地にたいして技術的回避を期待するのはまったくの間違いであろう（また物神崇拝的《フェティシスティック》でもあろう）。その打開策が見いだされるとすれば、それはほぼ疑いなく、社会的、政治的諸関係や精神的諸観念、生産システム、そして進化的過程にあるその他すべての諸契機が、一定の社会的目的に適した技術的、組織的変化と結びつくかたちで変革される場合であろう。

だからといって技術発展の推進力全体が偶発的であったり方向性に欠けたりするわけではない。技術的回避にたいする物神崇拝的信仰によって支えられる自然主義的見解によれば、技術進歩は不可避かつ善きものであり、それを制限することはおろか、集団的に制御し修正することさえもできないし、またすべきでもない。しかし、架空の信仰が社会的行為に影響を与えるようになることこそ、まさに物神的構築物の特色なのである。これらの信仰には物質的基礎があるかもしれないのだが、そうした信仰は物質的制約からすぐに自由になる。というのも、それはひとたび適用されるや、結局のところ、著しい物質的影響をもたらさざるをえなかったからである。

たとえば常に価値増殖の中心にある労働過程の統制を考えてみよう。労働者を資本流通の単なる付属器官につくり変えることができるという幻想が、この過程に根づいている。多くの産業革新家は、これを第一の目標と考えてきた。工作機械産業でのイノベーションで名を馳せた一人のフランス人実業家は、その目的が精密さを高め、生産性を向上させ、労働者から力を奪うことの三点にあるとあからさまに公言した[18]。工場制、ティラー主義、自動化、ロボット化、そして人工知能（ＡＩ）による生きた労働の究極的排除は、この欲望に対応する。ロボットは（空想科学小説を別とすれば）不満も言わないし、口答えもしないし、訴訟も起こさないし、病気にもならないし、その動作を遅らせることもないし、集中力も失わないし、ストライキも起こさないし、賃上げも求めないし、労働環境も気にしないし、休憩も求めないし、けっして欠勤することもない[19]。あらゆる手段を尽くして生産性は向上させなければならないのだが、この原則に端を発して、技術を介して労働者を完全に統制し、ついには労働者を究極的に排除しようとする物神的幻想が生じるのである。

労働市場においては技術誘発型の失業によって労働者の交渉力が弱体化する。熟練解体や労働過程の均質化は、模倣不可能な労働技能から生じる独占力を奪い去る。ジョン・スチュアート・ミルはこの事態を考察して、「従来行なわれたすべての機械的発明が果たしてどの人間かの日々の労苦を軽減したかどうか

◆アラン・グリーンスパン　アメリカの経済学者（一九二六年〜）。一九八七〜二〇〇六年、第一三代連邦準備制度理事会（ＦＲＢ）議長を務めた。

▼17　Gordon, R., *The Rise and Fall of American Growth: The U.S. Standard of Living since the Civil War*, Princeton: Princeton University Press, 2016［ロバート・Ｊ・ゴードン（高遠裕子・山岡由美訳）『アメリカ経済——成長の終焉』上・下、日経ＢＰ社、二〇一八年］。

▼18　Poulot, D., *Le Sublime*, Paris: F. Maspero, 1980［原著第一部のみの抄訳として、ドニ・プロ（見富尚人訳）『崇高なる者——一九世紀パリ民衆生活誌』（原著一八七〇年）、岩波文庫、一九九〇年］。

▼19　Brynjolfsson, E., and McAfee, A., *The Second Machine Age: Work, Progress, and Prosperity in a Time of Brilliant Technologies*, New York: Norton, 2014［エリック・ブリニョルフソン、アンドリュー・マカフィー（村井章子訳）『ザ・セカンド・マシン・エイジ』、日経ＢＰ社、二〇一五年］。

は、はなはだ疑わしい」◆と述べた。こうなるのは明らかだとマルクスは論じたが、その理由は機械の目的が、より多くの利潤を労働から引きだすことにあるからであり、労働の重荷を軽減することにはないからである。[20] 機械技術による労働力の完全統制というこの幻想には相当無理があると認識される場合もあり、そうすると資本家は協業、共同作業、責任ある自律、品質管理サークル、柔軟《フレキシブル》な専門化といった組織形態のほうに目を向ける。資本は、労働者自身が提案するいかなる組織形態をもわがものとし、それを剰余価値生産という自分自身の目的に合わせることができる。夢は悪夢に変わる。フランケンシュタインは解き放たれ、『2001年宇宙の旅』◆のコンピュータ「HAL」は自分の意思をもち、『ブレードランナー』◆のレプリカント〔作中の人造人間〕は〔自立した生命体としての〕力を手にして、人間の手を離れて生き延びようとする。反価値という不吉な力が、労働者統制に反抗する影から姿を現わす。

生きた労働が価値と利潤の源泉であるなら、それを死んだ労働やロボット労働に置き換えることは政治的にも経済的にも意味をなさない。マルクスの見解では、これは資本主義の中心的矛盾の一つであった。それは、資本主義が均衡成長経路にとどまるその能力を掘り崩した。しかし、それはまた意図せざる結果ももたらすのであり、この点をマルクスは『経済学批判要綱』で次のように詳しく説明している。

> 大工業が発展するにつれて、現実的富の創造は、労働時間と充用された労働の量とに依存することがますます少なくなり、むしろ労働時間のあいだに運動させる諸手段の力に依存するようになる。これらの諸手段の強力な効果は、それ自体また、それらの生産に費やす直接的労働時間には比例せず、むしろ科学の一般的状態と技術の進歩に、あるいはこの科学の生産への応用に依存している。（この科学の、とりわけ自然科学の発展、またそれとともに他のあらゆる科学の発展は、それ自体がまた、物質的生産の発展に関連する。）〈……〉〈労働者は〉産業的過程に変換された自然過程を、自分が支配する非有機的自然と自分自身とのあいだに手段として差し込む。労働者は生産過程の主役であることをやめ、生産過程の一方の端に歩み寄る。この変革のなかで、生産と富の大黒柱として現われるの

は、人間自身が行なう直接的労働でも、人間の労働する時間でもなくて、人間自身の一般的生産力の領有、自然にたいする人間の理解、そして社会体としての自分の存在をつうじての自然の支配、一言でいえば、社会的個人の発展である。

現在の富が立脚する、他人の労働時間の盗みは、大工業それ自体によって創造されたこの新しい基礎に比べれば、みすぼらしい基礎に見える。直接的形態での労働が富の偉大な源泉であることをやめてしまえば、労働時間は富の尺度であることを、だからまた交換価値は使用価値の〈尺度〉であることを、やめるし、またやめざるをえない。大衆の剰余労働はすでに一般的富の発展のための条件であることをやめてしまったし、同様にまた、少数者の非労働は人間の頭脳の一般的力の発展のための条件であることをやめてしまった。それとともに交換価値を土台とする生産は崩壊する。〈……〉

資本はそれ自身が、運動する矛盾である。それは、〔一方では〕労働時間を最小限に縮減しようと努めながら、他方では労働時間を富の唯一の尺度かつ源泉として措定する、という矛盾である。〈……〉だから、一面からみれば資本は、充用された労働時間から富の創造を（相対的に）独立させるために、科学と自然との、また社会的結合と社会的交通との、いっさいの力を呼び起こす。他面からみれば資本は、すでに創造された価値を価値として維持するために、そのようにして創造された巨大な社会力を労働時間で測ろうとし、必要とされる限界内にこれらの力を封じ込めようとする。▼21

◆「従来行なわれたすべての……」　J・S・ミル（末永茂喜訳）『経済学原理』（原著初版一八四八年）第四巻、岩波文庫、一九六一年、一〇九頁。

▼20　Cl, p. 492／S. 391／四八五頁。

◆『2001年宇宙の旅』　スタンリー・キューブリック監督のSF映画。一九六八年公開。作家アーサー・C・クラークが原案や脚本に協力した。

◆『ブレードランナー』　リドリー・スコット監督のSF映画。一九八二年公開。原作はフィリップ・K・ディック（朝倉久志訳）『アンドロイドは電気羊の夢を見るか？』（原著一九六六年）、ハヤカワ文庫、二〇一一年。

こうしたことが資本の発展の一つの核心的矛盾として、そして広範囲に影響をおよぼす矛盾として、際立ってきたのである。

技術変化と生産力の位相

いったん技術がビジネスになれば、それはあらゆるビジネスと同じ行動をとろうとする。つまり、その範囲を拡大し、新しい市場を建設し、利子生み資本から投資をひきつけることでその地位を維持し改善して、分業全体のなかにあって価値および剰余価値の好調な創出部面になろうとする。マルクスが執筆していた時代には、このビジネスはその初期の発達段階にあった。しかし彼がはっきりと認識していたのは、工作機械産業と機械工学産業（蒸気機関がその目玉である）が基盤技術の創出をつうじて、技術部門内部において影響力ある役割を必ず果たすことになるということであった。だがマルクスは『資本論』第一巻でのように価値増殖過程に専念するあまり、実現、消費、そして社会の再生産（労働力の再生産を含むそれ）をめぐって発展する新技術や新しい組織形態については、それほど深く検討しなかった。現在、アメリカの平均世帯で使われている技術は、マルクスのどんな想像をもはるかにしのぐものである。またマルクスは、分配という複雑な領域も詳細には研究しなかった（ただし彼は、信用制度内部での反価値の創造領域の活況とともに、株式会社などの産業組織形態、銀行・金融業でのイノベーションといったものの重要性も認めていた）。マルクスは物的インフラの分野に起こった急速な変化についてほとんど語らなかったが、当然ながら運河、蒸気船、鉄道、電報、ガス灯、上下水道設備の改良などはすべて論及に値するものであった。国家行政、公衆衛生、教育にかんする技術や軍事的イノベーションもほとんど記されていない。ここで例示した最後のもの〔軍事部門〕は、長らく新製品の設計、新しい組織様式、ソフトウェアとハードウェアにかんするイノベーションの主要拠点となってきた。軍事化された監視様式、統制様式、警備様式、規制様式が浸透してきている。ビジネスとしての技術が、マルクスの追究しなかった分野へと展開するのを抑制するものなど何もなかった。それは、これらの領域のすべてを嬉々として植民地化してきたのである。

資本が流通するにあたっては、生産の段階においては、さまざまな技術が混じりあいながら、時に破壊的なかたちで不断に変化しつづけるとされるのだが、実現、分配、再投資をつうじた流通過程の残りについては触れられないままとなっている。――これがマルクスの読解からわれわれが受ける印象である。当たり前のことだが、実際には流通の技術もまた劇変してきた。この事実から次のような問題が提起される。すなわちマルクスの明らかな盲点を考慮すると、彼の予見に満ちた説明や洞察は現代の人々による吟味にどのくらい耐えられるのであろうか？

私の考えでは、価値増殖領域における技術変化が重要でないなどと断言する者は誰もいないであろう。この領域を研究することでマルクスが示しているのは、たとえ何が起ころうとも、資本は技術を活性化せざるをえない、ということだ。そのかぎりにおいて、これは資本の核心にかんする一つの普遍的言明になっており、マルクスの時代から現代に引き継がれるものとなる。〔資本にとって〕技術的、組織的変化は、他の説明でよく言われるように外生的で偶然的なものではなく、内生的で固有のものだ。

マルクスは、いくつかこれに関連する事実を認めている。

第一に、一領域におけるイノベーションは、それ以外の領域にも外部効果を伝播させるのであり、つまり技術的、組織的衝撃は、あらゆる資本主義体制の総体性の隅々にまで拡散する。

第二に、技術が自立したビジネスになると、それはもはや、さまざまな〔既存の〕必要にまず対応するといったものではなくなる。むしろ、こうした技術によって創造される種々のイノベーションのために、新しい市場のほうが発見されたり確定されたりしなければならない。それは新たな欲求、必要、欲望を創造するのであり、その範囲は、生産的消費をつうじた生産者の側のものだけでなく、最終消費者の側のものにまでわたっている（後者については、われわれは日々自分の身の回りで目撃している）。このビジネスは、

▼21　Gr, pp. 704-706／S. 581-582／②四八九～四九〇頁。

あらゆる問題の技術的回避にたいする物神的信仰を糧として成長し、またその信仰を積極的に助長する。

第三に、これらの技術変化を、精神的諸観念、社会的諸関係、自然との関係、日常生活、商品生産の物質性、国家や市民社会といった社会的諸制度に関連して位置づけるというマルクスの方法は、考え方として確固たるものであり、それについてはさらなる明確化が何よりも求められている。こうした見地は、われわれ自身の批判的思考を体系化する見事な手法だと私には思われる。社会変化についての特効薬型理論のすべてを——何度となくマルクスのものだとして彼の首にかけられたその種の理論も含めて——批判できるとすれば、それはこの見地からなのである。

最後に注意を要するのは、技術にたいする物神崇拝から、誤った思考や間違った政治力学が引きだされるという、マルクスの不吉な示唆である。たとえば膨大なデータを検索して管理されるスマートシティの建造によって、都市のすべての害悪——貧困、不平等、階級差別、人種差別、立ち退きによる富の収奪、その他の略奪による蓄積など——が完全に消え去るであろうなどと考えることは、端的に言って馬鹿げている。こう考えることは逆効果にしかならないし、場合によっては反革命的でさえある。それは、都市の現実と政治的行動主義《アクティヴィズム》とのあいだに、あるいは取り組むべき日常生活の辛苦と喜びとのあいだに、物神的混乱——大いなる慰め——をもたらすことになる。

技術的、組織的進歩が不可避だという信仰を、われわれは長らく信じ込んできた。〔だが〕最近では、それも深刻な打撃を被っており、現代の大衆文化が信用できるものだとすれば、こうした信仰は〔大衆文化に表明される〕反ユートピア的想像力◆の批判に絶えずさらされてきた。マルクスがわれわれに教えているのは、こうしたユートピアと反ユートピアとの二項対立からの免れ方である。新しい社会的諸関係、新しい精神的諸観念、自然との新たな関係が、そして現在の窮地から脱するのに必要となるその他ありとあらゆる変革が、さしせまったかたちで求められている。マルクスが示すのは、こうした要求に対処できるような実用的技術がたどるべき方向性をいかに探求すべきなのか、である。技術を物神化する傾向は、除去すべき障害であり、この点についてマルクスは誰にもひけをとらないほどの優れた批判家であった。だが、われわれを現在取り巻いている技術の組みあわせやその可能性が、人類史上かつてないまでに重要なものとなっていることも、また事実である。この点についてマルクス主義の基本的洞察は有効である。つまり解放の政治力学にとって問題となるのは、巨大な生産力をその社会的、政治的制約から解放することである。要するに、資本による支配からの生産力の解放であり、帝国的志向をもって権威主義を強めつつあるような、きわめて不健全な国家機構からの生産力の解放である。この課題は、このうえなく明白である。

◆**反ユートピア的想像力**　ハーヴェイは別著において、SF小説分野での「ある種の反ユートピア的物語」が、二〇一〇年前後にアメリカの若年層を中心に流行している事態を指摘している。デヴィッド・ハーヴェイ（大屋定晴ほか訳）『資本主義の終焉』（原著二〇一四年）、作品社、二〇一七年、三四七〜三四八頁。

［第7章］価値の空間と時間

マルクスは、『資本論』第一巻の出版後ほどなくして、ルイ・クーゲルマン◆にこう綴った。「価値法則がどのように貫徹されていくかを、逐一明らかにすることこそ、科学なのです」と。まず物質的状況（たとえば市場における交換行為）から抽象化の過程によって法則を導きだして記述し、その後、この法則を否定しうるあらゆる対立傾向を研究する――これがマルクスの研究手法の特色である。これと逆の手順をとるなら「科学以前の科学をもちださなければならないことになるでしょう」と彼は続けた。[1] それでは価値法則――ここまで運動する価値として抽象的かつ図式的に検討された法則――が空間と時間のなかで、どのように「貫徹されていく」のかを考察してみよう。

◆ルイ・クーゲルマン　ドイツの社会主義活動家、婦人科医（一八二八～一九〇二年）。マルクスと長らく交流しあうとともに、国際労働者協会に参加。のちにドイツ社会民主党に入党した。

▼1　Marx, K., and Engels, F., *Selected Correspondence*, Moscow: Progress Publishers, 1955, p. 252［MEW, 32, S. 553／カール・マルクス「〔書簡〕マルクスからルートヴィヒ・クーゲルマン（在ハノーファー）へ一八六八年七月一一日」、『マルクス＝エンゲルス全集』第三二巻、大月書店、一九七三年、四五四頁］。

資本の運動とその時空間

資本が「運動する価値」と規定されるなら、この運動が生じている世界の時空間〔time-space〕の編成について述べる必要がある。運動は真空では起こらない。われわれは、どこにも根ざしていないような運動する価値を視覚化させることから離れなければならない。むしろ、この運動する価値は、さまざまな都市や運輸ネットワークからなる地理的配置を創造するものとして、食料や原料を生産する農業景観を形成するものとして、ヒトやモノや情報の流れを包括するものとして、労働者技能と地価とが組みあわされた領土的編成を創出するものとして、さまざまな労働空間や統治管理構造を組織するものとして、理解されなければならない。われわれはまた、それぞれの時代や場所における労働者階級の伝統や実務的知識《ノウハウ》の蓄積、あるいは技能や社会的諸関係の重要性（階級関係だけではないそれ）を考慮せざるをえないし、それと同時に、個々の場所で生きる人々の政治的、社会的闘争が、他にも可能な《オルタナティブ》疎外なき生き方やあり方の記憶と希望とを残すことも認めなければならない。

マルクスが早くから認識したのは次のことだ。すなわち、世界市場の創造は資本の本性に固有のものなのだが、それを実現するために資本は新たな空間を生みださざるをえないであろう。このテーマは『共産党宣言』でかなり詳しく述べられている。商人資本家は封建的土地所有の停滞した権力を掘り崩した。彼らはそのすぐれた空間制御能力を駆使して、ある場所で安く買い別の場所で高く売ることで大きな富と権力をかき集めた。産業資本主義の勃興とともに「自分の生産物の販路を絶えず拡張していく必要にうながされて、ブルジョアジーは全地球上を駆けまわる。彼らは、どこにでも腰をおろし、どこにでも住みつき、どこにでも結びつきをつくらなければならない」。

〈これは〉あらゆる国々の生産と消費を全世界的《コスモポリタン》なものにした。〈……〉古来の国民的な諸産業は滅ぼされてしまい、なおも日々に滅ぼされていく。それらの国民的産業は新しい産業によっておしのけられ、これらの新しい産業を導入することが、あらゆる文明化された国民にとっての死活問題となる。それは、もはや国内産の原料ではなくて、はるか遠い地域で産する原料を加工する産業であり、これらの産業の製品は、自国内だけではなく、同時に世界各地で消費される。国産品で充足されていた昔の欲求にかわって、はるかに遠い国々や風土の産物でなければ満たされない新しい欲求が現われてくる。昔の地方的、また国民的な隔絶や自給自足にかわって、諸国民の全面的な交通、その普遍的な依存関係が現われてくる。

運輸・通信手段の革命はすべての国民を結びつける。

〈その一方で〉ブルジョアジーの商品の安い価格は、どんな万里の長城をもうちくずさずにはおかない〈……〉重砲である。ブルジョアジーは、あらゆる国民に、滅亡したくなければブルジョア的生産様式を取り入れるよう強制する。〈……〉一言でいえば、ブルジョアジーは、自分の姿に似せて一つの世界をつくりだす。

これは、近年グローバリゼーションと呼ばれることになった過程についての驚くほど予見に満ちた描写である。しかし、これですべてではない。

ブルジョアジーは、農村を都市の支配に従わせた。彼らは巨大な都市をつくりだした。〈……〉ブルジョアジーは、生産手段や財産や人口の分散状態を、ますます解消する。彼らは、人口を密集させ、生産手段を集中させ、財産を少数の人間の手に集積させた。その必然の結果は、政治上の中央集権であった。別々の利害、法律、政府、関税をもっていて、ほとんど単なる連合関係にあったにすぎない独立の諸地方が、一つの国民、一つの政府、一つの法典、一つの国民的な階級利害、一つの国境、一つの関税区域に結びつけられた。▼2

一九世紀のドイツやイタリアの統一、二〇世紀のヨーロッパ連合（EU）、世界貿易機構（WTO）、国際通貨基金（IMF）といった権力の創出を導いた過程が、すでに確認されていたのである。同様の所見は『経済学批判要綱』にも記されている。

> それゆえ資本にもとづく生産の一つの条件は、絶えず拡大されていく流通圏域が生産されることであって〈……〉世界市場をつくりだそうとする傾向は、直接に、資本それ自体の概念のうちに与えられている。いかなる限界も、克服されるべき制限として現われる。〈……〉第一に、すでに存在する消費が量的に拡大すること、第二に、現存の欲求がより大きい範囲に広まることによって新たな欲求が創出されること、第三に、新たな欲求が生産され、新たな使用価値が発見され創造されること。〈……〉資本は〈……〉自然崇拝を乗りこえて突き進むのと同様に、もろもろの国民的な制限および偏見を乗りこえ、一定の限界内に自足的に閉じ込められてきた既存の欲求の伝来の充足と、古い生活様式の再生産とを乗りこえて突き進む。資本は、これらいっさいにたいして破壊的であり、絶えず革命をもたらすものであり、生産諸力の発展、諸欲求の拡大、生産の全面的発達［新全集版では「多様性」］、自然諸力と精神諸力の開発利用ならびに交換を妨げるような、いっさいの制限を取り払っていく。▼3

価値法則はこの原則を内部化して、世界市場を形成し、生産と消費の地理的配置を資本自身の姿につくり変える。

ただ対外貿易だけが、世界市場への市場の発展だけが、貨幣を世界貨幣に発展させ、抽象的労働を社会的労働に発展させる。具体的労働が、世界市場を包括する労働諸様式の総体性に発展するにつれて、抽象的な富、価値、貨幣も――したがってまた抽象的労働も発展する。〈……〉だから、これは資本主義的生産の前提でもあれば結果でもある。[4]

こうしたことが起こるには、運動にたいする物的障壁〔制限〕が削減されなければならない。マルクスの時代には蒸気船や鉄道の登場、港湾、船着き場、運河、道路の建設にはまさに際だつものがあった。電信の発明によってブエノスアイレス、シカゴ、ダンツィヒの小麦の終値《おわりね》は、リバプールやロンドンの商品取引所が開く翌日には印刷できるようになった。このためには、その耐用期間が長期にわたるような高額な物的インフラにたいする莫大な投資がかけられ、それによって地球全体は変貌し、さまざまな商品や貨幣資本の地理的な流れは促進された。マルクスの時代以来、この種のイノベーションと投資とは資本の技術史の最上位を占めている。

資本は一方では、交易すなわち交換のあらゆる空間的制限〔新全集版では「場所的制限」〕を取り払い、全地球を資本の市場として征服しようと努めないではおれないのだが、他方では、時間によって空間を絶滅しようと〈……〉する。資本が発展すればするほど〈……〉資本はますます大規模に空間的に市場を拡大しようとし、またそれと同時に時間によって空間をますます絶滅させようとする。[5]

▼2　Marx, K., and Engels, F., *Manifesto of the Communist Party*, Moscow: Progress Publishers, 1952, pp. 48-50 [MEW, 4, S. 465-467／カール・マルクス、フリードリヒ・エンゲルス「共産党宣言」（原著一八四八年）、『マルクス＝エンゲルス全集』第四巻、大月書店、一九六〇年、四七九～四八〇頁]。

▼3　Gr, pp. 407-410／S. 320-322／②一四～一八頁。

▼4　Th3, p. 253／S. 1385／⑦三〇九頁。

したがって資本のユートピア的夢想は、摩擦なき空間世界で活動することなのだ（今では電子マネーの可動性によってかなり達成された）。このことは地理的な差異の役割を無意味にするわけではない。むしろ、その役割の重要性は高まる。なぜなら貨幣資本が今や費用もかからず動きまわることから、生産諸条件のささいな差異ですら利用できるようになり、こうして超過利潤を生みだせるからである。世界中の労働人口が互いに競争しあうことになる。貨幣資本の高度な可動性が築きあげた労働力供給の世界市場は、これまで以上に歴然たる現実となりつつある。端的に言って、国際貿易の物的障壁の削減は、社会的、政治的、文化的障壁の削減をともなわずにはいられない。だからこそ民衆の抵抗に直面する場合にさえ、自由貿易のイデオロギーと政治力学とが覇権《ヘゲモニー》を握るのである。

資本の流通と蓄積は、時間と空間の一つの独自な組織のなかで生じると同時に、それは自らが動きまわる時間と空間とを絶えず規定しなおすことにもなる。マルクスは、「閉じ込められてきた」伝来の生活様式の打破として、また古びたものから近代への一種の移行経路として、この多くを歓迎した。彼は断固として近代の側に立ち、人間生活における資本の文明化作用について前向きな物言いすらした。しかし、確固たるものがすべて「煙となって消え◆」るというのは、彼が『共産党宣言』で示唆したほどには容易ではなかったし、人々も、資本の命じる空間と時間の新しい規律装置にたいして、そう安易に服従したわけではない。そのうえ人々が資本主義的工業化という新たな状況に落ち着いた途端、新手の破壊の波がその大地に押し寄せることになり、そのあとには見捨てられた産業景観の残骸と、使い捨て可能《ディスポーザブル》となって不満を抱えた人々が取り残されたのである。一九八〇年代以降、北アメリカやヨーロッパの大半にわたって、産業の空洞化が地域社会全体を破壊し、それまでの伝統的工業労働者階級をえぐり抜いたが、それはかなり違う事態も物語っている。ある場所に長年根ざすことには長所もある。終わりなき資本蓄積に付随する破壊的な力から場所を守ることは、反資本主義闘争の主要な防衛線となる。疎外なき社会関係や自然との関係を望み追求することは、場所の構築過程を無視しえない。この過程は、よりよい日常生活を築く一つの手段でもあるからだ。空間と時間のなかでの資本の運動に建設的側面と破壊的側面とが両面あることを理解するうえで、空間と場所との弁証法的関係はその要となる。

この問題のさまざまな様相は資本主義それ自体の力学のなかに埋め込まれている。投資が特定の場所で土地に埋め込まれてしまうとしよう。いったんこうなると、資本がこの投資を減価させずにおこうとすれば、その同じ場所でこれを使いつづけなくてはならない。資本の運動はさまざまな投資活動によって空間的に制約されるのだが、〔その一方で〕こうした投資は、絶えず拡大する空間的範囲において資本の流動的な動きを高めるためのものでもある。世界市場という相対的な空間－時間の再形成が駆り立てられるなかにあって、時間による空間の絶滅は重要な現象である。しかし、こうした原則は必ずしも空間的な分散をもたらすとは限らない。というのも場所への集積もまた同じくらい効果的なものとなりうるからだ。価値喪失を抑えるために流通期間を節約しようとすることは、さまざまな方法で実行に移される。工業は、ある空間に密集することで流通費用や流通期間を節約する。運輸通信ネットワークの効率的編成と集積の経済とは流通期間を短縮して、より多くの剰余価値を資本に残すのに重要な役割を果たしている。

〈輸送手段の改良は〉〈……〉既存の販売市場に向かって、つまり大きな生産中心地や人口集中地や輸出港などに向かって行なわれる〈傾向にある〉。〈……〉このように交通が特別に容易であることや、それによって資本の回転が〈……〉速められることは、一面では生産中心地の集積を促進し、他面ではその市場の集積を促進する。[6]

▼5　Gr, p. 539／S. 438／②二一六頁。
◆煙となって消え　MEW, 4, S. 465／カール・マルクス、フリードリヒ・エンゲルス「共産党宣言」（原著一八四八年）、『マルクス＝エンゲルス全集』第四巻、大月書店、一九六〇年、四七九頁。
▼6　C2, p. 328／S. 253／三〇六頁。

今やこう言えるであろう。資本は、ある時点で、その——生産と消費の両面での——必要と目的とにふさわしい物的景観と空間的関係を創造するのだが、それを終えるや、創造したものが未来のある時点では自らの必要に敵対することになると気づくのである。資本主義的な蓄積力学の一環には、「さまざまな景観と空間的関係をまるごと建造するが、結局は将来、それらを引き裂いて新たに建造することになる」[7]という必然性がある。

『資本論』における空間研究——植民地問題

『資本論』の記述の大部分について言えば、マルクスはこの過程を脇においている。第一巻で彼は次のように書いている。「われわれの研究対象をその純粋性において、攪乱的な付随事情から免れた状態で考察するためには、全商業世界を一国とみなさなければならず、また資本主義的生産があらゆるところに確立されていて、産業の全部門を支配していることが前提されなければならない」[8]。世界市場において新たな欲求、必要、欲望が創出されるという問題は、あらゆる商品がその価値どおりに交換されるという前提によって排除される。明らかにマルクスは時間的発展力学を分離させて研究しようとした。そこで彼は、資本が一つの閉鎖空間に密封されたものと仮定し、この空間においてすべての商品がその価値どおりに交換されるとしたのである。折に触れて彼は、この制約から抜け出すこともある。たとえば彼は、工場制が登場したことによって、イギリス資本が帝国的侵略（インドでのそれ）や植民地拡大（オーストラリアでのそれ）をつうじて原材料や新市場を獲得せざるをえなくなったことを書きとめている。その結果、「主要な工業諸国の要求［ドイツ語全集版では「機械経営の主要所在地」］に対応する新たな国際分業」が生みだされた。つまり「地球の一部分」が、「工業中心の産業部面である他の部分に原料を提供するために、主として農業的な生産部面に」変えられてしまったのである[9]。

『資本論』第一巻の最終章は、やや意外なことに、植民地化というテーマを取りあげている。マルクスがヘーゲルの『法の哲学』の論述に刺激を受けたことは、ほぼ間違いない。この著書でヘーゲルが理解していたのは、資本の内的な（階級的）諸矛盾が、富の階級間分配にさいして耐えがたく持続不可能な格差を生じさせるという事態であった。マルクスは『資本論』第一巻の資本主義的蓄積の一般的法則を述べるさい、ほとんど同じ言葉を用いている。この類似が偶然ではないことは、ほぼ確かである。ヘーゲルの議論によれば、市民社会はその「内的弁証法」に駆り立てられて、「それ自身の限界を超えて市場を探し求めるのであり、したがって、その社会が過剰に生産した財が逆に不足しているか、あるいは産業が総じて遅れているかしている他所の土地に、自らの必要な生計手段を求める」ことになろう。植民地によって、その住民の一部は「新しい土地で家族的基盤にもとづく生活へと還帰」できるようになり、それと同時に「その〔市民社会の〕産業への新しい需要と領域」がつくりだされるであろう。要するに市民社会は、地理的拡張をつうじた外的転形を追求せざるをえないかもしれない。なぜなら、その「内的弁証法」が、内的解決の余地のない矛盾を生みだすからである。資本は、その内的諸矛盾にたいする「空間的回避《フィックス》」◆を永遠に探求しなければならない。▼10 ただし、地理的拡張が事態を安定させるとヘーゲルが考えたか否かは、はっきりしていない。

植民地主義についてのマルクスの章は、ヘーゲルの命題に二つのかたちで応えている。第一に彼は、エドワード・ギボン・ウェイクフィールド◆のオーストラリア入植計画（イギリス議会に出された提案）を取り

▼7　Harvey, D., 'On Countering the Marxian Myth – Chicago-style', in *Spaces of Capital: Towards a Critical Geography*, New York: Routledge, 2001, p. 76.

▼8　C1, p. 727／S. 607／七五七頁。

▼9　C1, pp. 579-580／S. 475／五八九頁。

◆空間的回避（フィックス）　ハーヴェイの用語。資本の過剰蓄積が一時的に解消される手法の一つ。金融化をつうじて過剰資本を長期投資に振り向けることが「危機の時間的置き換え」と言われるのにたいして、過剰資本を海外などの外的空間に投資することは「危機の空間的置き換え」ないし「空間的回避（フィックス）」と呼ばれる。

あげている。そこでは労働者が、植民地の無償の土地を入手することは禁じられるべきだと明記されていた。土地の私的所有と地代という障壁が、資本にとって搾取可能な賃金労働者の十分な供給を確保するために必要とされた。マルクスが嬉々として書いているように、こうして旧世界の政治経済学は、新世界に取り組むにあたって、長らく隠そうとしてきたその秘密を暴露せざるをえなくなった。すなわち、基本的な生産手段（特に土地）の利用機会が、労働者にたいしては否定されることによって、資本は生みだされるのである。[11] したがって第二に、資本の内的諸矛盾にたいする永続的な「外的」解決策あるいは「空間的回避《フィックス》」はどうやらありえないようである。植民地獲得と帝国主義的解決策を追い求めることは、結局のところ、資本の内的諸矛盾（特にその階級諸関係）を、より地理的に広範囲にわたって、そして究極的には世界的規模で再生産させるにすぎない。したがってマルクスは『資本論』では資本の内的諸矛盾に専念し、ヘーゲルの提起したような外的解決なるものには気にかけないようにすべきだと結論づけたようである。

　マルクスは、封建的残滓についての研究を自分の資本の理論には組み込まなかったのだが、それと同様に彼は、資本の内的諸矛盾にたいする空間的あるいは外的解決策についても、いかなる意義も帰してはいない。その当然のなりゆきとして、何年か経ってローザ・ルクセンブルク◆は、マルクスの理論的研究（とりわけ『資本論』第二巻で展開されたそれ）を批判したさい、市場の不均衡や資源制約にたいする外的解決なしに資本が存続できるはずがないと、声高に反論した。彼女の見解では、植民地主義と帝国主義は、資本の存続にとって必然であるとともに、その核心をなすものであった。[12]

　第三巻には商業資本を取り扱った諸章や、遠隔地貿易の資金調達に深くかかわる銀行業や金融業や信用制度を論じる諸章が設けられているが、そこに至ってようやく世界市場の空間構造はマルクスの分析の可変要因として再登場する。マルクスが、資本の内的諸矛盾と外的諸矛盾との線引きを維持しがたいものと認めるのは、商人資本、貨幣資本、利子生み資本の流通をつうじた実現と分配の文脈においてなのである。マルクスは、実現には問題がないとの前提を堅持することで、資本流通についての緻密に体系化された理論的把握を組み立てることができたのだが、ただしそれは、世界市場の創出過程についてはその現実主義に制約をかけるという代償を払ってのことであった。このような前提をおくことには誤りはない。しかし、その前提が緩められ放棄されると何が起こるのかと問う権利もわれわれにはあるのだ。

マルクスとエンゲルスが『共産党宣言』で予測したグローバリゼーションは、その実現に果てしのない時間がかかってきたし、また今でも実現したとは言いがたい。過去一世紀半にわたり膨大な量の資本が吸収されることで、実現問題にたいする空間的回避《フィックス》が追求され、こうして世界市場の全域にわたり最終消費も生産的消費も増大させられてきた。その最後の帰結は、おそらく資本の内的な階級的諸矛盾がますます大規模に繰り返されることでしかないのであろう（この二〇年にわたって、中国、インド、メキシコ、ロシアなどでの億万長者の激増がこれを証明している）。その一方で、この過程はそれが来たるまでに長い時間がか

▼10　Harvey, D., 'The Spatial Fix: Hegel, von Thünen and Marx', in *Spaces of Capital: Towards a Critical Geography*, New York: Routledge, 2001, pp. 284-311.〔ハーヴェイによる参照箇所は、ヘーゲル（藤野渉・赤沢正敏訳）『法の哲学Ⅱ』（原著一八二一年）、中公クラシックス、二〇〇一年、一九九〜二〇二、二〇四頁。なお、市民社会の「内的弁証法」という言葉はハーヴェイの依拠した英語版によるものであり、ヘーゲルのドイツ語原文では「それ自身の弁証法」となっている。〕

◆**エドワード・ギボン・ウェイクフィールド**　イギリスの著述家、経済学者、政治家（一七九六〜一八六二年）。植民地での土地供給の制限策を前提とする組織的植民論を提唱し、オーストラリア、ニュージーランドなどの植民地事業に関わった。

▼11　C1, chap. 33／Kap. 25／第二五章「近代植民理論」。

◆**ローザ・ルクセンブルク**　ポーランドに生まれドイツで活動したマルクス主義政治理論家、経済学者、革命家（一八七一〜一九一九年）。恐慌論においては過少消費説を重視し、その主著『資本蓄積論』において当時の資本蓄積と帝国主義の関係を分析した。第一次世界大戦勃発前後に、ドイツ社会民主党が労働者階級の国際連帯ではなくナショナリズムに引きずられていくことを批判し、戦争反対を主張。戦後、革命組織スパルタクス団を母体としてドイツ共産党を創設。一九一九年の一月蜂起にさいして、ドイツ国防軍や右派義勇軍との衝突のなかで虐殺される。

▼12　Luxemburg, R., *The Accumulation of Capital*, New York: Routledge, 1951〔ローザ・ルクセンブルク（小林勝訳）『資本蓄積論』（原著一九一三年）全三冊、御茶の水書房、二〇一一〜一七年〕。

かり、これとともに破壊的な地経学的、地政学的対立も引き起こされた。この惑星は、帝国主義国間の世界大戦に見舞われ、国家システムという領土化された諸構造のなかで、ありとあらゆる紛争に陥ってきた。それにもかかわらず、この最中《さなか》にあっても、「世界市場をつくりだそうとする傾向は、直接に、資本そのものの概念のうちに与えられている」というマルクスの命題の有効性は否定しがたいであろう。そのような諸過程を資本蓄積の一般理論に組み込もうとすることは、植民地主義や帝国主義や地理的不均等発展を研究する理論家たちの手に委ねられてきたのである。

マルクスは、植民地主義全般について、アイルランドやインドについて、また特にアメリカの奴隷制について書いているが、その著述は数も多く、情報も確かなものであった（『ニューヨーク・デイリー・トリビューン』紙の特派員◆にふさわしいものとなっている）。彼は、入植者による植民地主義の最前線にそって種々の対立が起きつつあることを理解していた。

植民地では、資本主義制度《レジーム》は、あらゆるところで生産者の抵抗と衝突する。この生産者は、自分自身の労働条件の所有者であり、自分の労働を用いて、資本家ではなく自分自身を豊かにする。この二つの正反対の経済制度の矛盾が、ここでは両者の闘争として実際に現われる。資本家の背後に本国の権力があるところでは、資本家は、生産者の独立した労働にもとづく生産・領有様式を、暴力でもって一掃しようとする。[13]

これが資本主義国家の重要な機能の一つであるということは、のちに一九一〇年代にアメリカ大統領であったウッドロウ・ウィルソン◆によってはっきりと裏づけられた。「貿易が国境を無視し、製造業者が世界を一つの市場とするよう主張する以上、国旗は彼らについていかなければならず、彼らに閉ざされた国々の門戸は打ち壊さなければならない[14]」。

『資本論』での時間研究の優先——単線的・循環的・螺旋的時間性

とはいえ疑いのないことだが、『資本論』においてマルクスは、空間よりも時間の研究を優先させている。価値は、世界市場における社会的必要労働時間であり、それは使用価値を生産する無数の具体的時計時間《クロック・タイム》とは対照をなす。剰余価値が一つの重要問題であるあいだは、必要労働時間と剰余労働時間とへの労働日の分割（そして絶対的剰余価値を増大させる労働日の長さ）は日常的な争いの種となる重大事である。というのも資本は、実にさまざまな逃げ口上を用いながら、できるだけ多くの超過労働時間を盗みとるからであり、しかもそれは職場の内外にわたって行なわれている。その目的を資本が果たすうえでより簡便なのは、工場と呼ばれる「恐怖の家」に労働者を監禁することだが、こうしたやり方は純粋に付随的なものでしかない。

マシミリアーノ・トンバとスタヴロス・トンバーゾスとが近年それぞれ著した二冊の本や、さらにはダニエル・ベンサイドによる啓発的な試論は、マルクスの著作において「時間」概念がどのような役回りを果たしているかを詳論している。[15] 彼らの一致した見解によれば、『資本論』第一巻における時間性は単線的で前進的であり、それは不断の技術変化と終わりなき資本蓄積の研究に相応する。第二巻における時間は循環的であり、これは、価値増殖から実現と分配とを経て再び価値増殖に戻るという、資本の再生産の

◆『ニューヨーク・デイリー・トリビューン』紙の特派員　マルクスは一八五一年から一八六二年にかけて同紙に論説と記事を寄稿した。植民地問題に関する論評の多くは、この仕事との関連で書かれている。

▼13　CI, p. 931／S. 792-793／九九七〜九九八頁。

◆ウッドロウ・ウィルソン　アメリカの政治学者、政治家（一八五六〜一九二四年）。民主党に推されて第二八代アメリカ大統領を務めた（任期一九一三〜一九二一年）。第一次世界大戦後、国際連盟設立を主導し、一九一九年ノーベル平和賞を受賞。

▼14　引用は次の文献による。Chomsky, N., *On Power and Ideology*, Boston: South End Press, 1987, p. 14.

研究に妥当する。第三巻の時間性は「有機的」だと言われるが、それが意味するところはあまり明確ではない。ただし、全面的な進化的変化にある一つの総体性として資本を理解するうえでは適当な言葉だということである。もし第三巻が、前の二巻の認識の総合だとみなされるのなら、その独特な時間性は螺旋《スパイラル》の時間性であるべきであろう。これは、『経済学批判要綱』でマルクス自身が単純再生産の循環《サークル》＝円環と対比して一度ならず用いている幾何学的図形である。「資本は、その循環を描くことによって循環の主体としての自己を拡大するのであり、したがって自己拡大する循環を、つまりは螺旋を描くのである」[16]。螺旋は、単線的な技術変化（労働生産性の恒常的増大として銘記されるそれ）と、永続的蓄積にかかわる循環運動とを組みあわせたものにほぼ相当しており、それがマルクスの利潤率低下傾向の理論を構成する。円環から螺旋への転換は、資本の多くの問題が始まる局面である。だからこそ「制御不能《スパイラリング・アウト・オブ・コントロール》」という言い回しには説得力があるのだ。

時間と空間の概念の多様性と資本の論理

人間社会における空間と時間については二つの基本的な考え方がある。それについて詳しく述べるために、私は複雑な領域にあえて挑みたいのだが、これは理解しがたいものであるかもしれない。しかし私の考えでは、こうした試みは不可欠である[17]。

一つ目の考え方はこうだ。われわれは、何かしら普遍的で固定的な時間的、空間的枠組みを前提としており、この枠組みを利用することによって、その内部に活動を位置づけ、順序づけ、測定する。これは、ユークリッド幾何学を基礎にしたデカルトとニュートンの時計時間《クロック・タイム》と計測空間がもたらす考え方である。これは資本主義国家にとっても、官僚行政にとっても、法律や所有権や資本主義的計算にとっても、都合のよい空間と時間である。この空間と時間とが支配的になったいきさつは、経済史家や文化史家によってかなり取りあげられたお話である。この枠組みのなかにあっては、私的所有権と領土的主権が（地図でもって）規定でき、また一日八時間労働契約や三〇年住宅ローン契約のような社会契約も規定できる。資本、労働、貨幣、商品の運動は、そのすべてが適切な時間に適切な場所にあるように調整されうる（ジャスト・イン・タイム型生産システムでのごとく、である）。このような枠組みがなければ、自由主義的な政治的、商業的秩序は機能できないであろう。社会学者のゲオルク・ジンメルは次のように書いた。「もしベルリンのすべての時計がばらばらに一時間でも狂ったら、その経済的、商業的全世界はしばらく機能不全に陥るであろう」[18]。

これにたいして二つ目の考え方ではこうなる。われわれは、時間と空間が概念化され体験される多様なあり方があることを受け入れ、あらゆる過程がそれ自体の時空間性を内部化させることを認めるのである。そして、さまざまな対立や矛盾や混乱に辛抱強く対応するのだが、こうしたことが現象として生じるのは、その時々の状況下で異なる時空間世界が衝突しあうことに由来する。オークの木は成長するにつれて、一定の空間‐時間を〔年輪として〕内部化させる。その〔空間‐時間の〕示し方は、トウモロコシの成長が示すものとはまったく異なっている。渡り鳥の時空間は、構造プレートの地質学的運動の時空間

▼15　Tomba, M., *Marx's Temporalities*, Chicago: Haymarket, 2014; Tombazos, S., *Time in Marx: The Categories of Time in Marx's Capital*, Chicago: Haymarket, 2015; Bensaid, D., *Marx for Our Times: Adventures and Misadventures of a Critique*, London: Verso, 2009［ダニエル・ベンサイド（佐々木力監訳）『時ならぬマルクス――批判的冒険の偉大さと逆境（十九―二十世紀）』（原著一九九五年）、未來社、二〇一五年］

▼16　Gr, p. 746／S. 620／②五五四頁。

▼17　以下は、次の拙論を主たる典拠としている。Harvey, D., 'Space as a Key Word', in *Spaces of Global Capitalism: Towards a Theory of Uneven Geographical Development*, London: Verso, 2006, pp.119-148［デヴィッド・ハーヴェイ（本橋哲也訳）「空間というキーワード」、『ネオリベラリズムとは何か』、青土社、二〇〇七年、一五〇～一八九頁］。

▼18　Simmel, G., 'The Metropolis and Mental Life', in Levine, D. (ed.), *On Individuality and Social Forms*, Chicago: University of Chicago Press, 1971, p.328［ゲオルク・ジンメル（居安正訳）「大都市と精神生活」（原著一九〇三年）、『ジンメル著作集12――橋と扉』、白水社、一九七六年、二七三頁］。

や、放射性崩壊の確率論的時空間とはまったく違う。工場労働の空間－時間は、家族向け番組時間帯《ファミリー・アワー》、育児、労働力再生産といった空間－時間と衝突する。児童労働の普遍的禁止は、子ども時代の終わる時期についての異なる社会における異なる定義に直面せざるをえない。マルクスが記したように、資本主義の人類学は、子ども時代が終わる年齢を一〇歳だと規定したのだ！　賃金労働力の形成に必要なのは、強制や暴力をつうじてでなければ植えつけられないような時間的、空間的規律制度に労働者が服従するということである。石油のような天然資源の最適開発率は、地質学的な時間の観点からはきわめて違ったものに見えるし、それは割引率◆によって規定される経済学的時間性と対立する。後者にもとづく計算は、地球温暖化への対処に必要な時間と空間の概念化とまったく食い違っている。時間と空間の文化的、宗教的解釈の多様性は数多く研究され論評されてきた。終末は近いと宣告する黙示録的展望は、未来における共産主義や約束の地への到達を不可避だと宣告する進歩主義的目的論とは好対照をなしている。さまざまな先住民族の宇宙論は、宇宙という時空間の起源についての近代科学的な説明とは根本的に異なっている。初期キリスト教世界から後期封建制までの時間と空間の概念化は、資本主義の勃興とともに登場したものとは大きく違う。現代の科学的理解でさえ曖昧だ。空間と時間についての物理学における見解は、ニュートン主義から始まって、アインシュタインの相対性原理を経て、ニールス・ボーアの量子論に示唆された関係的空間－時間へと展開した。

　こうした多様性のなかから、空間と時間の一つの概念化――たとえば地籍図のもととなるユークリッド空間や時計時間《クロック・タイム》――が日常的な経済生活を支配するものになるかもしれない。そうならなければ、ジンメルが指摘したように、何事も調整できず計画できず規制できなくなるであろう。バス、鉄道、航空便の時刻表のような単純なものですら示せないであろう。通信と交易を促進するためには、異なる空間のさまざまな現地時間が、標準時間帯《タイムゾーン》についての国際協定に従わせられなければならなかった。[19] 資本流通と資本蓄積もまた空間と時間のさまざまな定義を形成しなおしてきた。現代の金融市場における時空間は、一八四八年に存在したものとは完全に異なっている。資本は明らかに革命的な力であることから、日常生活の、経済計算の、官僚行政の、そして金融取引の空間的、時間的枠組みを変化させてきた。回転期間の加速、就業者のライフコースにおける雇用不安、距離の摩擦の削減は、資本蓄積のリズムとともに生活様式をも変えてきた。時々刻々が利得の要素であるかもしれないが、その一方で、実際の時間よりも労働強度のほうが、異なる時間性を全面的に規定するようになる。未来の時間は、信用における反価値という形態をとって、今やかつてない規模で現在の時間を支配している。はるか以前に契約した債務の返済のために、困難で往々にして退屈な仕事に従事する人々の数は、今やどれほどのものとなっているのか？

　こうしたなかで有益なのは、時間と空間を異なった三つの主要概念に区別することである。これが、いくぶん問題を複雑にさせるところでもある。

（一）絶対的な空間と時間

　一区画の土地が二一年間賃貸される。この区画は、私的所有権を定めた法律によって守られる地籍図のうえで明確に定められる。そこでこの面積がわかるので、一平方メートル当たりの賃貸費用も計算できる。賃貸期間は二〇〇〇年一月一日に始まり、二〇二〇年一二月三一日に終了する。特約条項や制約事項がないかぎり、賃借人はその区画で好きなことを、暦時間で二一年のあいだは行なうことができる。これが絶対的時間と絶対的空間そのものである。これは、資本が絶対的な法的統制力をふるう工場という閉鎖空間のなかにあって、そこに労働者が閉じ込められる労働日の時間である（それは一時間《アワー》という単位で測ら

◆**割引率**　有価証券などの将来の資産価値を、現在の価値に換算するさいに用いる率。実際の割引率は、長期国債など安全性の高い長期債券の利回りを基準としており、これに信用力に応じて上乗せした金利を加えることで算定される。

▼19　Kern, S., *The Culture of Time and Space, 1880-1918*, London: Weidenfeld and Nicolson, 1983［スティーヴン・カーン（浅野敏夫訳）『時間の文化史――時間と空間の文化　一八八〇―一九一八年　上巻』、法政大学出版局、一九九三年／同（浅野敏夫訳・久郷丈夫訳）『空間の文化史――時間と空間の文化　一八八〇―一九一八年　下巻』、法政大学出版局、一九九三年］。

れる)。空間と時間の絶対的概念が優位を占めるのは、『資本論』第一巻の冒頭においてであり、また特に絶対的剰余価値生産と労働日にかんする章においてである。マルクスが「具体的労働」と呼ぶものは、絶対的な空間と時間のなかで行なわれる。ベンサイドはこう書いている。「物理学の荒涼たる空間と時間が今や、自然ならびに経済についてのあらゆる知識の形式的諸条件を表現」し、「仮象と世俗にたいして絶対と真実の意気揚々たる連合を神聖視」している、と。[20]

(二) 相対的な空間－時間

相対的な空間－時間における位置は、一区画の土地という絶対的空間にたいして、その賃貸期間という絶対的時間のあいだに何ができるかを左右する。〔先の例の〕賃借人は収入を最大化させたがる。だが労働者があまりいなかったり、その区画が主要都市の市場から遠すぎて、しかもそこにたどり着くには、でこぼこ道を荷馬車で越えたりするしかない以上、賃借人は新鮮な果物と野菜は育てられない。もし一〇年後に、その近くに自動車道路が建設されたら、多くの労働者がその地域に住むようになり、保冷車のおかげで、賃借人は穀物生産から、より儲けのあがる新鮮な果物と野菜の生産に切り替えることができる。市場まで以前はほぼ一日かかっていたところが、一時間以内に行けれるようになる。しかし、果物の木が実をつけるまでに八年かかるため、〔二一年という〕賃貸期間の条件では、果物の木を植えるのは合理的ではないであろう。言い換えると、合理的となるには、その賃貸契約が再交渉されるか、別の法的解決がなされるかして、桃の木の成長の時間性に合わせることが可能とならなければならない。このすべてが相対的な空間－時間を前提とする。『資本論』〔第一巻〕の相対的剰余価値は相対的時間の枠組みのなかにある。その尺度は、もはや労働者の時間ではなく、労働生産性や労働強度の変化である。いまだに――マルクスの説明において――生産の空間的場としての工場という絶対的空間が前提にあるにしても、こう言えるのである。労働力価値(賃金)の国民的相違を扱う章◆になってはじめて、われわれは相対的空間の可能性にも直面する。しかし第二巻になると、さまざまな投入要素や市場との距離の違い、あるいは運輸費の相違といった問題が分析に組み込まれることになる。

（三）関係的な空間－時間

関係的な空間－時間は、さらに理解しづらい。なぜなら、それは価値と同じように非物質的で、触れることも測ることもできないにもかかわらず、決定的に客観的な重要性をもっているからだ。[21] 自宅を改築したときの家屋の貨幣価値の変化は、周りの家屋の貨幣価値にも影響を与える。この影響の空間的範囲は距離に応じて急激に減衰する。このようにして鑑定士は、住宅ローンの申し込みにたいして住宅価値を評価するのである。ある銀行が住宅ローン証券の一部に投資する。その投資は銀行の帳簿上、どのように価値評価されるのであろうか？　われわれは、絶対的な空間と時間において各不動産を調べることもできるし、相対的な空間－時間における各家屋の位置を査定することもできる。だが結局のところ、その価値評価は、関係的な空間－時間のなかの「価値評価の成功事例《ベスト・プラクティス》」にもとづくのであって、それは最高で最善の使用法という考え方を中心に打ちたてられている。市場が（二〇〇八年に起こったように）崩壊してしまったために、〔市場での〕「時価評価」と呼ばれる価値評価のお得意の手法が算出できなくなると、ある金融機関の帳簿上、どのように住宅ローン価値は査定されるのか？　その答えは、情報にもとづく推測というものである。[22] さまざまな関係的価値が市場心理や自信、期待、予測と並行して変化する。アメリカ連邦準備制度理事会が突然、金利を変えたり、イギリスがヨーロッパ連合から脱退したりすれば、世界の多くの地域の資産価値が影響を被るのは確実であろう。われわれは、その周囲を飛び交って影響を与える物質は微塵も識

▼20　Bensaid, *Marx for Our Times*, p. 73〔前掲ベンサイド『時ならぬマルクス』、一二〇頁〕。
◆労働力価値（賃金）の……　C1, chap. 22／Kap. 20／第二〇章「労賃の国民的相違」。
▼21　Whitehead, A., 'La Théorie Relationniste de l'Espace', *Revue de Métaphysique et de Morale*, 23 (3) (1916): 423-454.
▼22　McDonald, O., *Lehman Brothers: A Crisis of Value*, Manchester: Manchester University Press, 2016.

別できないのだが、その客観的影響は明らかである。政治的闘争の領域にも同じことが当てはまる。アラブの春の影響を受けてトルコのゲジ公園◆で抗議活動が起こると、これが二、三週間後にはブラジルに影響して、都市生活条件の悪化にたいする政治的抵抗を示す大規模デモが展開される。ソーシャルメディア上の熱弁のうねりによって今日引きこされる伝染効果は、いたる所ではっきりと目についている。ラテンアメリカでは左翼政権があいついで確立するが、その数十年後には、この波全体が引いているように思われる。

このように時間と空間との関係を三重に分類することは、次のような興味深い一致点を提示する。

絶対的な空間と時間は、具体的労働の空間と時間であり、労働日の空間と時間であり、工場の空間と時間であり、そして労働日の長さをめぐる闘争をつうじた絶対的剰余価値の空間と時間である。相対的な空間‐時間は、相対的剰余価値の空間と時間、すなわち労働日〔の内実〕をさまざまに流動化させるような可変的な労働生産性や労働強度の空間と時間であり、労働力の価値変化に関わる空間と時間である。相対的な位置、つまり輸送機関の利用のしやすさ、運送方式や運輸費や運送時間が重要になる。関係的な空間‐時間が検知されるのは、「具体的労働が、世界市場を包括する労働諸様式の総体性に発展するにつれて」抽象的労働が発展するからである。抽象的労働は、関係的な空間‐時間のなかにある具体的諸労働の総体性である。より局所的な次元では、空間にたいする外部効果が、たとえば未耕地の価値評価にさいして重要な役割を果たすことになる。

『資本論』は、資本の論理全体のなかに、これら三つの形態の時空間性を同時に組み込んでいる。ベンサイドは、それを次のように言い表わす。

『資本論』第一巻では、資本の二律背反（使用価値と交換価値、具体的労働と抽象的労働）が商品にできた割れ目から湧き出ている。使用価値と交換価値との統一は、時間性の葛藤を表わしている。抽象的ないし一般的労働の時間は、具体的ないし個別的労働によってはじめて存在する。これらの二つの時間の関連のなかにおかれている価値は、社会的時間の抽象化としてその姿を現わすのである。そのかわりに時間は、それ自体が測られねばならない尺度として定着する。社会的必要労働時間を規定することは、資本の運動全体を参照することになる。

この理由から「時間のカテゴリーは〈マルクスの〉政治経済学批判の中心にある」。ただし時間にたいする異なる見方が、マルクスの論理的思考のなかに共存する。「機械的な生産時間、化学的な流通時間、有機的な再生産時間は、こうして、円環のなかの円環のように互いに巻きつきあい、絡みあって、政治の時間という歴史的時間の謎めいた模様を定めるのである」[23]。

資本の回転「時間」と固定資本の「空間」

『資本論』第二巻では循環的な時間的枠組みが採用されたが、資本流通の研究に必要な空間－時間の枠組みがさほど深く精査されているというわけではない。第二巻において技術や組織形態は不変だとされ、第一巻の特色である前進的な発展力学は、その分析から消失する。マルクスはその努力のほとんどを、永続的な資本蓄積という螺旋的形態（悪無限〔bad infinity〕◆）ではなく、単純再生産（真無限〔virtuous infinity〕◆）という循環形態）の分析に傾けている。この前提によってマルクスは、途絶のないかたちで、異なる資本

◆ゲジ公園　二〇一三年のトルコ・イスタンブールの抗議活動の中心となったタクシム広場に隣接する公園。

▼23　Bensaid, D., *Marx for Our Time*, pp. 75, 77［前掲ベンサイド『時ならぬマルクス』、一二四、一二六～一二七頁］。

形態をとる特異な運動の諸側面をより緻密に検討できるようになる。彼が焦点を当てたのは異なる回転期間——さまざまな資本が、貨幣形態から価値増殖、実現、分配を経て、再び貨幣形態に復帰するのにかかる相対的時間——である。マルクスは流通過程全体を、生産期間と流通期間とに分類する。前者は価値生産の観点から定義され、後者はその否定だとされる。そのうえで彼は、生産期間——多くの場合、労働が用いられていない時間も含んだ期間——と、それと対比される労働期間——生産にさいして労働者が必要とする実際の時間——との関係について検討する。たとえば農業では、ほとんどの穀物の生産期間が一年であるのにたいし、労働が用いられる労働期間はたいてい非常に短くなることがある。ワインやリキュールでは、労働が用いられない発酵時間が長期にわたる。年代物のワインは、まずは樽のなかで、次には瓶のなかで熟成する。これは社会的必要労働時間に含まれるのか？　マルクスが言うには、たとえ熟成によってワインの価格が上がるとしても、その答えは否である。ただしワインは通常、独占価格で取引されるため、社会的必要労働時間を定める競争の一般的法則の外にある。異なる回転期間、生産期間、流通期間の関係をいかに調整すべきかは、資本の流通全体に多くの問題を引き起こす。家屋の建築、クルーズ船の建造、携帯電話やハンバーガーの製造、あるいは音楽演奏会の公演は、それぞれまったく異質な時空間的枠組みをともなっており、その各々の枠組みの内部で資本と労働が機能している。

このことを受けて、われわれは固定資本の流通をどう理解すべきかという悩ましい問題に向かうことになる。物質的な転移が何も起こらないなかで、機械の価値は、生産された商品にどう移転されるのか？　何らかの社会的な会計公準が考案されなければならない。そして社会的公準は常に物議をかもすものであり、変容を被るものでもある。より一般的に言えば、固定資本の形成と使用とをつうじて、どのように価値は流れるのであろうか？　資本の流通と再生産には長期間存続するような大規模な物的インフラや建造環境が必要とされるのだが、これらの建設をつうじて、どのように価値は流れるのであろうか？　これらの問題は、われわれの出発点となった資本の視覚化には組み込まれえなかった。だが、それは重要である。ニューヨークの地平線を眺めて、その光景を長期間維持するために必要とされるさまざまな流れを考えてみよう。最も重要な流れは、債務の支払い（反価値）と諸収入（価値の創出や領有）といった形態をとって、それらの建築物全体を駆けめぐっている価値の流れである。以前に論じたように、価値の流れは非物質的だが客観的だ。それは裸眼では見えない。しかしデトロイトやハバナに行って、価値の流れが止まると建造環境に何が起こるのかを見てほしい。万人が目の当たりにするのは、遺棄された都市景観である。

固定資本の流通についての研究は二つの理由から重要である。第一に、マルクスの批判者は、固定資本が価値論を破綻させ、彼の政治経済学を掘り崩すと論じている。マルクスが認めたように、固定資本の流通は「リカードゥの価値論とは〈……〉矛盾している」[24]。しかし、マルクスの価値論はリカードゥのそれとは異なるのであり、マルクス批判者は概して、このことに気づいていない。それでもマルクスの理論が、固定資本の形成と流通という独特な問題に対応するために、その修正を求められる可能性はある。第二に――そして実際問題としてははるかに重要なことだが――近年の資本の恐慌（なかでも注目すべきものとして二〇〇七～〇八年に発生したそれ）は建造環境にたいする投資活動の内外で発生してきた。こうなる恐れがある根拠を理解するうえで、固定資本の流通と建造環境形成についてのマルクスの分析がその基盤を据え

◆悪無限（bad infinity）　ヘーゲル哲学の用語。ヘーゲルによれば、「悪無限（schlechte Unendlichkeit）」は、単に有限なものの否定として限界のないものを意味している。ヘーゲル（松村一人訳）『小論理学』（原著一八一七年）上巻、岩波文庫、一九七八年、二八六頁参照。

◆真無限（virtuous infinity）　ヘーゲル哲学の用語。「悪無限」にたいして「真無限（wahrhafte Unendlichkeit）」は、あるものが他のものへと移行することで、他者のうちで自分自身と関連しあうことである。それは質的に無限に高まることで、そのものの本来あるべき姿に無限に接近していくことを指し、発展する全体者のことを意味している。ヘーゲル（松村一人訳）『小論理学』（原著一八一七年）上巻、岩波文庫、一九七八年、二八九～二九二頁参照。ただし、「真無限」の英訳としては通常「true infinity」が使われるが、ハーヴェイは本書で「virtuous infinity」と書いている。これは「virtuous」が「善い」という意味であることから「悪無限」の対義語であることを強調したいのと、後述する経済の「好循環（virtuous cycle）」と重ねあわせてこの言葉を位置づけるため、「virtuous infinity」があえて使用されたものと解される。本書二四一頁も参照。

▼24　C2, p. 301／S. 226／二七四頁。

ることができるとすれば、それはどのようにしてなのか[25]？

まず固定資本の最も単純な形態から始めよう。産業資本家は、雇用した労働者の生産性を高めるために機械を購入する。もしその機械が最先端のものであるなら、この産業資本家は、自分の雇用労働力の卓越した生産性ゆえに特別剰余価値を獲得する。その他の資本家全員がそれと同じ機械を購入すると、この相対的剰余価値のつかの間の形態は消滅する。その機械を得るために投資された価値は、その耐用期間のうちに回収されなければならない。この価値は、どのように流通していくのか？　最も単純な方法は定額減価償却を用いることである。もし機械の物理的耐用年限が一〇年なら、毎年、機械の価値の一〇分の一が、生産された商品価値に移っていく。この一〇年が過ぎた時点で生産者は、新たな機械を買いなおして、この過程をもう一度始められるだけの十分な貨幣を手にするはずである。

しかし、より安くて効率的な新しい機械は、いつでも市場に出まわるものだし、とりわけ技術革新《イノベーション》がビジネスになってしまうと、なおさらそうなる。それゆえ既存の機械は、マルクスが古風な言い回しで「道徳的減価◆」〔moral depreciation〕と呼ぶものの脅威に直面し、より安くて効率的な機械からしかけられる競争をつうじた減価と対峙する。更新するための価値は、減価された当初の価値とは一致しない。機械の耐用期間はもはや物理的問題ではなくなる。なぜなら、もっと優れた新しい機械が既存の機械を早期の使用中止に追い込むかもしれないからだ。

このことから固定資本の流通の見方には三つの選択肢がある。第一に、すでに述べたことだが、平均的な物理的耐用期間での定額減価償却である。第二に、機械の物理的耐用期間中における更新費用の変動である。第三に、可変的耐用期間のあいだでの機械の価値評価の不断の変動であり、この耐用期間は、他の生産者との競争のなかで特別剰余価値〔原著では「相対的剰余価値」〕を確保できるかどうかという、その機械の有用性に左右される。機械の耐用期間はその有用性と経済的生存能力とに依存する。機械の価値評価がその剰余価値を生む有効性に依拠することを、マルクスは認めている。そのような減価償却計画を受け入れる会計上の擬制は、結合生産物◆でのそれだ。マルクスは、これを自分自身の価値論の問題として述べていた。羊は、羊毛と肉と乳を生産するが、それぞれの商品への価値の割り当ては明確ではない。固定資本の場合には、会計上の擬制はこれと似ている。つまり資本家は毎年、商品を生産するが、その各年度末には残存した物的機械も「生産」するのであり、その価値は中古品市場で実現されるか、次の年の商品生産で移転されるか、そのいずれかとなりうる。これはリカードウの労働価値説とは相いれない。というのも機械の価値が、価値生産と剰余価値生産にさいしての機械の有用性に全面的に依存することになり、機械に体化された当初の労働とは無関係になるからである。

この三つ目の解釈は最も興味深い。産業資本家が一年契約で機械をリース〔機械設備等の賃貸借取引〕で借りる場合であれば、理解しやすいであろう。産業資本家は毎年、古い機械のリース契約を更新するか、新しい機械を借りるかを選択する。その決定は、リースによる差額原価〔将来変化する生産物単位当たり費用〕、生産性にたいする新旧機械の寄与の違い、そしてその他さまざまな昔の要因（たとえば修繕修理のサービス契約）によって左右されるであろう。毎年のリース契約は、その年の機械の価値を決める。その価値は翌年には完全に異なっているかもしれない。機械の関係的価値は永遠にうつろいつづける。

利子生み資本の流通と固定資本形成との連関

しかし、このように整理してみると何かしら独特なところがある。機械をリースで貸す会社は、貨幣という流動的形態ではなく、機械という固定的形態で生産者に資本を貸しだす。その対価として彼らは、機

▼25　私の論拠のさらに詳細な説明は次の拙著にある。Harvey, D., *The Limits to Capital*, Oxford: Basil Blackwell, 1982, chap. 8［デイヴィド・ハーヴェイ（松石勝彦・水岡不二雄訳）『空間編成の経済理論——資本の限界』下巻、大明堂、一九九〇年、第八章］。

◆道徳的減価　C1, p. 528／S. 426／五二八頁。ドイツ語全集版では「道徳的摩耗」。

◆結合生産物　一つの生産過程から生産される複数の異なる生産物。

械の元本返済にたいする何回かの分割金に上乗せするかたちで、機械の価値にたいする利子に相当する金額を期待する。この事実は、固定資本の流通が一般的にその資金を調達するやり方とも合致する。生産者〔本人〕が機械購入のために価値を投資するのであれば、この同じ生産者は、機械の耐用期間のあいだは毎年毎年、更新用機械を購入できるに足るだけの貨幣を積み立てなくてはならないであろう。資本家はそのための貯蓄金をため込むか、金融機関に預金するかだが、後者の場合、待っているあいだにも利息を稼ぐことになる。あるいは、これとは別に資本家は、最初に貨幣（またはリースの場合には機械）を借りて、その耐用期間のあいだに借りた分の価値を完済することもできるのだが、そのさいには利子を付けて返すことになる。

いずれの場合でも利子生み資本の流通が関与する。設備については購入するよりもリースで借りるほうが、きわめてありふれた慣行になっているのだが、この場合についても同じことが言える。利子生み資本の流通と、固定資本の使用をつうじた価値の流通は、密接に絡みあうようになる。

残念ながら、『資本論』第二巻におけるマルクスの前提は、技術変化も、利子生み資本の流通も排除している。そうすることで彼は固定資本について論じるさい、これらの問題へと議論が拡散するのを避けることができた。この前提によって彼は、回転期間の役割をはるかに綿密に考察しえたのであり、需要と供給の流れが均衡しつづけるとすれば満たされなければならないはずの諸条件についても念入りに検討できたのである。しかし、それは固定資本の流通問題については十全で的確な考察を阻むものとなる。悲しいかな、第二巻におけるこのテーマにかんする章は、あまり参考にはならない。『経済学批判要綱』で示された研究のやり方のほうが、はるかに生き生きとしており、たとえ思索途上のものだとしても有意義であるかもしれない。

マルクスは次のように書いている。

自然は機械をつくりださないし、機関車、鉄道、電信、ミュール自動精紡機、等々をつくりださない。それらは人間の勤労の産物である。すなわち自然の材料が、自然を支配する人間の意志の器官に〈……〉転化されたものである。それらは、人間の手によって創造された人間の頭脳の器官であり、対象化された知の力である。▼26

これらの生産力は、それが体化している技能や知識とともに、資本家に領有されなければならず、資本家の要求に応じて形づくられなければならず、さらなる資本蓄積の梃子《レバー》として動員されなければならない。

労働手段が機械に発展することは、〈……〉偶然的〈……〉ではなく、むしろ、伝来の労働手段を資本にふさわしい姿へと歴史的につくり変えていくことである。知識と技能の蓄積〈……〉は、こうして資本に吸収されて、労働に対立するものとなり、したがって資本の属性として、さらに明確に言えば〈……〉固定資本の属性として現われる。▼27

したがって機械だけでなく、そこに組み込まれる知識や人間性の無償の贈与も固定される。だが固定資本の流通が十分に実効あるものとなるには、いくつかの前提条件が存在しなければならない。

生産のうち固定資本の生産に向けられた部分は、個人的享楽のための直接的対象を〈……〉生産しない。〈……〉したがって、〔生産期間のうち〕ますます増大する部分を生産手段の生産に用いることができるのは、生産性のある一定水準に達している場合のみ〈……〉である。このことの一部をなすのは、社会が待機できるということ、すなわち、すでに創造された富の大きな部分を、直接的消費か

▼26　Gr, p. 706／S. 582／②四九二頁。
▼27　Gr, p. 694／S. 573／②四七七頁。

らも、そのための生産からも引き揚げて、その部分を直接的には生産的でない労働のために〈……〉充用することができる、ということである。このことは、すでに達成◆された高度な水準の生産性と相対的過剰富裕とを必要とするし、そのような高度な水準は、流動資本の固定資本への転化に正比例する。〈……〉過剰人口（この観点から見たそれ）と剰余生産は、そのための条件である。▼28

前述したように、資本は過剰人口（産業予備軍）と剰余生産物（実現の問題に直面している諸商品）を生みだす傾向にある。したがって資本は、固定資本形成につながる諸条件を系統的に生みだしていく。固定資本の規模が大きくなるほど、より多くの過剰労働力と過剰資本とが吸収され、「したがって、鉄道、運河、水道、電信等を建設するためには〈……〉機械装置をつくるよりも多く▼29」のものが吸収されうる。しかしこうなるには、資本が集められて、貨幣権力が集積しなければならない。株式会社が登場し、金融部門組織が集中的貨幣資本による巨大複合企業《コングロマリット》と化す以前は、大規模な投資活動は国家機構をつうじてなされる傾向にあった。現代では、複数の民間銀行による共同事業体《コンソーシアム》や官民連携事業《パートナーシップ》のほうが好まれている。とはいえ、利子生み資本の流通を組織する機関（たとえば年金基金）と固定資本の形成との内的連関は、時とともに強化され複雑化の一途をたどっている。

この傾向がさらにはっきりしてくるのは、ある特殊な固定資本が考えられる場合である。固定資本のなかでも重要性が増しているのは、「自立的種類」のものだ。共同で使用される物的インフラ（その一部には公共財としての性格がある）は、資本主義的な発展形態にとっても使用価値として不可欠である。こうしたインフラの多く（住宅、学校、病院、ショッピングモールなど）は生産目的よりも消費目的で使用されるが、それ以外の鉄道や高速道路などはいずれの目的にも等しく使われうる。マルクスは、生産用固定資本への投資と、消費元本にたいする投資との関係を簡潔に考察している。一見して明らかだが、現在の先進資本主義世界では、消費元本にたいする投資活動がきわめて重要である。

マルクスはまた固定資本と不動資本（たとえば炭鉱）とを混同しないよう力説する。ただし、この不動資本もそれとして考察すべき非常に重要なカテゴリーである。

労働手段の一部は、労働手段として生産過程に入るとき〈……〉場所的に固定される。たとえば機械がそうである。しかし他の労働手段は、はじめからこのような固定的な形態で、つまり特定の場所に拘束されたかたちで生産される。たとえば土地改良や工場建設や熔鉱炉や運河や鉄道などがそうである。〈……〉とはいえ、労働手段が場所的に固定されており、その根をしっかりと大地におろしているという事情は、固定資本のこの部分に国民経済における一つの独特な役割を与える。それは外国に送りだすことはできないし、商品として世界市場で流通させることもできない。〔しかし〕この固定資本の所有権を変更することは十分可能であるし、それを売買することもできる。この点からすれば、この固定資本は観念的に流通することができる。しかも、この所有権は、たとえば証券という形態で、外国市場で流通することとさえ可能である。しかし、この種の固定資本の所有者である人物が交替するからといって、ある一国に存在する富のうち、物質的に固定された不動的な部分と可動的な部分との割合は変わらないのである。[30]

われわれは南アフリカのどこかの町の水道会社の株式を、世界中のどこの市場でも取引できるのだが、水道設備は動かすことができない。地理的可動性に対立する地理的固定性は、不動的な固定資本を中心とする重大な緊張関係に転化する。実際のところ地理的固定性は、生産された空間なのである。

◆流動資本　一回の生産期間で全価値が生産物に移転する生産資本のこと。原料、補助材料など。固定資本の対義語。

▼28　Gr, p. 707／S. 583／②四九二～四九三頁。
▼29　Gr, p. 707／S. 583／②四九三頁。
▼30　C2, p. 242／S. 163／一九八～一九九頁。

反価値と資本の時空間

　こうしたことのなかに長期にわたって影響をおよぼすような深刻な矛盾が存在する。利子生み資本の流通をつうじて広められた反価値という「暗黒物質《ダークマター》」◆は、未来の価値生産にさいしてその債務の返済という致命的代償を要求する。したがって未来の価値生産は絶えず増大することによって、複利的に増えていく利子の支払負担をまかなわなければならない。「固定資本の発展する規模が大きくなればなるほど、生産過程の連続性が〈……〉資本にもとづく生産様式にとっての外的強制条件に転化する」[31]。資本家が固定資本を購入するか借りるかすると、彼らはその価値が回収されるか減価に直面するまで、それを使用せざるをえない。固定資本は「あとに続く年々の生産を確保して〈……〉対抗価値としての未来の労働を見込む」◆のであり、したがって未来での使用にたいして強制力を行使する。この強制力は所定の場所に作用する。土地に埋め込まれた不動の固定資本は、その耐用期間が経過するにつれてその価値が回収されていくとすれば、その元の場所で使われざるをえない。

　ここに一つの逆説がある。資本の空間的可動性一般を解き放つために物的インフラが適当な場所に配置されるのだが、こうしたインフラとなる資本形態は、結局のところ、固定資本に規定された空間に資本が流れ込むよう迫ることになる。さもなければ固定資本価値は減価させられることになり、そうなると、そこに資金を出した利子生み資本（たとえば年金基金）は深刻な影響を被るであろう。これが資本の恐慌傾向が顕在化する有力な経路の一つなのである[32]。

　マルクスの見解では、利子生み資本の流れにたいする統治機関を成長させ高度化させるのに不可欠な物質的基盤を形成したのは、さまざまな種類の固定資本にたいする需要であり、また社会の再生産と日常生活の必要に適切な消費元本の創出要求から生まれてくる需要であった。

労働の未来の果実の先取りは〈……〉信用制度の発明ではない。その根源は、固定資本の特有な価値実現様式にあり、その回転様式にあり、その再生産様式にある。[33]

もう一つの重大な基盤は、遠隔地貿易の成長とそれにたいする資金調達にある。価値流通の空間と時間とから引きだされる諸考察が、さらなる資本蓄積を強いる主因としての利子生み資本の流通に収斂するのだが、このような指摘は興味深い。

しかしながら、こうしたことに矛盾が関与することは容易に見てとれるはずだ。一方で固定資本は、蓄積にたいする強力な梃子《レバー》になる。固定資本への投資、特に建造環境での自立的種類のものへの投資は、過剰蓄積問題の一時的緩和になることがあり、恐慌局面での緊張を和らげうる。さもなければ、この局面において過剰資本と過剰労働力は、利益を生む使い道もないままに並存することになる。他方で、未来の生産と消費は、固定的な活動様式にますます拘束されることになり、将来にわたり特定の生産部門や特定の空間的構造にますます委ねられることになる。未来は、過去のために抵当に入ってしまう。資本はその柔軟性を失う。イノベーション導入能力が抑え込まれて経済停滞がもたらされるか、あるいはこの能力が保持されるとしても、使用中の固定資本の減価という犠牲を払うことになるか、そのいずれかである。これをマルクスは、恐慌をもたらす別の一連の諸力だと明瞭にみなしていた。

◆暗黒物質（ダークマター）「質量はあるが、直接的には光学的に観測できない」とされる仮説上の物質のこと。天文学的現象の説明のために考えだされた概念。
▼31　Gr, p. 703／S. 580／②四八七頁。
◆あとに続く年々の生産……　Gr, pp. 731-732／S. 607／②五三一頁。
▼32　C2, p. 264／S. 185-186／二二六頁。
▼33　Gr, p. 732／S. 607／②五三一頁。

多年にわたる複数の回転を含んでいて、そのあいだ、ずっと資本の固定的成分が縛りつけられているこのような循環は、周期的恐慌の一つの物質的な基礎をなす。この循環において事業は、停滞、中位の活況、過度の繁栄、恐慌といったあいつぐ諸時期を通過する。資本の投下される時期は非常にさまざまであり、相互に一致していない。とはいえ、恐慌は常に大規模な新投資の出発点をなしている。したがってまた――社会全体として見れば――多かれ少なかれ次の回転循環のための一つの新たな物質的基礎をなすのである。[34]

特定の空間に閉じ込められた不動の固定資本を考察すると、この矛盾は、さらにもう一つの様相を帯びる。固定資本がインフラに投資される空間は大きく異なる。〔投資される〕時間もまちまちである。ひとたび資本が特定の空間や領土に投資されると、資本はその空間で流通しつづけなければならず、その固定資本に体化された価値は、使用をつうじて回収されるまでは他の空間に移動することができない。このようになるか、さもなければその地域全体が、一九八〇年代以降にアメリカやヨーロッパの工業地帯で広まったような減価を経験することになるかである。土地に埋め込まれた固定資本への投資活動と投資引き揚げとのリズムが変化することで、世界資本主義の地理的不均等発展の振動パターンが生みだされる。

資本にとってみれば、しばしば大規模なものとなって長期にわたる物的インフラの形成は、時を経るにつれて、その重要度を増してきている。それは、いわば資本の第二次循環をなしている。というのも、こうした物的インフラの形成は、独特なあり方でもって、空間と時間における資本蓄積一般の諸経路に対応しており、またそれらに影響もおよぼすからだ。資本の第三次循環も存在する。ただし、これについてマルクスは、ついで程度にしか留意しなかった。〔だが〕この循環は、教育や職業訓練にたいする社会的支出を課し、また医療や年金受給権といった広範な社会的支出や社会的サービスをともなうものであり、つまりは、われわれが日常生活支援として慣れ親しんできたものをもたらしてくれる。これらのサービスは、伝統的には税収を使って、国家によって提供されてきたが、近年の動向では、民間から供給されるものに

[図表3] 資本主義的な生産と消費のための物的・社会的インフラ生産における資本の第二次・第三次循環

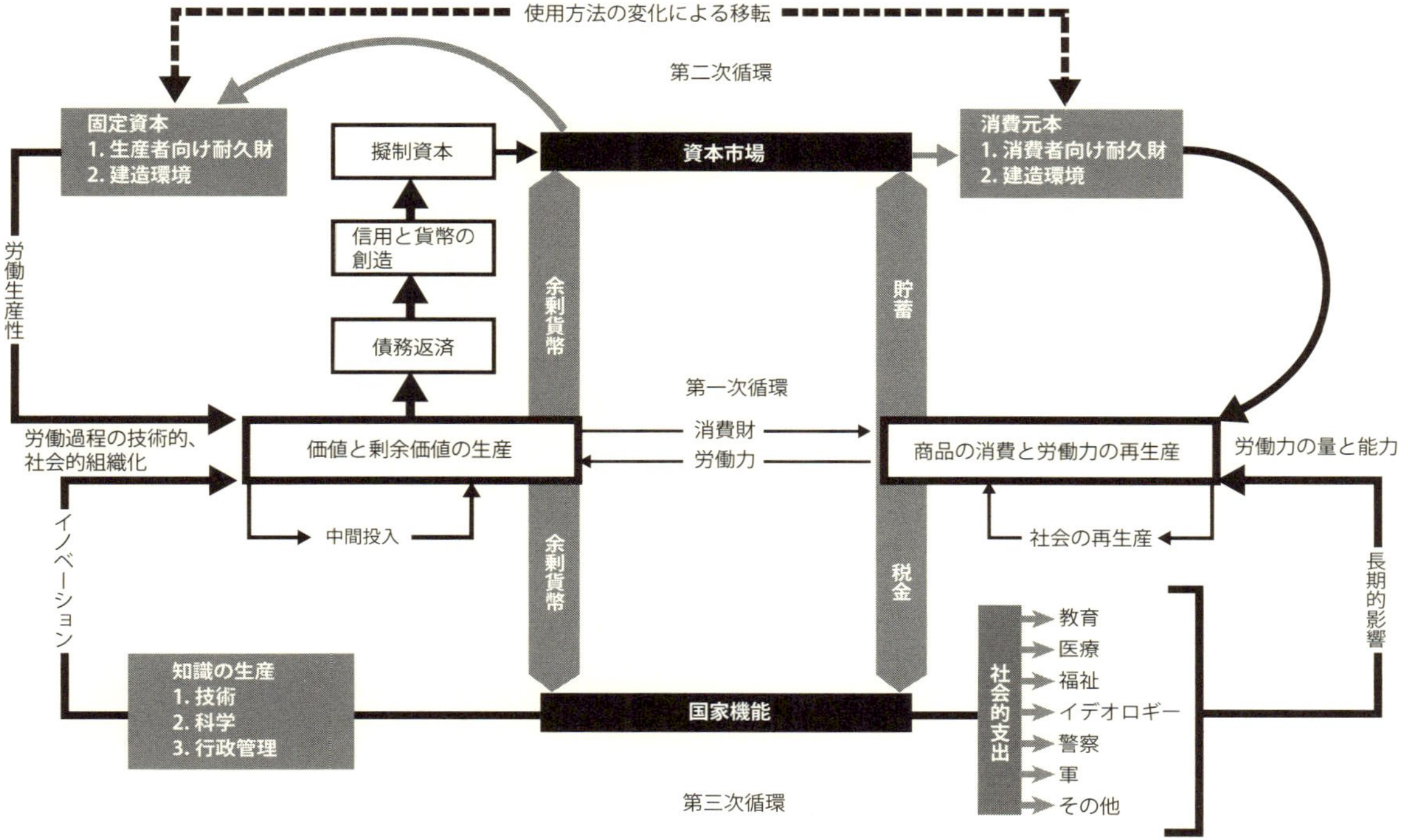

なりつつある。それでもなお自立的種類の固定資本の場合と同じように、たとえばこうした教育支出は長期的プロジェクトを引き起こすのであって、やがては生産性の向上に寄与できるかもしれないし、できないかもしれない。資本がその第二次循環、第三次循環へと流入することは、資本主義的運動法則そのもののわれわれの理解にたいして、まったく別の様相を付け加えることになる（図表3）。しかしながら確かなことが一つだけある。これらの資本の第二次、第三次循環――市場を介してだけでなく国家権力によっても媒介される二つの循環――が、空間と時間のなかでの資本の仕組みと再生産についてのわれわれの包括的分析に組み込まれなければ、運動する価値としての資本は理解できないのである。われわれが着手した資本の視覚化は、ある一次元的空間での流通に限られていた。長期にわたる資本の第二次循環ならびに第三次循環という本章で取り入れた他方の様相は、この理解を決定的な仕方で補完する。

▼34　C2, p. 264／S. 185-186／二二六頁。

［第8章］

多様な価値体制の産出

マルクスが語るところによれば、資本の運動法則は資本家間競争によって強制されるのであって、この競争が生みだすものではない。マルクスは『資本論』では一貫して、ユートピア的な完全競争状態を（その大部分で）前提している。彼が明らかにしようとするのは、古典派政治経済学者の美しいユートピアが――そこでは市場を介して調整された個人の自由と私的所有権とが万人の恩恵を増大させるはずなのだが――現実には、階級的不平等の拡大、環境悪化や数々の経済危機という反ユートピア的悪夢を生みだすかもしれない、ということである。この試みにあたって完全競争という前提はマルクスには好都合である。しかし、それによって、完全競争という強制機構が突如なくなるか挫折した場合に何が起こるのかという疑問は、はぐらかされてしまう。

マルクスが暗に前提としているのは、完全競争は、運輸費ゼロで運動摩擦のない空間において生じるということだ。しかし、あらゆる空間での競争は独占的競争である。[1] こう言われるのはなぜかといえば、企業は、自らが占有する特定空間にたいして独占権を有しているからであり、たとえ競争相手がいるにして

▼1 Darnell, A. (ed.), *The Collected Economics Articles of Harold Hotelling*, New York: Springer Verlag, 1990.

も、一定の地理的範囲内に位置する限られた数の企業との競争にしか直面しないからである。個別資本家は高い運輸費と一定領域での貿易障壁（関税など）の組みあわせによって他の資本家との競争から守られているかもしれない。この保護貿易主義の効力は、商品の性質、関税構造、運送時間と運輸費によって左右される。マルクスの時代には、傷みやすい商品は局地的な独占支配から逃れられなかった。その一方で、金《きん》、銀、ダイヤモンド、香辛料、生糸、染料などの貿易は、運輸費の影響はさほど被らなかったが、関税の対象にはなったかもしれない。パンやビールなどの生活必需品や傷みやすい商品の生産者は、隣町の生産者たちとの競争からさえも守られていた。重量物原材料（たとえば鉄鋼生産における鉄鉱石や石炭）の投入に依存する生産者は、原材料供給地の近くに立地することで競争から守られた。これらは、立地論◆が検討対象とするような諸条件である。▼2 一九世紀資本主義では、原材料環境に適応することが、大方の重工業の立地を規制する強力な要因であった。今日では、いくつかの際立った例外を除けば、市場に適応することのほうが重要なのであろう。今のところメキシコの冷蔵庫製造業者は、アメリカ市場に近接しているがゆえに、アジアの競合相手にたいして立地上の優位を有している。

たとえば金、ダイヤモンド、塩の価値は世界市場で規定されるかもしれない。しかし局地的あるいは地域的な独占状態のもとで製造・販売された諸商品の価値は世界市場で規定されることはありえない。それどころか運送時間、運輸費、関税、あるいはその他の貿易障壁が変わるのに応じて、価値は場所ごとに異なるであろう。

搾取率の国際的不均等と国際的価値移転

マルクスは、労働力価値が国ごとに違うことを認識していた。その価値を左右するのは、「自然的、歴史的に発達した第一次生活必需品の価格と数量であり、労働者の養成費であり、婦人・児童労働の果たす役割であり、労働の生産性であり、労働の外延的および内包的な大きさ」である。とりわけ重要なのが、労働の強度の地理的多様性である。「強度の大きい国民的労働は、〈……〉より多くの価値を同じ時間に生産し、この価値自体は、より多くの貨幣で表現される」。ここでは価値法則は「賃金の国民的相違」によって「修正され」るのであり、つまりは労働日の長さや強度、生産性、〔必要労働時間と剰余労働時間への労働日分割の〕流動化といった点での地理的多様性によって変わってくる。[3] 自然的差異によって労働生産性が変動し（たとえば適度な気候にある肥沃な大地ゆえに食料が安上がりになり）、自然的、文化的状況と階級闘争の発展力学とに応じて、欲求、必要、欲望も違ってくる。したがって利潤率の均等化は、搾取率の国際的均等化と同時に起こりはしない。[4]

〈国と国とで貿易が行なわれる場合〉〈……〉恵まれた国は、少ない労働と引き換えに、多くの労働を受けとる。ただし労働と資本の交換一般と同じように、この差額、この超過分は、特定の階級のふところに入ってしまう。[5]

どの階級が利益を手にするかは、火を見るより明らかだ。マルクスは言う。

◆立地論　経済活動の地理的立地にかかわる理論。

▼2　Haggett, P., *Locational Analysis in Human Geography*, London: Edward Arnold, 1965［ピーター・ハゲット（野間三郎監訳）『立地分析』上・下、大明堂、一九七六年］。

▼3　C1, pp. 701-702／S. 583-584／七二七〜七二八頁。

▼4　このテーマに関する論評を、マルクスはさまざまな著作に書き残しているが、その詳細については次の拙稿にまとめられている。Harvey, D., 'The Geography of Capitalist Accumulation: A Reconstruction of the Marxian Theory', in *Spaces of Capital: Towards a Critical Geography*, New York: Routledge, 2001, chap. 12.

▼5　C3, pp. 345-346／S. 248／二九九頁。

この場合には、価値法則は本質的修正を受けることになる。〈……〉たとえ貧しい国が交換によって利益を得る場合でさえも、豊かな国が貧しい国を搾取するのである。[6]

これゆえに「別々の国における労働時間による価値の」直接的「均等化も、さらには一般的利潤率による費用価格の均等化さえ」も阻まれる。[7]

世界のどこかの場所で行なわれる他人のための社会的労働は、別の場所で行なわれた労働とは質的にも量的にも違っている。異なる地域的価値体制《レジーム》のあいだで交換が行なわれる場合、ある地域の社会的労働は、最終的には、別の地域の経済や生活様式を助成し支援する可能性がある。労働集約的生産にもとづく高生産価値体制（たとえばメキシコあるいはバングラデシュ）が、生産性の高い資本集約的体制を支えているのかもしれない。もっと劇的に言えば、反価値を生産するニューヨークやロンドンの債務詰め込み工場は、マンハッタンやソーホーの裏通りではなく、バングラデシュや深圳の工場でその価値を回収しようとするのである。

ここでの議論の根拠には広範な含意がある。『資本論』第一巻でマルクスが問うのは、競争的な交換関係の前提にあった平等が、剰余価値生産という不平等となぜ両立できるのかである。その答えは、労働力の商品化と生産における生きた労働の搾取とにある。『資本論』第三巻では、マルクスはもう一つの驚くべき難問を暴きだす。競争をつうじた利潤率の均等化によって、諸商品はその価値どおりにではなく、生産価格での交換を強いられる。[8] 資本家たちは、その前貸資本に応じて剰余価値を受けとり、その雇用する労働力に応じて剰余価値を生産する。資本家階級内部での自由な取引状況において生じる剰余価値の再分配は、労働集約型生産者よりも資本集約型生産者を厚遇することになる。

『資本論』第三巻で説かれた資本主義的再分配法則は、いくつか興味深い類例を想起させる。二〇〇七〜〇八年の恐慌を調査したアメリカ上院委員会は、ゴールドマン・サックス社のCEOであるロイド・ブランクファインに銀行の役割とは何かと問いただした。そこで彼は「神の仕事をしている」と答えたのである。[9] おそらく彼の脳裏にあったのは、「マタイによる福音書」第二五章第二九節にある「持つ者は誰でも、さらに与えられて豊かになるが、持たざる者は持っているものさえも取りあげられる」という新約聖書の教えであろう。利潤率の均等化が実現するのは、まさにこれである。労働こそが価値の究極の源泉であるというマルクス（とリカードゥ）の主張を考えると、その〔剰余価値の再分配法則の〕帰結は広範囲におよぶ可能性がある。ドイツのような資本集約型の価値体制と、バングラデシュのような労働集約型の価値体制のあいだでの貿易は、後者から前者へと、価値ならびに剰余価値を移転させることになる。こうしたことは市場過程をつうじて「無言」のうちに「自然に」果たされるであろう。それが機能するには、採取主義◆や支配という帝国主義的戦術は必要なく、ただ自由貿易という慣行が推進されればよい。この「無言」の習わしにおいて富裕な地域がますます富む一方で、その犠牲となった貧困地域はますます取り残されていく。これゆえ、いわゆる発展途上国の多くが保護貿易主義に走るのであって、それは特にいわゆる「幼稚産業」を守ろうとする。このことはまた、一九六〇年代の日本を嚆矢とする多くの発展途上国が、労働集約型の資本主義的発展よりも、資本の組織化と資本向け助成をなぜ選択するのかについて説明するのに役立つのである。[10] 高付加価値生産に向かうような、いわゆる「価値連鎖《バリュー・チェーン》における上方移動」が一般的目標となる。

　このような価値移転に加えて、価値生産や価値増殖の地理的配置が価値実現のそれとは異なるというこ

▼6　Th3, pp. 105-106／S. 1296／⑦一五三頁。

▼7　Th2, p. 201／S. 849／⑥二八五頁。Th2, pp. 474-475／S. 1099-1100／⑥六七一～六七二頁〔参照〕。

▼8　C3, chap. 9／Kap. 9／第九章「一般的利潤率（平均利潤率）の形成と商品価値の生産価格への転化」。

▼9　Dealbook, 'Blankfein Says He's Just Doing "God's Work"', *New York Times*, 9 November 2009.

◆採取主義　輸出向けの天然資源の過剰採取をうながす政策のこと。

▼10　Johnson, C., *MITI and the Japanese Miracle*, Stanford: Stanford University Press, 1982〔チャルマーズ・ジョンソン（佐々田博教訳）『通産省と日本の奇跡――産業政策の発展　一九二五～一九七五』、勁草書房、二〇一八年〕。

とを付けたすなら、価値の流れの地理的な不安定さが、資本そのものの物質的表明として立ち現われる。つまり価値は、分化しつづける資本流通の諸景観の全面にわたって、そのそれぞれのなかに流れ込む。これらの価値の流れの内部で複数の地域構造が出現し、この構造を中心として、労働力動員、分業、社会的ならびに物的インフラへの投資活動、そして価値生産、価値実現、価値分配の組みあわせが――少なくとも一時的にではあれ――比較的安定したかたちで地理的に固定化されるのである。

通貨制度の複数性と普遍的貨幣形態をめぐる争い

特殊な地域的価値体制が複数存在するという主張の論拠は、通貨準備制度を検討することによってさらに確かなものになる。『資本論』第一巻でマルクスは、多くの局地的な法定紙幣が交換を促進するために存在しており、しかもそれらは「国家の手に帰する」[11]と述べたが、それと同時に、これらの紙幣と世界貨幣商品――金や銀――とに深刻な分裂が起こるとも書いている。

貨幣は、国内流通部面から外に出るときには、その局地的機能を失って、〈……〉貴金属としての本来の形態に逆戻りし、地金の姿をとることになる。世界貿易では諸商品は、それらの価値を普遍的に展開する。したがって、ここにおいて商品の独立した価値形態が、諸商品にたいする世界貨幣として相対する。世界市場ではじめて貨幣は存分に機能することになり、その自然形態が抽象的人間労働の直接的な社会的実現形態である商品となる。貨幣の定在様式は、その概念にふさわしいものになる。

したがって「金銀が国内で鋳貨として身につける国民的制服」は「世界市場では再び脱ぎ捨てる」[12]ことになる。「商品流通の国内的または国民的部面とその一般的な世界市場部面と」が「分離」する。マルクスの主張によれば、商品の「真」の価値は世界市場に位置し、その最も適切な貨幣形態が金なのである。

局地的貨幣と普遍的貨幣との分裂がきわめて明白であるなら、同様の分裂が価値それ自体にも当てはまると、われわれはなぜ想定しないのであろうか？　価値を、複数的で地域別に構成されるものではなく、単一的で普遍的なものであるとする暗黙の前提は、単なる前提でしかない。この前提を正当化するマルクスの根拠は、世界市場でしか貨幣はその普遍的な物質的形態――金という形態――をとることができず、しかもこの形態は人為的操作のおよぶ範囲外にある、というものである。今も昔も、世界の金供給量は比較的非弾力的であり、そのほとんどはあれやこれやのかたちですでに掘りだされている。交換にさいして取引費用を削減すべしという原則は複数の局地的貨幣をもたらしたが、それらは単なる価値章標でしかなかった。しかし、そうであるなら金そのものも同じように単なる章標である。両者の違いは、金以外のこれらの非金属的貨幣形態のほうが恣意的な人為的操作を被りやすいことにある。「計算貨幣」やら、多くの複雑な債務創出型の信用貨幣制度やらに至っては、さらに信頼性に乏しい。金は、信頼に足る確実な物質的基軸としてその機能を果たし、これを中心に、それ以外のあらゆる擬制的貨幣形態やその他の制御不能な貨幣形態が展開したのである。

しかしながら徐々に金は、グローバルな次元においてさえも交換にふさわしいものではなくなっていった。一九七〇年頃以降、世界通貨制度は金本位制に依拠する最後の痕跡を放棄した。マルクスは、こうしたことは起こりえないと断言した。だが、この点について彼は明らかに誤っていたのであり、われわれは、彼の誤りの理論的かつ実践的な帰結を考察しなければならない。今では価値は、世界市場においてさえも何ら物質的な商品基盤のない貨幣形態によって表象されている。これらの貨幣形態は人為的操作にさらされる（たとえば中央銀行による量的金融緩和政策である）。複数の通貨体制が、互いに競合しあいながら立ち現われ、世界市場において価値を表象する権力を奪いあうといった機会が訪れる。あらゆる通貨が普遍的

▼11　C1, p. 222／S. 138／一六三頁。
▼12　C1, pp. 240-241, 222／S. 156, 138-139／一八五～一八六、一六三頁。

等価物の役割（現在の米ドルが果たしているようなそれ）を担うよう駆り立てられるのだが、そうした通貨は、競争相手からの絶えまない挑戦を被るばかりか、本質的に不安定なものでもある。

このことをマルクスが理論化するつもりであったなら、それは容易に果たされたであろう。すでに述べたように、価値が生じるのは、市場での交換活動の過程においてである。交換は物々交換とともに始まるのだが、その場合の前提にある価値形態は、生産された諸商品として体化された具体的労働時間と同じ数だけ存在している。この過程が一定の領土内で増えていき、やがて特殊な貨幣形態が出現して、その領土内で営まれる総労働時間の平均値を表象するようになると想像してみよう。抽象的労働の形態が、あるいは社会必要労働時間の形態が、当該領土内の全空間を横断して確立される。こうした過程が隣接した二つの閉鎖的領土で進行することは想像にかたくないのであって、それらの領土はそれぞれ、その独自の価値体制を産出するであろう。

資本の核心は、「その局地的な限界を打ち破」ることにあり、「直接的生産物交換の個人的および局地的制限を破」ることにある。[13] 異なる領土では、異なる価値体制が異なる通貨制度によって表象されるのだが、そうした領土間で交易が始まることがある。『共産党宣言』や『経済学批判要綱』で述べられたような世界市場を創造しようとする資本固有の衝動は、『資本論』では、普遍的な交換可能性へと向かおうとする衝動と化す。これが普遍的等価物を創造し、この等価物は「慣習によって最終的に、商品としての金という特殊な自然形態にまといつく」。[14] しかし、この過程を完成させることは、あらゆる貿易障壁の撤廃にかかっており、こうしたもののうちには運輸費にともなう障壁も含まれている。そのような費用は全体的ないし部分的には大きく削減された（とりわけ過度に可動的な貨幣形態について言えばそうなった）が、その一方で流通費をまったくなくすことは不可能である。

マルクスは、いかなる普遍的貨幣形態にも諸矛盾が埋め込まれていることを明確に理解していた。金の場合だと、これらの矛盾が妥当することは明白なのだが、世界的準備通貨としての米ドルの場合には、そう単純ではない。〔こうした場合には〕実際のところ、アメリカ経済のなかで使用価値を生産する具体的な私的諸労働の生産性全体が、世界的次元での抽象的労働を表象するものとみなされるのだが、しかし社会的慣習として、こうした基準をアメリカの意のままにすることが受け入れられるかどうかは不確かである。アメリカの労働生産性全体が、たとえば日本や西ドイツのそれを下回る場合（一九八〇年代に実際に起きたことだ）、価値を表象するのに米ドルを当てにする理由などあるのであろうか？　普遍的等価物にとって安定した支柱など存在しない。世界の主要通貨間の相対的価値が予測不可能なかたちで変動するなかにあって、さまざまに異なる価値体制の発展が起こるのである。

価値体制の競合的創出とグローバルな独占力の追求

地域的な価値体制の産出は資本の歴史地理の重要な特徴であった。これらの価値体制は、当初はきわめて局所的なものであり、限られた数の商品交換によって緩やかに結びついていた。その交換対象となった商品は傷みにくく、しばしば高価なもので、その再生産も困難なものに限られていた。貨幣商品（金や銀）は連結器や調整器といった役割を演じた。このことから、マルクスが自らの政治経済理論の主要項目として貨幣商品に関心を寄せた理由も明らかになる。時とともに貿易関係が広がり密になるにつれて、異なる価値体制同士の収斂は、まずは地域的次元で加速し（それはヨーロッパ連合や北米自由貿易協定（NAFTA）、南米南部共同市場《メルコスール》などの貿易体制からも明らかだ）、さらにグローバルな次元でも加速した。一九七〇年でさえ、アメリカの地方スーパーマーケットでは外国産のチーズやワインは見られなかったし、ビールですら、その大部分が各地で醸造されていた。ナショナルボヘミアン・ビールを飲むならボルチモアであり、アイアンシティ・ビールを飲むならピッツバーグであり、そしてクアーズ・ビールといえばデ

▼13　Cl, pp. 183, 207／S. 104, 126／一一九、一四八頁。
▼14　Cl, p. 162／S. 84／九五頁。

ンバーであった。一九七〇年以降、こうした状況は劇的に変わった。あらゆる地方スーパーマーケットに世界中の食料品が置かれ、主要都市でならほぼどこの地ビールも飲むことができるのだ。

一九四五年以降の資本の歴史の大部分は、運輸費の不断の削減と政治的障壁（たとえば関税やその他のかたちの規制）の段階的縮小とによる貿易障壁の漸進的撤廃に捧げられた。競争的生産のための地理的景観は、さまざまな自由貿易圏構想をつうじて変化してきた。たとえば関税および貿易に関する一般協定（GATT、一九四七年制定）、それを拡大継承した世界貿易機関（WTO、一九九五年設立）、そして環太平洋パートナーシップ（TPP）といった多数の協定案である。このような兆しが示唆すると思われるのは、地域的価値体制間の差異が消失しつつあり、今やグローバルに統合された単一的価値体制と、おそらくそれを表象できるような、より安定した世界貨幣制度とが間近に迫っているということかもしれない。しかしながら、いまだに中国がWTOでの市場経済国◆の認定を得ていないという事実は、この過程が未完であることを教えてくれる。さらには自由貿易協定にたいする反対行動の高まりは、分解へと向かう運動の積極的関与も暗示している。

たとえば、大西洋横断貿易投資パートナーシップ協定（TTIP）や、その太平洋版であるTPPなどといった貿易協定に向けた近年の試みを検討してみよう。TPPの場合、その内容は特にアメリカと日本の手で策定されているが、その目的は、中国企業やヨーロッパ企業がアジア市場での占有率を拡大できないように抑え込むことである。TPPの本性は、加盟意思を示した一二ヵ国の経済基礎データを分析すれば、すぐさま明らかになる。加盟予定国を主導しているのは、アメリカ、日本、カナダといったG7を構成する経済大国である。これらの国にオーストラリアを加えると、加盟予定国のGDPの九〇％を占めることになる。加入するはずの経済発展途上国――メキシコ、マレーシア、チリ、ベトナム、ペルー――はわずかに八％を占めるにすぎない。TTIPとTPPは実際、ある特殊な価値体制の創出を目的としてアメリカが企てたものである。この体制ができあがれば、世界貿易におけるアメリカの市場占有率は他国を犠牲にして下げ止まる一方、アメリカ国内で低迷してきた経済成長と利益性とは逆に高まるであろう。T

PP協定案にかかわる国々の経済規模は、一九八五年には世界GDPの五四％を占めていたが、二〇一四年にはこの割合は三六％にまで低下した。一九八四年から二〇一四年にかけて、世界GDPにおけるアメリカ経済の割合は三四％から二三％に落ち込んだ。同じ期間に、世界貿易取引におけるアメリカの割合も一五％から一一％に低下した。したがってTPPは見事な自由貿易協定などではなく、世界GDPに占める割合が著しく落ち込んできた先進経済諸国の一団が、一部途上国とともに、その他の国々を排除しようとするための協定であり、この中心においてアメリカが支配的大国という役割を果たすのである。言うまでもないが、その恩恵が労働者に向かうことはない。なぜならマルクスが評したように、いかなる「剰余も、労働と資本とのあいだの交換では一般にそうであるように、ある階級のふところにとりこまれてしまう」からだ。同じような結果はユーロ圏の創出からも生じた。ユーロ圏は、その独自通貨をもった整合的価値体制だとされた。ところが、ドイツ資本が最大限の恩恵を支配し搾りとってきた一方で、ギリシア、イタリア、ポルトガル、スペインは系統的に価値を流出させてきたのである。アメリカがTPP合意を破棄したことは、中国が介入するきっかけをもたらし、アメリカの脱退予想によってもたらされた空白状態を利用して中国独自の価値体制を構築する機会になった。

　空間をめぐる独占的競争が物質的にも政治的にも弱まるにつれて、その他の独占形態が新たに際立ってきた。強大な市場支配力を有した巨大企業は、一九世紀後半以降、資本主義の主たる特徴であったが、とりわけ一九七〇年頃を境に空間的障壁が段階的に取り払われてきたことによって、企業の考え方は一国的なものからグローバルなものへと移行した。一九六〇年代のアメリカの独占力といえばデトロイトの三大自動車企業［ゼネラル・モーターズ（GM）、フォード・モーター、クライスラー］であった。一九六六年に刊行されたポール・バランとポール・スウィージーの古典的著作『独占資本』◆は、別途可能《オルタナティブ》な価値論◆の必要性を認識したが、その分析の大半はア

◆市場経済国　WTOやその加盟国から、自由な市場経済が健全に機能していると認定された国のこと。市場動向によって製品価格等が決定されること、外貨両替が市場レートで行なわれることなどを判断材料とする。逆に非市場経済国とされた国には、ダンピング防止税など不利な扱いを受けることになる。

メリカに限定されたものであり、彼らの国際分析はせいぜいその副産物でしかなかった。当時のアメリカ労働者（事実上、最大の主要国民労働力）は、移民の影響を除けば、対外競争からほとんど守られていた。各々の巨大な国民国家は、実質的に独自の価値体制として構成され、資本を規制することで自国経済にたいする主権を守っていた。しかし一九八〇年代に、こうした独占は、たとえば外国自動車企業（ドイツ、イタリア、日本、そしてのちに韓国、現在であれば中国）からの熾烈な競争によって挑戦を受けたと同時に、アメリカ企業は中国その他の地域に事業を展開していった。一国的独占力からグローバルな独占力への移行という似かよった物語は、農業関連産業《アグリビジネス》（モンサント、カーギル）、エネルギー産業（セブン・シスターズ［エクソン・モービルやロイヤル・ダッチ・シェルといった巨大国際石油資本の総称］）といった石油会社）、製薬業（バイエル、ファイザー）そして通信業についても語りえよう。その後、グーグル、アマゾン、フェイスブックなどの新興独占企業が登場するのと並行して、世界中の知識というコモンズを、特許権、許認可権、その他の国際法制度へと囲い込む運動も進んでいる。WTOの枠内において「知的所有権の貿易関連の側面に関する協定」（TRIPS）が後押しして、その保証を図らんとしているのは、まさにこうした囲い込み運動なのである。

マルクスが『哲学の貧困』で指摘した◆ように、競争は必然的に独占に帰結するのだが、その理由は、資本主義的競争が創造するダーウィン主義的世界では最適企業のみが生き残るからである。マルクスは『資本論』で、この過程をさらに一歩進めて、彼の言う「資本集中の法則」を描きだす。この法則は、信用制度の組織化によって大きく促進され、単純な集積の域をはるかに超えて、資本蓄積による企業規模を拡大させるのである。[15] 規模の経済は生産性の向上にたいして重要ではあるものの、この点は過度に強調されてはならない。重要なのは競争上の優位なのであって、資本は集中と規模の拡大とを見境なく追求することで、この優位を得ようとする。企業という鮫は、市場支配力を蓄えることで小魚を飲み込めるようになるのだが、そのさいの手段が合併吸収（M&A）である。[16] さらに一九八〇年代に世界の株式市場が統合されたことによって、この過程はグローバルにも展開できるようになった。

一九八〇年代半ば以降に生じた技術的、組織的イノベーションの高まりは、さまざまな地域的価値体制を根本から再編した。運輸費が、そしてはるかに重要なことに調整時間が、削減されたのであり、それと同時に関税や、国境上でのその他の障壁も軽減されるか選択的に撤廃された。生産と流通の加速化は、いつの時代も物神的《フェティッシュ》に追求されてきた。グローバルな生産網《チェーン》◆の創造は、国境を越えた生産の結合を可能にする。たとえばアメリカ企業は設計技能や組織手腕やマーケティング戦略を提供しつつ、それらのものをメキシコの低賃金労働者と組みあわせる。ドイツ企業もポーランドでほぼ同じ方式を行なっている。▼17 多少の利益はメキシコとポーランドにも落ちるが、ほとんどの価値はアメリカないしドイツの企業が手にしている。と同時にアメリカとドイツの労働者は、外国の労働者とのはるかに熾烈な競争にさらされ、その再編からはまったく利益を得ることがない（おそらく例外的利益は安価な消費財くらいだ）。ただし国境を越えた関係が、たいてい隣接した国家間にあるという意味では、こうした組織化は地域的なものである。すなわちＮＡＦＴＡやユーロ圏のような組織化が、絶対的空間における制度的表現となり、これらがグローバルな価値連鎖の変動という相対的空間‐時間を構成しようとする。いわゆるグローバルな越境貿易の大半は事実上、地域的なものなのだ（たとえば東アジアや東南アジアにおける中国の貿易やヨーロッパでのイギリ

◆『独占資本』　ポール・バラン、ポール・スウィージー（小原敬士訳）『独占資本――アメリカの経済・社会秩序にかんする試論』（原著一九六六年）、岩波書店、一九六七年。

◆別途可能（オルタナティブ）な価値論　スウィージーとバランは、独占資本主義の分析にあたって、労働価値説にもとづく剰余価値概念ではなく、社会全体で生みだされる経済的「余剰」概念を提唱した。

◆『哲学の貧困』で指摘した　MEW, 4, S. 161-163／カール・マルクス「哲学の貧困」（原著一八四七年）、『マルクス＝エンゲルス全集』第四巻、大月書店、一九六〇年、一六八～一七〇頁。

▼15　C1, pp. 775-778／S. 652-655／八一四～八一七頁。

▼16　C3, p. 571／S. 455-456／五六〇～五六一頁。

◆生産網（チェーン）　原材料や部品の調達から製造、出荷までの過程のつながり。

▼17　Baldwin, R., *The Great Convergence: Information Technology and the New Globalization*, Cambridge, MA: Belknap, 2016［リチャード・ボールドウィン（遠藤真美訳）『世界経済　大いなる収斂――ＩＴがもたらす新次元のグローバリゼーション』、日本経済新聞出版社、二〇一八年］。

スの貿易である)。このようにして不断に発展しつづける地域的価値体制が規定され再形成されるにあたって、ビジネスとしての技術発展もその積極的動因に転化するのである。

価値体制の差異と「無償の贈与」

このことから、われわれは次の点について非常に簡潔な考察を行なうことになる。それは、これまで自然と人間性の「無償の贈与」と呼んできたものが、さまざまな価値体制からなる地理的編成のなかで、いかなる役割を果たすのか、ということである。これらの無償の贈与は、資本が何らの費用もかけずに(もしくは最小限の費用で)領有できる使用価値であり、したがって剰余価値生産に資する可能性のある使用価値である。これらの贈与は地球上に均等に分布しているわけではない。さまざまな文化的特性や技能、社会的諸制度を備えた多様な人々が一部に集中して暮らしており、しかも価値増殖、実現、分配という資本の動態に組み込まれるにあたって、人々が示す順応性もさまざまである。そして、いわゆる天然資源も極端なかたちで偏在している。これらの事態が一体となって創出される世界では、資本蓄積を始めるにあたって、地理によって異なる優位性が存在することになる。さまざまな地域的価値体制からなるモザイク模様をその当初から支えてきたものは、局地的な文化的伝統、慣習、そして地域住民によって認められ固執されてきた嗜好性であり、それらが増殖し、保護され、時として積極的に創造されるという一連の事態である。これにさいして、しばしば圧倒的な力をふるうようなナショナリズム的感情が呼び起こされるまでもない。まさにここにおいて、資本によって規定される価値が、もっと伝統的な価値理念——倫理や宗教や文化や民族的伝統を介して表明されるもの——に直面し、ある意味ではこの理念に浸潤するのである。

自然と人間性の無償の贈与は不変ではない。それは、売りに出された潜在的使用価値にたいして、資本家がいかなる評価を行なうかにかかっている。天然資源とは自然なものではなく、自然において利用できる諸要素の経済的、技術的、社会的、文化的評価なのである。一時期、水力の利用機会が重要であったが、蒸気機関の到来は、このような立地上の制約条件から資本を解放した。原子力発電が発明されるまでは、ウランは意味のない資源であった。無用であった希土類《レアアース》は、新たな技術によって重要資源へと変貌した。労働者の技能は、一九七〇年代以前の工業地帯では完璧なまでに磨きあげられたが、その後の時代になると、こうした技能を機械技術と自動化《オートメーション》に組み込むような技術変化によって不要のものとされた。文化的適性は、ある種の消費様式の発展にとって重要だが、この様式を根底として、世界の一部市場において階級的品位や違いを示すものが熱狂的に求められていく。先に指摘したように、欲求、必要、欲望の生産は資本の歴史のきわめて重要な一面なのであり、それがなければ資本はとっくの昔に消えていたことであろう。自然と人間性は、実にさまざまな無償の贈与を資本蓄積にもたらすのだが、それらは「自然によって」与えられるわけではないし、何かしら不変の「人間性」によって与えられるわけでもない。自然と人間性は世界中に均等に分布しているわけでもない。それらは生産され、絶えず変化するのであり、しかも資本それ自体が、この生産にあたって非常に重要な機能を果たしている。この結果としてもたらされるのは、グローバルな画一性ではなく、地域的な多様性である。

〈一例を挙げれば、労働力の価値は〉風土や社会的発展の水準によって違っている。すなわちそれは、肉体的な必要によって定まるだけではなく、第二の自然となる歴史的に発展した社会的必要によっても定まるものなのである。▼18

とっくの昔に償却し終わった土地にたいする固定資本投資は、この「第二の自然」の一部になる。その

◆ナショナリズム　政治的共同体——今日では近代国民国家——という制度的枠組みを前提として、その共同体への帰属を（時に排他的に）志向する思想や運動。そこから国民や民族や国家の統一・独立・繁栄をめざす思想や運動とも解され、日本語では「民族主義」「国民主義」「国家主義」と多義的に訳されている。

▼18　C3, p. 999／S. 866／一〇九九頁。

うえ文化的発展も資本蓄積からの影響を免れることはない。企業家精神は所与のものではなく創造される。第二の自然を生みだす投資活動が不均等に行なわれるとともに、企業家精神もまた不均等に分布させられる。こうしたことは、それぞれ独自な価値体制が複数形成されるにあたって重要である。だが、このように指摘したからといって、自然決定論や文化決定論に依拠するわけではない。むしろ次の点について、終わることのない議論の口火が切られる。つまり資本蓄積は、自然と人間性との地理的諸条件のなかで起こるのだが、そうした諸条件の永続的進化も、この蓄積過程と弁証法的に統一される、ということである。

贈与のすべてが無害というわけではない。——予期ないし意図せざる多くの結果のなかで最も顕著なものを挙げれば、旱魃、洪水、ハリケーン、地震、火山噴火であり、さらには革命、宗教戦争、文化紛争、ナショナリズム的対立状況、反移民運動である。これらが自然や人間性の進化と資本蓄積との複雑な関係をつくりだす。さらに知らぬ間に起こることだが、地理的慣性を発揮する過去の投資活動の強制力も無視できない。資本は、旧来の権力ネットワークや硬直的インフラに閉じ込められないように、未開発地域を選択するかもしれない。たとえば産業革命の初期段階において産業資本は、ノリッチやブリストルといった商人資本家のいる都市を避けて、バーミンガムやマンチェスターという名の小さな農村で事業を開始した。それは、同職組合《ギルド》に集う組織労働者の力と、当時の市政を支配した商人資本家の保守的権力とをともに回避するためであった。今日の世界となると、はるかに注目をあびる事態として、不生産的労働者の増大と規制の増加が、資本主義的発展の可能性にたいする否定的障害となる。この問題に対処する試みとして、国家機構の側では、都市単位や地域単位での企業家精神が台頭している。そしてその手段として、地方補助金が実施され、インフラ投資計画が約束され、環境規制や社会的規制については「軽め」の規準が保証される。その一方で、「反価値」創出機関の権力が増強され、利子生み資本の流れが調整されるかどうかは——そうした活動が気兼ねなく行なわれるとすれば——、非常に高度な通信手段と緩めの規制環境が利用可能かどうかにかかっている。[19] 自然的、人間的環境は、資本蓄積のさまざまな形態にたいして積極的であったり消極的であったりするが、こうした緊張関係は、あらゆるところで目につくものとなっている。

マルクスは差額地代◆を分析したさい、これらの問題のいくつかに直面した。さしあたりの差額地代〔差額地代の「第一形態」〕は自然の贈与として現われる。優れた自然的豊度と有利な立地は、そのいずれかであろうとその両方であろうと、こうした優位に恵まれた企業に、より高い利潤率をもたらす。このような自然上の優位は比較的持続する（なぜなら、独占が常に土地に付随するということを考慮すれば、競争相手は、その特権的生産地に移ることはできないからである）[20]。ただし立地に限っていえば、相対的空間における位置は交通投資によって劇的に変わることがある。〔だが〕超過利潤は地代として、土地所有者によって請求される可能性があり、通常は実際にそうなるのである。世界の使用価値の賦存量が地理的に不均等であるなかで、地代には、企業間での利潤率均等化という効果がある。資本主義のもとでも地代の領有――封建時代に支配的であった制度――は存続したが、マルクスの見解によれば、その存続を正当化させた理由がこの効果なのだ。

差額地代の領有を可能にさせる諸条件は、積極的に生産されることもある。自立的種類の固定資本を土

▼19　Harvey, D., 'From Managerialism to Entrepreneurialism: The Transformation in Urban Governance in Late-Capitalism,' *Geografiska Annaler, Series B, Human Geography,* 71 (1) (1989): 3–17［デイヴィド・ハーヴェイ（廣松悟訳）「都市管理者主義から都市企業家主義へ――後期資本主義における都市統治の変容」、『空間・社会・地理思想』第二号、一九九七年、三六～五三頁］。

◆差額地代　相対的にすぐれた自然諸条件での生産物が生みだす超過利潤が地代に転化して、土地所有者に支払われたものを差額地代という。たとえば劣等地にくらべて肥沃な土地の農産物の生産価格は相対的に安くなる。したがって最劣等地の農産物価格が市場価格であれば、最劣等地よりも優良な土地の農産物の生産価格は市場価格を下回ることとなり、この差額が、優良な土地の農産物に超過利潤をもたらすことになる。マルクスは、土地の豊度または位置の違いにもとづくものを「差額地代の第一形態」、追加投資による生産性の違いによるものをその「第二形態」と名づけた。

▼20　C3, p. 1001／S. 868-869／一一〇一頁。

地に埋め込む投資は、差額地代の第二形態をもたらす。この投資以前には存在しなかった競争上の優位が、資本にとっての特権的な使用価値として地下や地上に生産され創造されうるのであり、それを使うことは「第二の自然」から引きだされる無償の贈与となる。

私の言うところの資本の第二次循環と第三次循環とをつうじて、資本蓄積のための物的インフラや社会的インフラが生産される。そして、これらの循環の長期投資が据える基本機構によって、資本は、その時々の歴史的時代と場所において、それ自体の必要にふさわしい物的、社会的必要諸条件を構築する。[21] これらのインフラ構築に資本の流れを動員するというのは込み入った問題であり、そのためには精緻な信用制度ばかりか、国家組織や国家財政やその他の介入政策もしばしば必要になる。この過程で、まったく異なる時間的流通が生みだされ、当初われわれの開始点にあったような、運動する価値としての資本の視覚化に重ねあわされることになる（二一三頁「図表3」参照）。

こうしてしてできあがった諸構造は、長期間存続し、さまざまな価値体制の形成と維持とに影響をおよぼすことがある。オスマン男爵◆が築いた〔パリの〕大通り（そして彼が設けた上下水道設備やブーローニュの森といった公園）は今日までも存続しているし、一九四五年以後の時代にニューヨーク大都市圏全域に矢継ぎ早に建てられたロバート・モーゼス◆の建造物もまた同様である。アメリカでの研究大学強化と並行した高等教育への投資活動は、少なくとも二世代にわたってアメリカに競争上の優位をもたらし、きわめて独自の価値体制を形成した。近年の中国における高等教育への同種の投資の殺到——シンガポールの成功を主に模範としたそれ——は多分、将来にわたり同じような優位を中国にもたらすであろう。

社会的および物的インフラにたいする投資は、不可避的に資本を引き寄せるような相対的優位の地理的集積をつくりだす。自然と人間性の無償の贈与は、資本に贈呈される前に、まず生産されなければならない。何らかの危機が生じることで、それぞれ独特な地理的価値体制の不均等発展の背後で機能する循環的、累積的因果過程が破壊されないかぎり、貧しい地域はより貧しくなり、豊かな地域はたいてい、はるかに豊かになる。[22] 固定資本あるいは消費元本の価値が回収される日をはるかに越えて、長期的優位は持続する。

アメリカでは一九七〇年代以降、産業の空洞化が製造業を苦しめたが、かつての高等教育投資はその影響を緩和させた。グーグル、マイクロソフト、アマゾンなどのインターネット企業や先端技術企業は、グローバルな独占者としての地位を早々と固めたが、いつものことながら、その利益は資本に流れ、労働者には向かっていない。

価値体制間の力関係と恐慌

マルクスの時代においてさえも、異なる価値体制間の相互関係は危機に向かう傾向にあった。

恐慌はまずイギリスで勃発するかもしれない。すなわち最も多くの信用を与え最も少なく信用を受けとっている国で起こるかもしれない。というのも、全体としての貿易収支はイギリスにとって黒字であっても、〈……〉ただちに清算されなければならない国際収支はイギリスにとって赤字だからである。〈……〉イギリスで恐慌《クラッシュ》が起こると――それは金の流出から始まり、またこの流出をともなう

▼21　Harvey, D., *The Limits to Capital*, Oxford: Basil Blackwell, 1982, chaps. 12 and 13［デイヴィド・ハーヴェイ（松石勝彦・水岡不二雄訳）『空間編成の経済理論――資本の限界』下巻、大明堂、一九九〇年、第一二章・第一三章］。

◆オスマン男爵　ジョルジュ＝ウジェーヌ・オスマン（一八〇九～九一年）のこと。一九世紀フランスの政治家で、ナポレオン三世の第二帝政期にセーヌ県知事として、パリ市街の改造計画を推進した。

◆ロバート・モーゼス　アメリカの行政官、政治家、都市計画家（一八八八～一九八一年）。ロングアイランド州立公園局長などを歴任し、一九二〇年代から一九六〇年代にかけて、ニューヨーク州・市の都市行政官として、都市開発計画で大きな権限をふるった。

▼22　Myrdal, G., *Economic Theory and Underdeveloped Regions*, London: Methuen, 1963［G・ミュルダール（小原敬士訳）『経済理論と低開発地域』（原著一九五七年）、東洋経済新報社、一九五九年］。

のだが――、イギリスの国際収支は〈……〉清算される。この順番は今や別の国に達する。[23]そのさい減価の犠牲は恐慌の発生地に押し戻される。

> 〈この過程で〉まず貴金属が送り出される。次には委託商品の安売りとなる。その商品の売却のため、または輸出のための前貸貨幣を国内で調達するため、商品が輸出される。〔金本位制下で国内の貨幣供給量が減少することから〕利子率は上がり、信用は回収され、有価証券の価格は下落し、外国有価証券は売却され、これらの減価した有価証券に投資しようと外国資本が引き寄せられ、最後に破産がやってきて、それが大量の債権を清算してしまう。[24]

イギリスは一九世紀に過剰蓄積問題に直面したが、この問題の解決方法は、アルゼンチンに融資したうえで、イギリス製の過剰設備を使って鉄道を建設させることであった。このような事態の推移が十二分に見せつけられることも多い。しかし、このマルクスの説明において暗黙のうちに前提とされているのは次の点である。すなわち、この世界というものは、グローバル経済において異なる価値体制間の力関係が変動するという観点から研究され理解されるべきなのである。

マルクスの時代と現代との大きな違いは、このような恐慌が現われるさい、金流出が主たる特徴をなさないということであり（ただしこうした流出は今でも起こる）、そして各国間の国際収支差額がグローバルな決定的不安定要素であるとしても、貴金属が送りだされてもその清算にはならない、ということである。それが通常清算されるのは、国際通貨基金（ＩＭＦ）の融資によるのであって、そのかわり人々は緊縮政策という犠牲を強いられることになる。世界貿易の量的縮小や、貿易収支危機における不安定要素は、以前よりもはるかに重大になっている。世界貿易量の減少は、グローバルな危機の明らかな前触れとして今や広く認められている。ただし、私の言う資本の「国家－金融結合体《ネクサス》」に位置する諸機関（現在ではアメリカ連邦準備制度理事会とアメリカ財務省によって構成され、IMF――ひいてはその他の主要国中央銀行――の後ろ盾を得ているそれ）が、世界貿易におけるドル収支を実効的に管理できているのであれば話は別だ。金本位制が存在しないのだから、われわれが生きている世界には人為的操作と人為的管理しかないのである。世界的な金融・商品市場の崩壊とわれわれとのあいだにあるのは、これだけなのだ。だからといって、金本位制の復活を主張しているわけではない。それが復活したとしても、同じように破滅的なものとなるし、場合によっては今よりも悪くなるであろう。

資本主義の地政学的歴史

さまざまな地域的価値体制が時とともに互いに動的に交錯しあい関係しあうのだが、この点を考えるべきだと主張することについては反駁の余地はないように思われる。同じように否定しがたいことだが、過去四〇年前後で、さまざまな価値体制がますます収斂してきており、とりわけその労働市場慣行の点でそうなってきている。われわれは現在、人類史上かつてないまでにグローバルな労働市場に接近している。いたる所で中間階級諸集団の欲求、必要、欲望が均質化しつつある兆しがあることも、また明白である。しかし、現存する多様な価値体制の完全な均質化については、依然として、なすべきことがかなり残されている。とはいえマルクス主義的命題に非常によくあることだが、反作用する諸力を見わけることは困難ではない。こうした力とは分裂であり、分散であり、さらには普遍と特殊の緊張関係がわれわれに永遠につきまといつつ、ついには価値法則それ自体のうちに内部化されるというかたちで現実化するのである。

単一の価値体制など存在しないし、けっして存在しえない。他人のための社会的労働が概念化され活用

▼23　C3, p. 623／S. 508-509／六二八～六二九頁。
▼24　C3, p. 650／S. 533／六六二～六六三頁。

され測られるにあたって、世界全体を横断する資本の運動は地理的差異を活用し構築するのだが、このために行なわれる明らかに史的唯物論的な諸実践を免れることなど不可能である。地理的差異化と地理的不均等発展という大きな地物［地表上の諸現象］は切りぬけられなければならない。世界貨幣という普遍性はその空間的運動のなかで、根本的に異質な価値増殖の機会に出くわし、また実現のための異なる実質的諸条件にも直面する。後者について言えば、それは必要、欲求、欲望の多様性だけではなく、支払能力の違いもあるからである。競争（独占的競争の類でさえも）が作用して、これらの差異の一部を取り除くかもしれない。だが他の場合には、競争は地理的差異を積極的に創造する。それが最も顕著になるのは、さまざまな投資が建造環境の消費元本や固定資本に投下されていく場合であり、それが世界という舞台における土地不動産差額地代の源泉となる。これによって局地間競争、地域間競争、あるいは諸大国経済圏間競争が世界を舞台にして激化する。グローバル経済の全域にわたって、さまざまな代替《オルタナティブ》空間を積極的に構築することが資本の運動法則それ自体の根本的特徴の一つとなる（ただし、この特徴は一般的には無視されている）。

地域的価値体制を識別し明示することは並大抵のことではない。絶対的な空間と時間――個々の国家やヨーロッパ連合やNAFTAといった国家群――が一役演じていることは確かであり、世界経済を地政学的に操作しようとする近年の複雑な政治力学は、そのことを示している。NAFTAという絶対的な境界線は、アメリカの実務的知識《ノウハウ》をメキシコの低賃金労働者と結びつけるには功を奏するかもしれない。だが、それはアメリカ市場向けの販売品をメキシコで製造するにあたって、中国製部品やアフリカ産原材料を使うことを少しも妨げるものではない。グローバルな価値連鎖は複雑さを増しており、そのためにほぼすべての活動にたいして、相対的な空間‐時間の次元が重ねあわさることになる。このような種々の運動が国境の手前で――たとえいったん停止せざるをえないにしても――立ち止まりつづけることはない。しかしながら価値一般の場合、関係的空間‐時間においてとらえられるような非物質的だが客観的な様相が、地域的価値体制を編成するにあたって決定的なものになることがある。これと同時に、物質的財貨や情報や知識や世評が複雑なネットワークを形成しつつ流れ込むそのなかにあって、政治経済的権力の主導的《ヘゲモニック》な布置状況が、いくつか重要な特定結節点に集中してくる。さまざまな地域的価値体制が、異なる規模《スケール》に応じて入れ子状に重なりあわないとも限らない。複数の体制は国家のなかにも確認できる。アメリカのいわゆるサンベルト◆はラストベルト◆とは著しく異なっており、〔スペインの〕カタルーニャ州がアンダルシア州ではないのは、〔ドイツの〕ハンブルク市がバイエルン州でないのと同じである。地域的価値体制は不安定で流動的だが、影響力と権力とを備えた編成体であり、それは明確な物質的具体物ではなくとも存在しており、強大な力を発揮するのである。

　価値の運動法則は空間と時間のなかで自らを貫徹していく。われわれはこの空間と時間を探究するにあたって、〔本書第7章の冒頭で述べたように〕資本それ自体の本性のなかに世界市場の征服と構築があるという、まったくもって妥当な主張から開始した。そして、この法則が作用せざるをえない矛盾した領野を横切ってきたが、これを経たわれわれにようやく見えてきたのは次のことだ。すなわち、人間の不合理な不手際によって人類の集団的歴史は血と汚物にまみれてきたが、それとはかかわりのないかたちで、世界市場の画一性や均質性や超感覚的合理性が粉砕され、異種混淆性や差異や地理的不均等発展といった潜在的に危険で互いに相いれざる諸断片になってしまう——このことも、また資本の本性に備わっている、ということである。こうしたことは、世界を舞台にした諸大国勢力圏間の地政学的紛争という問題に転化し、重大な影響をもたらすことになる。資本主義の地政学的歴史は、きわめて醜悪なものであった（そして悪いことに、それが変わることもない）[25]。空間と時間における独特な価値体制の創出に由来するさまざまな問題が、資本主義の歴史地理のなかで微妙な機能を果たしている。しかし、どういうわけかマルクスも、マルクス主義の伝統のなかにあった後世の思想家も、価値論のこの側面を深めることはなかった。資本主義

◆サンベルト　アメリカ南部および南西部一帯を指す。一九七〇年代以降、州単位での企業優遇税制などにより航空・宇宙産業、先端技術産業などが発達した。

◆ラストベルト　アメリカ中西部から北東部に位置する工業地帯のこと。鉄鋼、石炭、自動車などが主要産業として栄えたが、一九七〇年代頃から衰退した。

的世界体制《システム》の起源とその再生産とにおける植民地主義と新植民地主義の役割について、あるいは資本主義的帝国主義については、せいぜいのところ二〇世紀初頭の理論的論争の変種の域を出てこなかったのである。▼26

▼25 Wood, E., *The Origin of Capitalism: A Longer View*, London: Verso, 2002［エレン・メイクシンス・ウッド（平子友長・中村好孝訳）『資本主義の起源』（原著一九九九年）、こぶし書房、二〇〇一年］; Harvey, D., *The New Imperialism*, Oxford: Oxford University Press, 2003［デヴィッド・ハーヴェイ（本橋哲也訳）『ニュー・インペリアリズム』、青木書店、二〇〇五年］これら二つの著書にかんする議論と論争については以下を参照。*Historical Materialism*, 14 (4) (2006).

▼26 サミール・アミン、ジョヴァンニ・アリギ、ピーター・ゴーワンの著作は、イマニュエル・ウォーラーステインの世界システム論に見られる退屈な形式主義や、一九七〇年代の国家論論争の行き詰まりとその余波を乗りこえて、地政学的諸関係の価値論的把握をさらに深く探究する道筋を切り開いた。とりわけ次の文献を参照のこと。Amin, S., *The Law of World Wide Value*, New York: Monthly Review Press, 2010; Amin, S., *Three Essays on Value Theory*, New York: Monthly Review Press, 2013; Arrighi, G., *The Long Twentieth Century: Money, Power and the Origins of Our Times*, London: Verso, 1994［ジョヴァンニ・アリギ（土佐弘之監訳）『長い二〇世紀――資本、権力、そして現代の系譜』、作品社、二〇〇九年］; Arrighi, G., and Silver, B., *Chaos and Governance in the Modern World System*, Minneapolis: University of Minnesota Press, 1999; Gowan, P., *The Global Gamble: Washington's Faustian Bid for World Dominance*, London: Verso, 1999.

〔第9章〕

経済的理性の狂気

価値の担い手である商品は最終的に消費されると、流通から離脱する。これによって商品は「経済的過程の契機ではもはやなくなる」。しかしこの消滅は、価値が商品から貨幣形態へと事前に転化することを条件としており、しかも貨幣は永久に流通にとどまることができる。マルクスはこう書いている。

> 貨幣の場合、それは狂気となる。しかし狂気は経済の一契機なのであり、そして国民の実際生活を規定している。[1]

日常生活は貨幣の狂気にとらわれる。しかしこの狂気が存在するというのは、どのようにしてなのか?

終わりなき資本蓄積の「悪無限」

商品生産の直接の目標は社会的必要の充足にあるのだから、商品の観点からすれば、交換価値には「一

▼1　Gr, p. 269／S. 193／①三一六頁。

時的な利害関心があるにすぎない」。交換の世界における貨幣は、さまざまな交換を容易にするだけだ。しかし資本と剰余価値生産の世界では、貨幣はまったく異なる性格を帯びる。

〈ここにおいて価値は〉増大することによって、自己自身を維持することになる。そして、この価値が自己自身を維持するには、まさに〈……〉価値が、それ自身の量的制限を絶えず乗りこえるしかない。こうして富むことは自己目的になる。資本の活動となるためには、その目的は致富なのであり、すなわち自分自身を増大させ、増加させること以外にはありえないのである。

貨幣は富の尺度として機能するかぎり、さらに次のことも遂行しなければならない。

〈貨幣は〉その量的制限をこえて前進する不断の衝動であり、すなわち終わりなき過程である。貨幣自身の活力はもっぱら次の点にある。すなわち貨幣は、使用価値から区別されて自立的に通用する交換価値としての自己自身を維持するために、自己自身を絶えず倍加させるしかない。

この点によって資本主義下の貨幣は、資本主義以前の多種多様な貨幣形態から区別される。

貨幣額としての貨幣は、貨幣の量によって測られる。このように測られるということは貨幣の性格と矛盾する。というのも、貨幣は測りきれないものをめざさねばならないのだからである。[2]

測りきれないものは、阻まれることも抑え込まれることも、まったく不可能である。

これは、ヘーゲルの言う「悪無限」である。それは終わりのない無限の形態であり、神の全知のように、あらゆる人間の理解を超えた無限である。数列がその典型的な姿である。あらゆる数には、常にそれよりも大きな数が存在する。世界の貨幣供給は、金《きん》という物質的基盤に制約されないのであれば、悪無限である。それは一連の数にすぎない。現代資本主義は、終わりなき蓄積と複利的成長という悪無限にはまり込んでいる。ウェイン・マーティンの示唆するところによれば、マルクスの解釈においては「資本主義は本質的に、完結することなき無限へと向かっており、この方向性は資本それ自体の存在論にもとづいている」[▼3]。中央銀行が貨幣供給量を何桁か増やすだけで、貨幣は無限の価値拡大欲求に合わせることができる。中央銀行は量的緩和によってこれを行なっている。これが悪無限であり、制御不能となって猛威をふるう螺旋《スパイラル》運動である。われわれはかつてドルの流通について何百万ドルという単位で話題にしたものだが、その後、この単位は十億ドルになり、一兆ドルになり、そして多分われわれは間もなく千兆ドルといった単位で話すことになるであろう。だが千兆という金額は、現実に理解できるものの限界を超えている。

ヘーゲルの真無限は円環であり、メビウスの輪であり、エッシャーの階段である。そこでは、運動が永遠に続けられるのだが、すべてがあらかじめ計算できて理解できてしまう。『資本論』の最初の二巻で、マルクスは単純再生産に長大な章をそれぞれ充てた。どうやらマルクスは、好循環的な再生産形態を解明したいかのようであるが、そうしたものはゼロ蓄積の非資本主義世界であれば可能かもしれない。剰余価値生産とその不断の拡大が必要になるとともに困難が始まる。それは好循環的な真無限から、終わりなき蓄積という螺旋運動への移行をともなう。資本の側が「完結することなき無限」を永遠に追求するよう強いられるのは、この移行があるがためである。使用価値は物質的制約によってはっきりと限界づけられるが、後述するように、この狂気を免れるわけではない。「想いをこらして果てしのない高みにまで、消費を高めようとする」試みが存在する一方で、他の多くは「際限のない浪費として現われ」てくる[▼4]。環境的

▼2　Gr, pp. 268, 270-271／S. 190, 194-195／①三一五、三二〇～三二二頁。

▼3　Martin, W., 'In Defense of Bad Infinity: A Fichtean Response to Hegel's Differenzschrift', mimeo, Department of Philosophy, University of Essex〔*Hegel Bulletin*, 28 (1-2) (2007):168-187〕; Arthur, C., *The New Dialectic and Marx's Capital*, Leiden: Brill, 2002, pp. 137-152.

コモンズの加速的劣化は、その非常に顕著な表われである。

『資本論』第三巻でマルクスは、この狂気の別の様相を暴く。利子生み資本は「すべての狂った形態の母」[5]だと評される。この場合、貨幣は商品としての自らの役割に戻るのだが、その商品としての使用価値は、剰余価値を生産するために他人に無限に貸しだされることが可能だということである。その交換価値が利子である。貨幣は価値を表象するものだが、貨幣それ自体が貨幣価値を獲得する。利子は「もともとまったく不合理な表現である」。その帰結は「ばかげた矛盾」であり、そこでは「資本の内的傾向は、資本にたいして、他人の資本によって加えられる強制として〈……〉現われる」[6]。反価値が優位を占める。利子生み資本（株主と債券所有者の権力）の流通が、価値を運動させつづけるための最も重要な力になると、その結果として「ここでは資本の物神《フェティッシュ》的な性格も資本物神《フェティッシュ》の観念も完成する」[7]。経済的理性の狂気は物神的形態によって隠蔽され、その形態において貨幣は絶えまなくより多くの貨幣をもたらす不思議な力をもっているかのように見える。私が自分の貨幣を預金すると、何もしないままに貨幣は複利的に増大する。

しかしながら――とマルクスは論じる――「経済学者諸氏にとっては、資本における価値の自己維持からその倍化へと理論的に移行することは、〈……〉いまいましいほど難しいものとなる」[8]。われわれの世界理解は、ブルジョア的な経済的理性の狂気にとらわれる。この理性は、社会的福利における調和のとれた成長と達成可能な不断の向上という真無限と見せかけながら、限界なき蓄積を正当化するのみならず、それを促進しさえする。終わりなき複利的成長は減価と破壊とに帰着せざるをえないのだが、経済学者たちは、こうした「悪無限」にはまったく立ち向かわなかった。それどころか彼らは、「歴史的進歩を意気揚々と富に奉仕すべきものととらえた」[9]ブルジョアジーの美徳を褒めたたえる。彼らは、そのような体制に危機《クライシス》／恐慌が固有なものなのかどうかといった問いを断固としてはぐらかす。彼らの言葉によれば、恐慌は不可抗力か、自然災害か、あるいは人為的過誤や見込み違い（とりわけ誤った国家介入に起因するそれ）のせいなのだ。この一部ないしすべてのせいで、終わりなき自由市場資本主義という無謬だとされる仕組みも脱線することがある。だが、この仕組み自体は完璧そのものだと経済学者は主張する。恐慌に直面したとき、経済学者が言えるのは、「もし生産が教科書どおりに行なわれていたならば、けっして恐慌にはならないであろう」ということだけだ。

〈経済学者〉〈……〉が恐慌否定の根拠として挙げているものは、いずれも、空想のなかで取り除かれた矛盾であり、したがって現実の矛盾、したがって恐慌の根拠なのである。矛盾などないと自分に言い聞かせようと切望するのだが、それは同時に、実現しそうにない願望の表明である。この願望からすると、諸矛盾は存在してはならないのに、現実にはそれは存在するのである。[10]

今日の経済科学は無矛盾なのである。

▼4　Gr, p. 270／S. 194／①三一〇頁。
▼5　C3, p. 596／S. 483／五九六頁。
▼6　C3, pp. 475-476／S. 366-367／四四二〜四四三頁。Gr, p. 413／S. 325／②二三頁。
▼7　C3, p. 516／S. 405／四九二頁。
▼8　Gr, pp. 270-271／S. 195／①三一一頁。
▼9　Gr, p. 590／S. 481／②三〇四頁。
▼10　Th2, pp. 500, 519／S. 1122-1123, 1141／⑥七〇三、七二八頁。ほとんどの経済学者は、外部効果や不完全情報［各経済主体に情報が不均等に保有され、新情報を得るために一定費用が必要となること］からもたらされる市場の不完全性を認識している（そしてそれらを「市場の失敗」として研究しさえしている）。ケインズ主義的傾向にある経済学者は、恐慌や不景気を取り除きたいとの期待から、景気循環抑制を主眼とする適切な総需要管理と総供給管理を行なううえで、国家が果たすべき一定の役割を認めている。しかし彼らの狙いは、不完全性を補正することにあり、調和のとれた均衡関係という概念を回復させてその正しい理論的場所へと戻すような国家関与の最適政策を定義することにある。経済学者の誰一人として――進歩的な政治的立場を僭称するポール・クルーグマンやジョセフ・スティグリッツ、ジェフリー・サックスといった人々でさえも――、資本の内的諸矛盾や、終わりなき複利的成長という「悪無限」の危険についてはは見当もついていない。

マルクスが自分の知的努力と研究生活の大半を、経済的理性の狂気と政治経済学とにたいする批判に捧げようと決意したのは、このような文脈においてなのである。その過程において彼は、日常生活のユートピア主義へとわれわれを導いてくれるとされる体系的思考と政治的プログラムのなかで、不合理と「狂った形態」が深まることを明らかにする。マルクスが確認している矛盾した運動法則は、資本家階級とその取り巻き連中にのみ利益を与える。その一方で、さまざまな地域の人々がまるごと、生産においては生きた労働を搾取される状態に追い込まれ、日常生活においては取るに足らない可能性しか与えられず、さまざまな社会関係においては債務奴隷に転化させられるのである。

信用貨幣と物質的生産の膨張——中国を事例として

マルクスの解明によれば、ブルジョア的な経済的理性の狂気は、価値とその貨幣的表象との対立が強まることによってさらに悪化する。貨幣が物質的土台（たとえば金や銀といった貨幣商品など）から必然的に切り離されるにつれて、貨幣の観念的構築物（ドル、ユーロ、円などの数字）も、あるいは——さらに重要なことだが——信用貨幣形態での貨幣の絶えざる出現も、人間の判断の変転を被りやすくなる。それらは過剰になりやすく、権力を握る者であれば誰の手によっても操作されかねない。貨幣は「単なる流通手段としての〈……〉僕《しもべ》の姿から、突然、諸商品の世界の支配者および神になる」。それは「手につかめるかたちで個々の個人の占有のもとにおくことができる」。貨幣は、他人の社会的労働にたいする個人化された請求権であり、それは、債権が他人の未来の労働にたいする請求権であるのとまったく同じである。貨幣はその所有者に、「社会にたいする支配、つまり享楽、労働などの全世界にたいする支配」を与える[11]。マルクスの時代以降、このような請求権の増殖と、その請求権がもとづくはずの価値的土台との乖離《ギャップ》はとてつもなく広がった。もし世界のすべての人々が銀行に行って自分の預金と同額の現金を引き出そうとすると、必要な紙幣を印刷するのに数年とまではいかないにしても数ヵ月はかかるであろう。外国為替市場では一日二兆ドルが取引されている。

しかし、これは金融的世界の内部における現象としては氷山の一角にすぎない。信用貨幣の流れ、あるいは資本自体が生みだす反価値形態の流れは、一九七〇年代以降とてつもなく増大した（図表4）[12]。第一に、これらの流れは、分配領域そのもののなかでさまざまな活動を円滑なものにする。分配の領域がブラックホールのように次第に見えてくる。そこでは大量の価値が債務の返済のために消失し、それが再び姿を現わす保証もけっしてないのである。銀行間融資はかつてなく増大し、これはまた金融機関と中央銀行間の取引についても同様である。銀行は久しく、国家の課税権力という保証を担保にして、政府にたいする貸付を行なってきた。その見返りとして国家の課税権力は、苦境に陥った銀行を救済《ベイルアウト》するために駆使される。主要諸国で増大しつづける国債には、いつか合法的に回収される望みなど微塵も存在しない。しかし国債の償還へと税収が莫大な規模で流れることは、分配という全領域内部で常態化する。他方で、国家支出に由来する有効需要のほとんどは、信用制度のなかで生みだされ国家に貸しだされる擬制資本（反価値）である。未来の価値生産にたいする請求権は絶えまなく膨張する。消費者信用（その一部は略奪的なものである）は、あらゆる人々（労働者や学生など）にも利用できるようにされ、通常は流通するにつれて増大する。消費における「想いをこらした果てしのない高み」という幻想が貪欲に追求される。信用が土地所有者や資産所有者にも流れ込む。それは地代や他の資産価値への投機を煽り、今度はこれらの資産価値が摩訶不思議にも無限に増大する力を備えることになる。商人や実業家は、いつの日か自らを滅ぼすやもしれぬ反価値の潜在的力に直面してもなお、お金《かね》を借り入れる。商人、土地所有者、資産所有者、国家、その他貯金を行なうあらゆる人々——労働者階級の一部の特権層もそこに含まれている——は、一定の利回りを期待しながら（時にその期待を裏切られつつ）、過剰資金を金融機関に預けるのである。

▼11　Gr, pp. 221-222／S. 146／①二四二〜二四三頁。
▼12　Federal Reserve Bank of St. Louis, *Economic Reports*〔https://fred.stlouisfed.org/, 二〇一八年一一月一八日訳者閲覧〕。

[図表4] アメリカの公共・企業・民間債務残高の増加

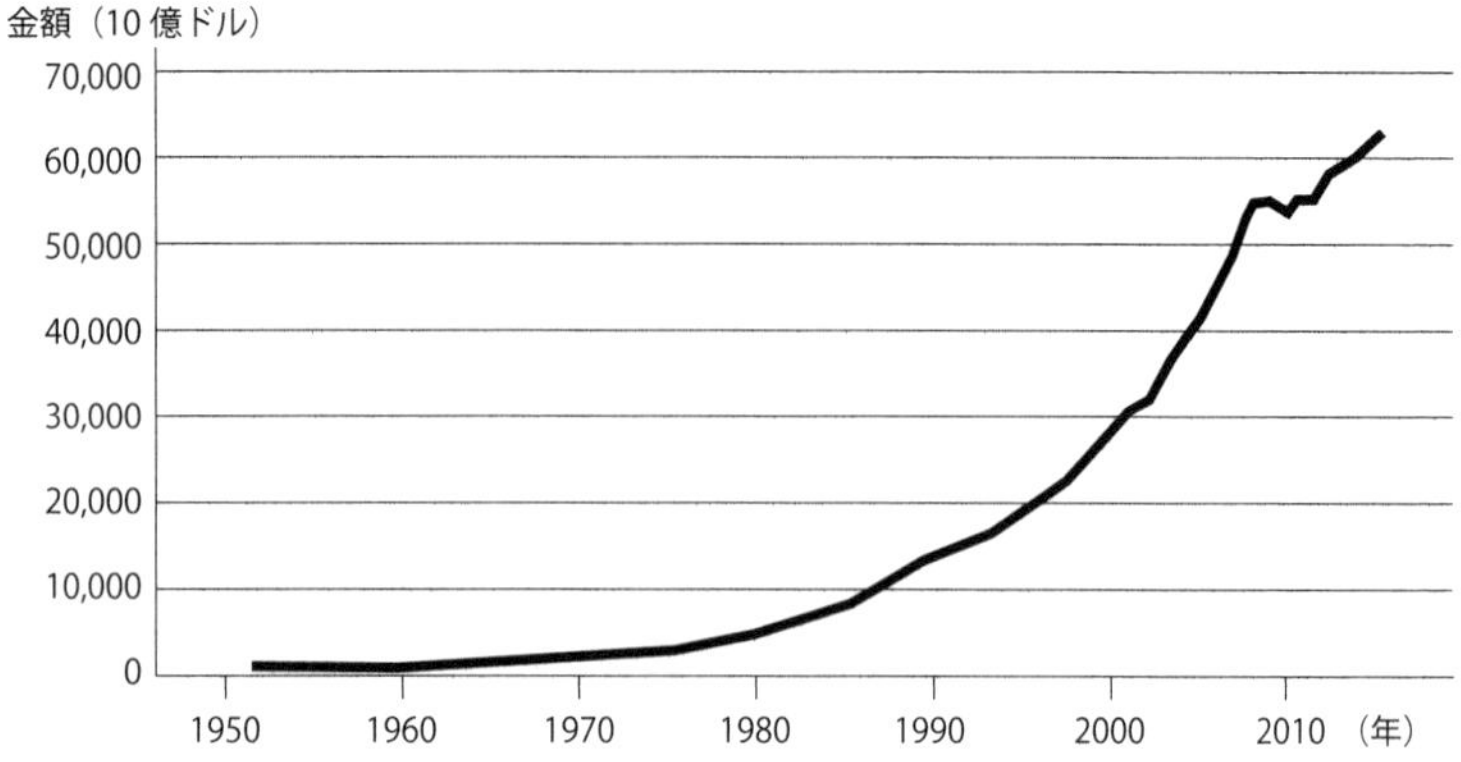

出典：セントルイス連邦準備銀行

[図表5] 中国のセメント消費量

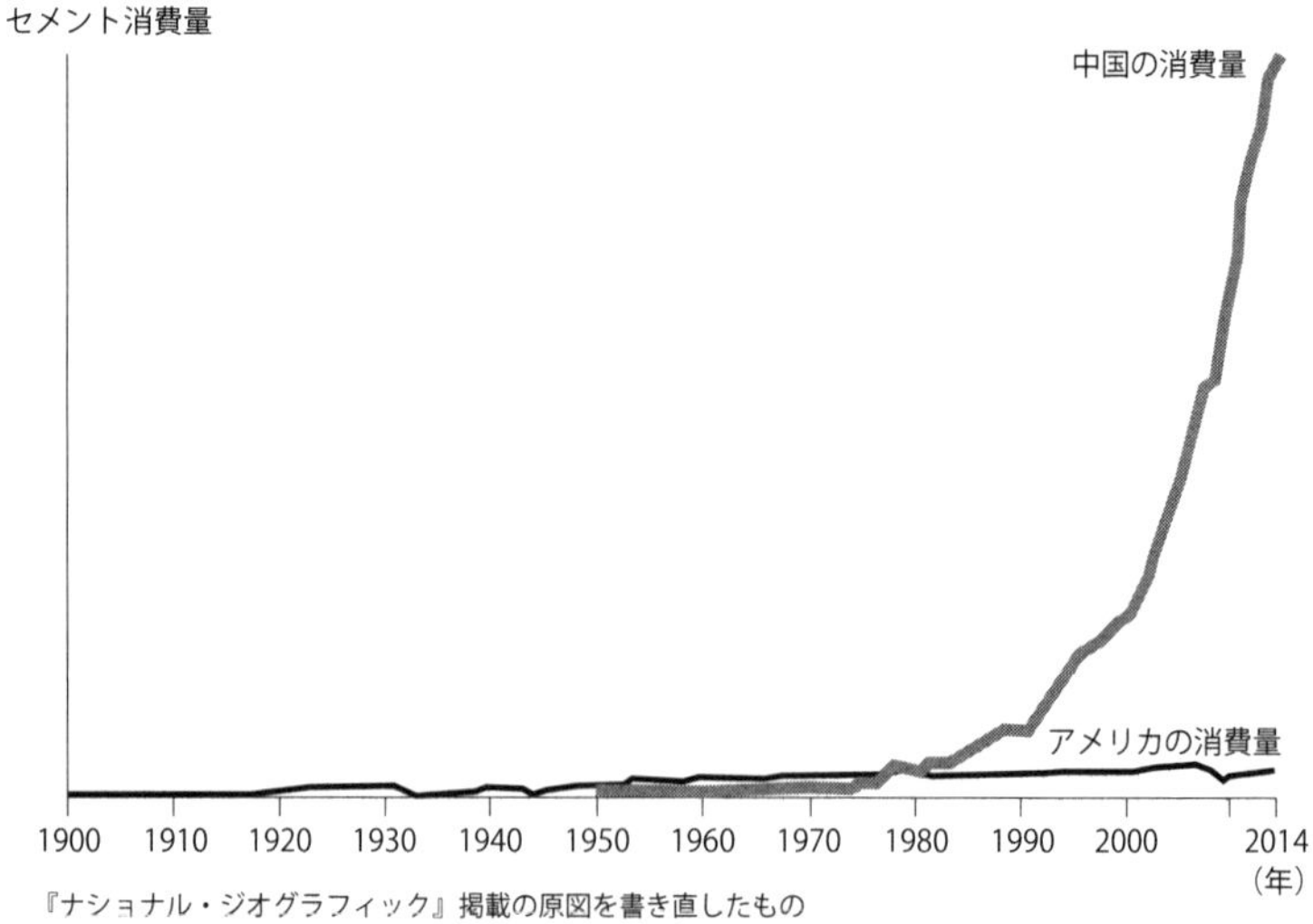

『ナショナル・ジオグラフィック』掲載の原図を書き直したもの

マルクスは、擬制資本形成と資産投機の重要性を認識していたが、その一方で、そこにある経済的理性の狂気を強調した。これらの分配間諸関係が「諸国民の実際生活」に影響を与える重大な「経済の一契機」をなすことを、彼はとてもよく理解していた。しかし誰もが知っているように、これは、不透明なことで悪名の高い神秘化された資本主義的活動領域であり、容易に要約できず表面的な記述さえもしがたいものなのである。

だが、こうした「際限のなさ」は信用貨幣の世界に限定することはできない。それは使用価値と価値生産の世界にも影響をおよぼす。

資本は、自己の制限を乗りこえようとする、終わりも際限もない衝動である。〈……〉資本そのものが一定の剰余価値をつくりだすのは、それが一時に無限の剰余価値を生みだすことができないからである。しかし資本は、より多くの剰余価値をつくりだそうとする不断の運動である。剰余価値の量的限界は、一つの自然制限、一つの必然性としてしか現われないのであり、資本は、絶えずそれを壊し、絶えずそれを乗りこえようと努めるのである。[13]

資本主義経済の歴史を研究するということは、この活動する狂気を研究するということだ。驚嘆すべきだが、あまりにも明白な次の事実を考察してみよう。一九〇〇年から一九九九年のあいだに、アメリカが消費したセメントは四五億トンであった。二〇一一年から二〇一三年のあいだに中国が消費したセメントは六五億トンであった。二年間で中国人は、アメリカが前世紀全体で消費した量よりも約四五%も多いセメントを消費したのである（図表5）[14]。アメリカに住む人間はその生涯をつうじて、大量のセメントが使

▼13　Gr, pp. 334-335／S. 249／①四一三頁。
▼14　'Towering Above', *National Geographic*, 229 (1) (2016).

われるのを目の当たりにしてきた。しかし中国で起こっていることは並外れている。セメントをばらまく規模の拡大は前代未聞である。それは厄介な問いを惹起する。環境的、政治的、社会的影響はどのようなものであろうか？　それについては、ちょっとした狂気以上のものがあるようだ。これは、マルクスの言う「想いをこらした果てしのない高み」なのであろうか？

　セメントは建築で使われる。これが意味するのは、建造環境の創出、都市空間形成《アーバナイゼーション》、その他の物的インフラ（輸送システム、ダム、コンテナターミナル、空港）の建設にたいして莫大な投資が行なわれているということである。使われるのはセメントだけではない。鉄鋼の生産と使用も、とてつもなく拡大した。近年では、世界の鉄鋼の生産と使用の半分以上が中国で行なわれている（図表6）。製鉄のためには大量の鉄鉱石が必要である。これは、ブラジルやオーストラリアといった遠くの場所からもたらされる。銅、砂、あらゆる種類の鉱石といった他の多くの原料が、前例のない速度で消費された。ここ数年、中国は、世界の主要な鉱石資源の少なくとも半分（場合によっては六〇～七〇％）を消費している（図表7）。

　したがって原材料価格は最近まで高騰する傾向にあった。あらゆる場所で採掘活動が加速しつつある。インドからラテンアメリカ、オーストラリアまで、鉱石を求めてあらゆることが行なわれ、政治的、経済的、環境的に有害な影響が実にさまざまなかたちでおよんでいる。中国における都市インフラ投資の急拡大は、予期せざるグローバルな結果を数多くもたらした。中国に原材料を輸出している国々はすべて、二〇〇七～〇八年の景気後退を急速に抜けだした。たとえばオーストラリア、チリ、ブラジル、ザンビアがそうだったのであり、また先端技術機器を輸出していたドイツも同様であった。

　問題を抱えるグローバル資本主義が、二〇〇七～〇八年の後と同じように生き残っている理由の一つは、中国の生産的消費が成長しつづけたことにあった。北京の共産党指導者にグローバル資本主義を救う意図などなかったことはほぼ間違いないが、実質的には彼らが資本主義を救ったのである。

　これがどのようにして、なぜ起こったかを説明するには、さまざまな地域的価値体制《レジーム》における近年の地経学的歴史について深く掘り下げる必要がある。二〇〇七～〇八年にアメリカで金融危機が勃発した。ア

［図表6］ 世界の鉄鋼消費量

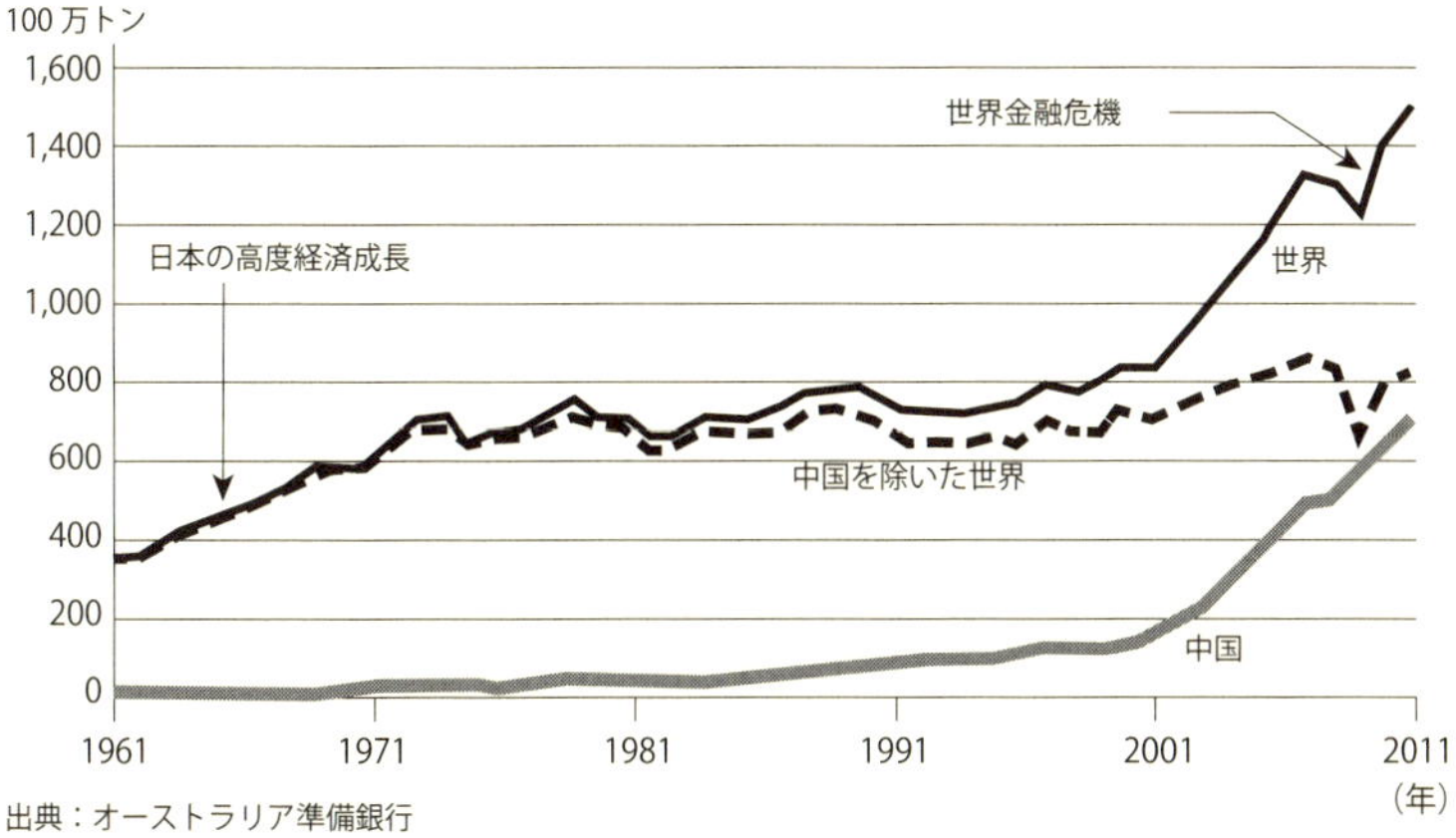

出典：オーストラリア準備銀行

［図表7］ 世界の銅消費量

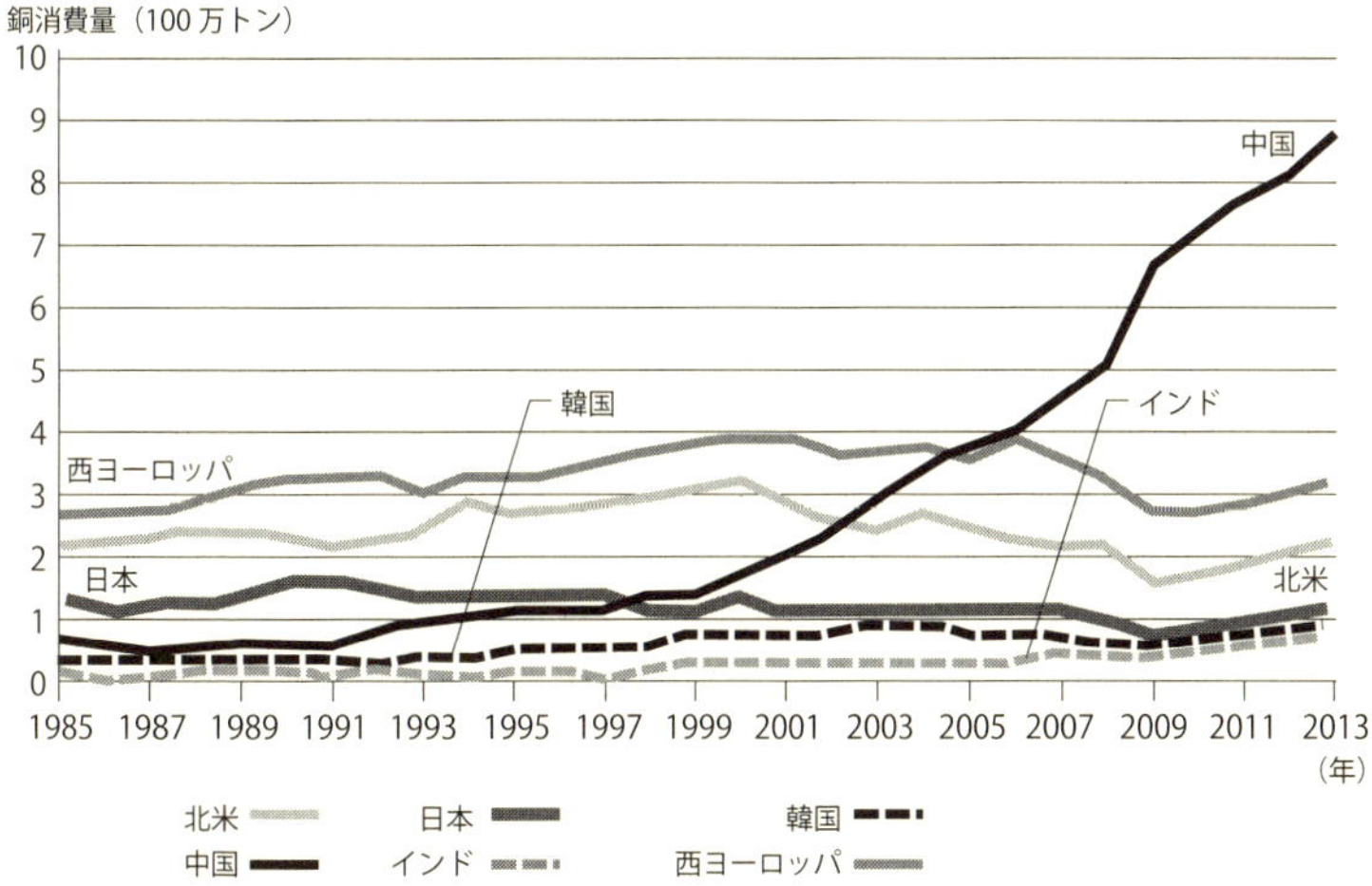

〔出典：ブルック・ハントならびにクレディ・スイス〕

メリカで始まったので、それはグローバルな危機だと定義された。それ以前にも一九九七~九八年には東南アジアで、二〇〇一~〇二年にはトルコとアルゼンチンで危機が起こったが、これらは特定の価値体制内部における地域的危機だとみなされた。アメリカは依然として最も影響力のある世界最大の経済力の一つを有しており、その国内での大規模な崩壊は波及して、その他の地域的価値体制を動揺させることになる。いくつかの証拠によれば、アメリカの国内諸機関と為政者もまた、金融危機の国内での影響を緩和しようとして、その負の効果を積極的に――国際通貨基金（IMF）といった国際機関を支配することによって、またドルという世界的準備通貨に備わる仕組みをつうじて――世界中にまき散らそうとした。危機には、たらい回しにされる傾向が常にあるが、国家的権力機関と政治家に実効的に支援されることによって、その速度はより急激なものとなる。

二〇〇七~〇八年の危機は、最初はきわめて局所的なものであった。危機は具体的にはアメリカの南部および南西部で始まったのであり、それは安易な信用取引と「サブプライム」型貸付とによって煽られた住宅・不動産市場での猛烈な投機によるところが大きかった。二〇〇一年に株式市場が暴落した後、投機的資金はアメリカの不動産市場へと流れ込んだ（それ以外の場所では、アイルランドやスペインにも流れ込んだ）。その当時、世界は過剰流動性でだぶついており、利子生み資本には投資機会がほとんどなかった。こうしたものの大半が不動産市場と原材料採取産業に吸収され、そこでの価格は否が応でも上昇しつづけた。投機的住宅バブルがはじけると、アメリカでも、アイルランドやスペインやその他のいくつかの国々でも、住宅ローンにたいする差し押さえ危機が大規模に生じたのである。

差し押さえに遭った人や失業者は外出もしないし、モノも買おうとしない。アメリカの消費者市場は機能しなくなった。この消費者市場への主要な商品供給者が中国であった。今度は中国の輸出産業も機能しなくなった。これが、局所的な危機がグローバルなものとなる一つの連関であった。もう一つの連関は金融制度によるものであった。金融機関は、住宅ローン債務をつくりだしておいて、その債権を、利回りの良い投資先だとして他人に譲り渡すことができた。この債権は「家と同じくらい安全」だと思われた。ところが、こうした住宅ローンの多くは支払能力によって保証されたものではなかったのである。甘言にのせられてこの新規の金融商品に投資した人は、その誰もがお金《かね》を失った。相当額の債権を抱えていた銀行は破綻の危機にさらされ、信用枠を引き締めたが、そのさいかねてより慎重であった消費者へのものも含めて所かまわず引き締めたのである。アメリカ消費財市場の衰弱状態は拡大し深刻化した。下方スパイラルが世界全体を不況へと巻き込みかねなかった。

二〇〇八年、中国は輸出の三〇％減に直面した。中国南部の工場群は閉鎖されつつあった。中国の統計は信用できないことで悪名高いが、いくつかの報告によると二〇〇〇万人から三〇〇〇万人の職が失われた。中国政府は常に、社会不安の可能性に神経をとがらせてきた。二〇〇〇万あるいは三〇〇〇万の失業者は際立った危険をもたらしたのであり、中国政府は自らの正統性と権力とを維持したければ、この状況に対応しなければならなかった。

二〇一〇年までにＩＭＦと国際労働機関（ＩＬＯ）の共同報告は、危機による雇用の純喪失の世界推計を算出した[15]。アメリカでの純雇用喪失数は七五〇〇万で最大のものとなったが、中国の純雇用喪失はわずかに三〇〇〇万人程度であった。中国は、少なくとも一七〇〇万人を約一年のうちにどうにか労働市場に吸収しえたのであり、ひょっとしたらそれ以上の数の人間を引き戻したかもしれない。これは、まったく空前の驚異的成果である。

これほど莫大な過剰労働力を中国が急速に吸収したというのは、いかにしてであったか？　できるだけ多くのインフラ事業や巨大プロジェクトを引き受けるよう、あらゆる人々に中央政府が命じたようである。銀行は、開発業者にたいして無制限に融資するように命じられた。アメリカでは、二〇〇八年に連邦準備制度理事会と財務省が融資向け資金を銀行に供給したさい、銀行はその資金を使って自らの不良債権を回

▼15　International Monetary Fund/International Labour Organization, 'The Challenges of Growth, Employment and Social Cohesion', discussion paper, Joint ILO-IMF Conference in Cooperation with the Prime Minister of Norway, 2010.

［図表8］中国の（国家・企業・家計の）債務残高の増大

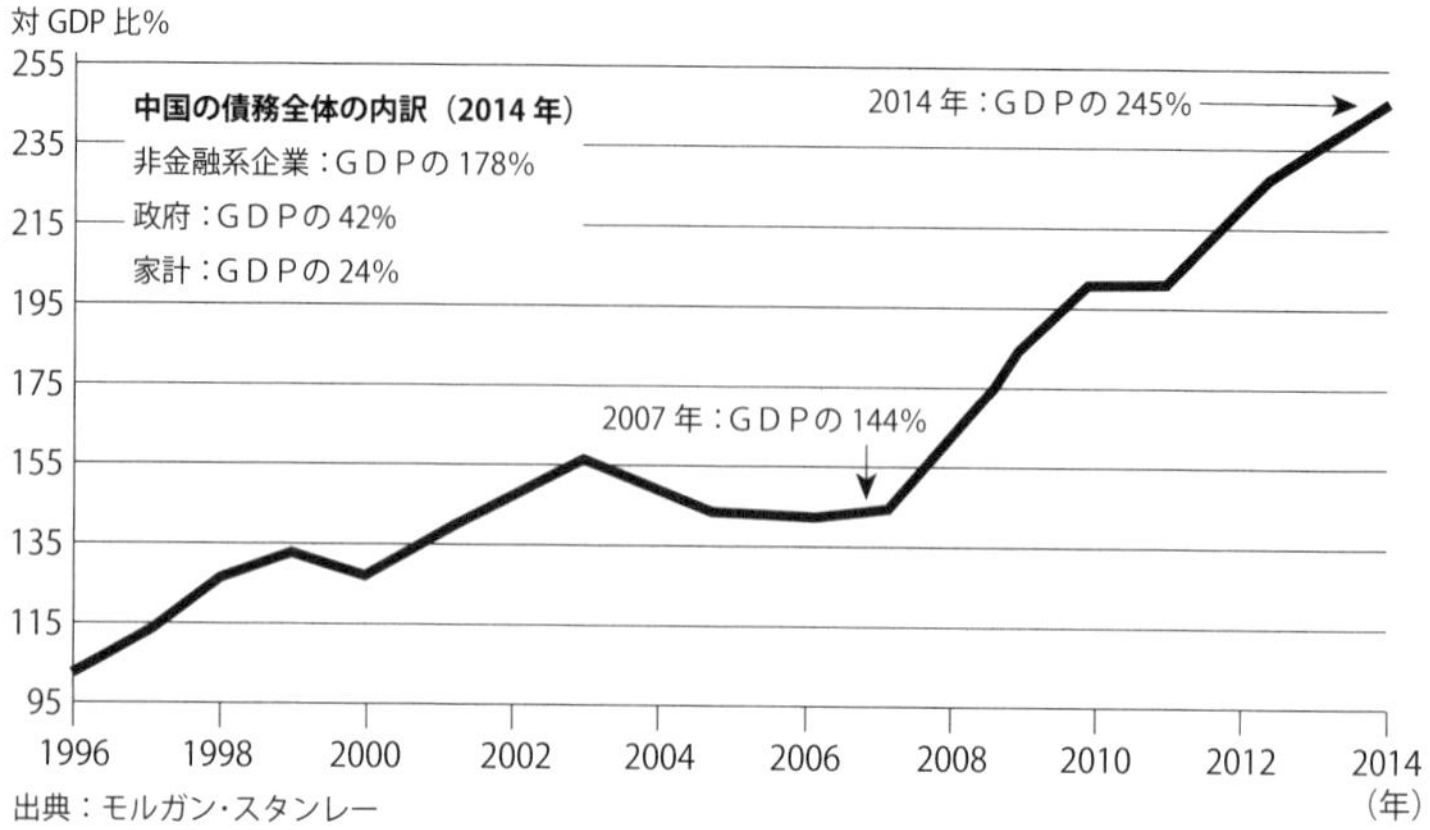

出典：モルガン・スタンレー

収してしまい（いわゆるレバレッジの解消である）、あまつさえ自社株買いさえも行なった。アメリカでは政府は銀行を支配できない。中国の銀行制度は、そうではない。中国では、銀行家は中央政府に融資を命じられれば融資を行なう。そして銀行家が実際にそのように行動したのは明らかであり、ついでながら、その過程で多くの人々が極度なまでに豊かになった。突如として中国は億万長者が生息する世界と化し、その数はアメリカに次いで世界で二番目に多いものとなった。

　中国における大規模建設事業の取り組みは負債金融でまかなわれた（図表8）。この国の債務残高は二〇〇七年から二〇一五年のあいだに四倍になった。二〇一六年までに正規の債務残高はGDPの二五〇％に達した。債務は生産と消費の両面におよんだ。家計の借金も劇的に増加した（そうでなければ、それらの新築の家を誰が買うのか）[16]。信用取引が容易にできるようになったことで、不動産価格は押し上げられた。住宅価値への投機が流行した。二〇一六年の夏には、全国の住宅価格は年率七・五％で値上がりする一方、中国の上位十大都市圏での値上がりは二〇％に達した[17]。そのあいだに地方政府、国家政府、そして市政府は徹底的に借入を行なった。二〇一四年には影の銀行《シャドー・バンキング》◆制度と都市財政の深部とに隠されている巨額の有毒負債［債務不履行になる可能性の高い債務］についての噂が表面化した。[18] 近い将来にある種の金融崩壊が起こるのではないかという危惧は経済紙を周期的ににぎわせている。しかしながら中国の債務はドル建てではなく自国通貨建てである。そのため、たとえばＩＭＦや外国人債券所有者による外的干渉を被る見込みはまったくない（不運なギリシアの場合はそうではなかった）。中央政府は巨額の外貨準備をもっており、それは先の金融困難期にあったように、金融機関の資本構成を変更する［金融機関の負債を解消すべく資金を注入する］ために使われるであろう。

要するに中国は反価値の力を解き放つことで、価値生産を向上させて、できるだけ多くの過剰労働者を吸収したのである。中国が、これを行なった唯一の国というわけではない。ＩＭＦの報告によれば、二〇〇七～〇八年以来、グローバルな次元でも負債金融は大きく増大した。グローバルな非金融部門の債務残高は今や一五二兆ドルに達しており、これは歴史上最も高い水準である（世界ＧＤＰの二二五％となっている）。[19] アメリカは、二〇〇八年から純債務残高がある程度減少した数少ない国の一つなのだが、それは主に、あらゆる行政レベルでの緊縮政策と住宅金融問題の継続とによるのである。この結果として有効需要は停滞し、危機からの回復を押しとどめることになった。

▼16 Agence France-Presse, 'China's Property Frenzy and Surging Debt Raises Red Flag for the Economy', *Guardian*, 27 November 2016.
▼17 Reuters, 'China's Property Boom Continues as Prices Rise at Record Rate', *Fortune*, 21 October 2016.
◆影の銀行（シャドー・バンキング）　規制の厳しい銀行ではなく、投資銀行（証券会社）やヘッジファンド、証券化のための特殊な運用会社などによる信用仲介活動。
▼18 Hong, S., 'China's Plan for Local Debt Amounts to a Bailout', *Wall Street Journal*, 23 June 2015.
▼19 International Monetary Fund, 'Debt: Use It Wisely', *Fiscal Monitor*, World Economic and Financial Surveys, October 2016.

恐慌対策としての都市空間形成史

一九七〇年代以降、グローバルな債務が前代未聞の速さで創出されてきたが、このことが示唆するのは、世界の複数の地域的貨幣制度の内部において反価値創出という巧妙なトリックを展開することによって、グローバル経済が絶えず成長しつづけている、ということだ。債務の多くは、おそらく有毒負債であり、さらなる債務の創出によって埋めあわされる（ポンジ・スキームの場合に起こるように）。増大しつづける債務の返済に充てられるはずの価値がどこからもたらされるのかは明らかではない。

中国は、建造環境での生産的消費という大規模投資計画に着手することによって、大量の労働力を吸収した。GDPの四分の一がもっぱら住宅建設によるものであり、別の四分の一以上も高速道路、水道設備、鉄道、空港などのインフラ投資によるものであった。都市がまるごと新しく造られた（そのいくつかは、いまだ住民のいない「鬼城《ゴースト・シティ》」である）[20]。国民の空間経済は、高速道路と高速鉄道によって、これまで以上に密接に統合され、南北の市場の接続は、はるかに強固なものとなり、内陸部も発展して、沿岸部との結びつきを大きく深めた。かねてから中央政府が、このようなことを実行しようとしていたのは確かである（高速鉄道計画は一九九〇年代に練られていた）。だが、この〔二〇〇八年金融危機以降の〕時期になって中央政府は、できることとすべてを動員して、手に負えなくなる可能性のあった過剰労働力を吸収したのである。二〇〇七年の中国には高速鉄道は一マイルもなかった。二〇一五年までに約一二〇〇〇マイル〔約一九〇〇〇キロ〕の高速鉄道が主要都市のすべてをつないでいた。いかなる基準からしても、これは驚異的な偉業であった。

しかしながら、経済的困難への中国の対応法については何か新しいものがあったわけではない。第二次世界大戦後のアメリカの事例を検討してみよう。アメリカ経済は、戦争中に大幅に増大した生産能力を吸収しなければならず、また大勢の退役兵にたいして実入りの良い仕事を創出しなければならなかった。市民生活に復帰する退役兵が一九三〇年代の規模での失業に直面すれば、深刻な政治的、経済的不安が間違いなく起こるということが、政策決定者にはわかっていた。資本主義の再生産は危機に瀕していた。

第一の戦線は、マッカーシズムとして知られる反共産主義運動によって、あらゆる対抗的な左翼的思考を抑圧することであった。第二の戦線は、過剰労働力供給と過剰資本という経済問題に取り組むことであった。この一部は、アメリカ帝国主義、冷戦体制、軍国主義の拡大（ドワイト・アイゼンハワー◆大統領が阻止しようとして失敗した、有名な「軍産複合体」の興隆）をつうじて実行された。

これらの戦略を補完したのが、物的インフラや社会的インフラ（高等教育など）へのあいつぐ大規模投資であった。州間高速道路が西海岸と南部とをまとめ、新しいあり方でアメリカ経済を空間的に統合した。ロサンゼルスは一九四五年には普通の規模の都市であったが、一九七〇年までには巨大都市に変貌した。大都市圏は、輸送機関、高速道路、自動車、そしてとりわけ無秩序に広がった郊外住宅地とともに完全に設計しなおされた。ニューヨーク大都市圏の設計をすべて書きかえた天才的企画家であるロバート・モーゼスという人物が、着想と実践の両世界を股にかけるかたちで都市空間を形成し、大都市圏のモダニズム的再設計を推し進めた。[21] 新しい欲求、必要、欲望を、そして完全に新奇な生活様式を、全住民にたいしてつくりあげるという一大キャンペーンの中心には、まったく新たな郊外型生活様式の発展（「ゆかいなブレディー家」◆や「アイ・ラブ・ルーシー」◆のような、ある種の「人々の日常生活」を賛美する人気テレビ連続ホームコメディで歓迎されたそれ）があり、加えて、個人での持ち家所有という「アメリカン・ドリーム」を宣伝する実にさまざまなプロパガンダがあったのである。

▼20　Shepard, W., *Ghost Cities of China*, London: Zed Books, 2015.

◆ドワイト・アイゼンハワー　アメリカの軍人、政治家（一八九〇～一九六九年）。第二次世界大戦中、連合国遠征軍最高司令官等を歴任。のちに共和党から立候補して、第三四代アメリカ大統領を務めた（任期一九五三～六一年）。

▼21　Caro R., *The Power Broker: Robert Moses and the Fall of New York*, New York: Vintage, 1975.

◆「ゆかいなブレディー家」　一九六九～七四年、アメリカのABCテレビで放映されたホーム・コメディ・ドラマ。日本でも放映された。

有効需要を支えるために、実入りの良い仕事が必要とされた。国家機構の後押しを受けて労働と資本は不安定な妥協に至り、白人労働者階級は経済的利益を得たが、マイノリティは排除された。一九五〇年代と六〇年代は、多くの点で、アメリカにおける資本蓄積の黄金時代であった。成長率は高く、白人労働者階級にとっては満足できる状況であった。ただし強力な公民権運動と主要都市での暴動事件が示したことだが、貧困に陥り周縁化されたアフリカ系アメリカ人と移民にとっては万事順調というわけではなかった。

しかし、これらの諸手段によって過剰蓄積問題は一五年かそこらは解決された。サンフランシスコ連邦準備銀行総裁が述べたと報じられたことだが、アメリカは「家を建てて、そこをモノで一杯にすることによって危機から脱出する」[22]。だがのちに二〇〇七～〇八年のあいつぐ差し押さえで明らかになったように、これはまた資本が危機に陥る仕組みでもある。

経済的、政治的問題を解決するために都市空間形成を駆使した似たような事例は、はるか以前に第二帝政期のパリにも起こった[23]。一八四八年の経済危機は、この都市での労働者階級革命とブルジョア革命とを引き起こした。この二つがともに失敗に終わると、ルイ＝ナポレオン・ボナパルト◆（ナポレオン・ボナパルトの甥）がフランスを再び偉大にすると公約して、大統領に当選した。彼は一八五一年一二月の〔反議会〕クーデターで絶対的権力を握り、一八五二年には自らが皇帝〔ナポレオン三世〕であると宣言した。即座に彼は、あらゆる反対勢力を密告し取り締まるためのスパイ網と秘密警察を組織した。しかし労働者の雇用を回復し資本を再稼働できなければ、自分の立場は長くはもたないであろうということも彼にはわかっていた。サン＝シモンのユートピア的理論の熱狂的信奉者であった彼は、結合資本に資金提供された公共事業プロジェクトに着手し、オスマンをパリに連れてきて、都市再建を監督させた。まもなく労働力と資本は利益をだしながら完全に用いられ、新たな大通りや公園、デパート、新設の給水管や下水道管などを造りだした。日常生活は「光の都」のブルジョア的消費様式へと変質し、カフェや演芸場、都市生活型の見世物《スペクタクル》（大通りでのファッション・ショー）が賑わった。今日でもわれわれはパリの中心部でオスマンの建設した大通りを歩いたり、街角のカフェに座ったり、水道水を飲んだりすると、都市を変質させよう

とした この活動の帰結を目の当たりにするであろう。

しかし、これらの変化の規模と速度は、一九四五年以後のアメリカでのロバート・モーゼスの成果にははるかにおよばないし、近年の中国における変容の規模と速度に比べると、ちっぽけで取るに足らないものに見えてしまう。

以上すべての事例には根底的な共通問題が存在した。建設事業の維持のためには、新たな信用制度と金融手段とが生みだされなければならなかった。価値生産を強いるためには、反価値が創出される必要があったのである。一八五〇年代のパリでは、新手の信用主導型銀行業が大きく人目を引いた。しかし、ある時点になると債務創出が突出し、債務を保証した（はずの）価値にたいする懐疑が表面化した。一八六七年（ルイ・ボナパルトのクーデターの一五年後）のパリの債務危機は、投機的金融機関だけでなく、その都市財政をも巻き込んだ。オスマンは辞職せざるをえなくなった（その一世紀後、ニューヨークでモーゼスが辞職したのとほぼ同様である）。失業と社会不安があとに続いた。ルイ・ボナパルトはナショナリズム的戦略に自らの救いを求め、一八七〇～七一年の普仏戦争に突入した。この戦争に彼は敗北し、イギリスに亡命した。戦争とドイツによるパリ包囲戦に続いて、パリの住民は自らの革命――一八七一年のパ

◆「アイ・ラブ・ルーシー」　アメリカのCBSテレビで放送されたコメディ・ドラマ。一九五一年にはじまり、生活様式の変化に合わせ、設定や構成などを変えつつ、シリーズとしては一九七四年まで続いた。日本でも放映されたが、最も多言語で放送されたドラマとされる。

▼22　Appelbaum, B., 'A Recovery that Repeats its Painful Precedents,' *New York Times*, 28 July 2011.

▼23　Harvey, D., *Paris: Capital of Modernity*, New York: Routledge, 2003［デヴィッド・ハーヴェイ（大城直樹・遠城明雄訳）『パリ――モダニティの首都』、青土社、二〇一七年］。

◆ルイ＝ナポレオン・ボナパルト　フランスの政治家（一八〇八～七三年）。本名はシャルル・ルイ＝ナポレオン・ボナパルト。フランス第二帝政期皇帝としてはナポレオン三世を称した（在位一八五二～七〇年）。ナポレオン一世の甥で、一八四八年二月革命後に亡命から帰国後、大統領に就任。一八五一年のクーデターと人民投票で皇帝となった。一八七〇～七一年の普仏戦争で敗北し退位。亡命先のイギリスで没した。

リ・コミューン――に立ち上がった。それは人類史上最も偉大な都市反乱の一つである。「自分たち」の都市を収奪し強奪したとみなしたブルジョアジーと資本家から、民衆はパリを奪い返したのである。第二帝政の顕示的消費に怒りをつのらせてきた急進的ブルジョアジーと労働者の欲求、必要、欲望が前面に躍りでた。彼らは、異なる社会、異なる都市を創造しようとした[24]。だが、この都市から追いだされた上流階級は、農村部での世論を再組織して、コミューンを冷酷に粉砕した。その血の海のなか、約三万人のコミューン支持者が殺されたのである。

急速な都市空間形成によって過剰蓄積問題を解決するには、一定の費用がかかる。アメリカでは、一九三〇年代に新しい住宅ローン融資やその他の制度が導入されたが、一九四五年以後、はるかに大きな水準での国家介入が生じた（たとえば住宅入手特権や高等教育機会を帰還兵に与えた復員兵援護法）。この仕組みは一時的にはうまくいったが、早くも一九六七年には緊張関係が明らかとなっていた。そのころ、モーゼスは権力の座から追われた。その過程全体は、一九六八年世代の政治的不満の台頭と、都市暴動に発展した公民権運動とともに急停止することになった。第一波フェミニストは郊外住宅地を敵地とみなし、一九六八年世代は、モーゼスの独創性の乏しいモダニズム的計画様式にたいするジェイン・ジェイコブズ◆の批判に触発されて、企業型都市再開発の無味乾燥な試みと陳腐な郊外型生活様式にたいして公然と反抗した。一九六八年世代の欲求、必要、欲望は根本的に異質なものであったし、異なる都市空間形成と生活様式とが要求されたのである。あげくのはてに、ほどなくして不動産市場も崩壊し、ついには一九七三～七五年におけるニューヨーク市のテクニカル・デフォルト型破産へと至ることになった（この町には、当時の資本主義世界でも最大の公共予算の一つがあった[25]）。ここからアメリカでは深刻な景気後退期と資本主義の再編が始まり、これがイギリス、ヨーロッパ、残りの北米地域にも波及していき、最終的にはグローバルに広がって、資本主義全体の新自由主義的再編が押し寄せることとなった[26]。この再編は、利子生み資本の流通と債務の加速的増大を◆引き起こし、終わりなき資本蓄積の主要な活力源となった。それはまた一九六八年世代のリバタリアン的需要にいっそう見合うような新種の都市型・郊外型生活様式の勃興を告げるものでもあった。

二〇〇八年以来、中国人は実際、ルイ・ボナパルトが一八四八年以後にパリで行ない、アメリカが第二次世界大戦後に行なったことを（おそらく知らず知らずのうちに）模倣したのである（それは高等教育向けの大規模投資を含むまでに至っている）。しかしセメント建築使用量のデータが示すように〔二四六頁「図表5」参照〕、彼らの活動は、はるかに急速で、はるかに大規模であった。この規模と速度の変化はマルクスの描写と一致している。それによれば、資本は自らの再生産を推進するにあたって、交換価値だけでなく使用価値をも加速度的に膨張させるのである。

〔しかも〕建設プロジェクトと、その建築物をモノで一杯にすることによって、この目下の危機を歴史にならってしのごうとしたのは中国だけではなかった。たとえばトルコは、都市空間形成における同種の拡大を経験した。イスタンブール新空港、第三ボスポラス橋、約四五〇〇万人規模の都市建設をめざすイスタンブール市北部の都市開発である。トルコのあらゆる都市で建築ブームが目撃された。したがってトル

▼24　Marx, K., 'The Civil War in France', in Tucker, R., *The Marx-Engels Reader* (2nd edn), New York: Norton, 1978, pp. 618-652 [MEW, 17, S. 313-365／カール・マルクス「フランスにおける内乱」（原著一八七一年）、『マルクス＝エンゲルス全集』第一七巻、大月書店、一九六六年、二九三〜三四四頁〕。

◆ジェイン・ジェイコブズ　アメリカの評論家、ジャーナリスト（一九一六〜二〇〇六年）。人間不在の都市や高速道路建設に反対した。主著にジェイン・ジェイコブズ（山形浩生訳）『アメリカ大都市の死と生』（原著一九六一年）、鹿島出版会、二〇一〇年。

▼25　Tabb, W., *The Long Default: New York City and the Urban Fiscal Crisis*, New York: Monthly Review Press, 1982〔ウィリアム・タブ（宮本憲一監訳）『ニューヨーク市の危機と変貌――その政治経済学的考察』、法律文化社、一九八五年〕。

▼26　Harvey, D., *A Brief History of Neoliberalism*, Oxford: Oxford University Press, 2005〔デヴィッド・ハーヴェイ（渡辺治監訳）『新自由主義――その歴史的展開と現在』、作品社、二〇〇七年〕。

◆リバタリアン　福祉国家の再分配政策を含めたあらゆる国家干渉に反対して、個人の不可侵の権利を擁護する自由論者のこと。

コは二〇〇八年の破綻の影響をほとんど受けなかった（ただし同国の輸出産業が不振に見舞われたのは明らかだ）。トルコは二〇〇八年以後、中国についで二番目に高い成長率を実現した。よくあることだが、こうした事態は、二〇一三年にイスタンブールのゲジ公園〔の再開発〕をめぐる都市反乱を引き起こした（パリ・コミューンのおぼろげな残響である）。ペルシア湾岸諸国の壮大な都市空間形成も大量の過剰資本を吸収したが、この場合には移民労働者の流入が関わっていた。北アメリカとヨーロッパの主要都市の中心部では二〇〇九年から不動産市場が急回復したが、これは主に富裕層のための高級住宅建設プロジェクトによるものであった。ニューヨーク市とロンドンは間もなく高級建築事業での不動産市場の回復を経験したが、それは非富裕層向けの手頃な住宅への投資活動が慢性的に欠けている最中《さなか》においてであった。

ちょっと一歩下がって、何が起こっているのかを考えてみよう。ペルシア湾岸諸国は、世界にあって民衆の福利の大幅な向上が切実に必要とされている地域の一つなのだが、そのような国々で目覚ましい都市空間形成（「際限のない浪費と果てしのない高みにある消費」）が起こっているというのは、何かしら狂気じみている。同じことは、ニューヨーク市における富裕層と超富裕層向けの高級分譲マンション投資についても言わねばならない。この町では、手頃な住宅には〔供給〕危機が起こっており、六万人のホームレスが路上で生活している。ごった返しているムンバイのスラム街には、その合間あいまに新たに生まれた億万長者のための豪華な建築物が建っている。これらの高級建築物の多くには人が住んでいない。ニューヨークの通りを歩いて、夜空に高くそびえる富裕層向けの壮観な分譲マンションに、どれだけの照明が夜ついているかを見てみよう。これらの建物は単なる投資手段でしかない。しかも超富裕層だけでなく、貯金できる現金をいくらか持て余しているあらゆる人々にとってもそうなのである。

二〇一六年に中国が外国為替管理を緩和すると、大勢の中国人購入者がニューヨーク市、バンクーバー、サンフランシスコその他の場所に現われて、居住地というよりも一時的な資金運用のための場所を探し求めた。二〇〇七年以前、アイルランド人企業家の景気が良いさいには、彼らもマンハッタンの不動産を購入した。ロシア人、サウジアラビア人、オーストラリア人も同じことを行なっている。しかも、それは億万長者だけではない。上層中流階級の人々は、可能なところであればどこであっても土地不動産の強奪をめざす。労働者の年金基金は略奪的な不動産出資計画に投資している。というのも利回りが最も高いのはそこだからである。これらの基金は居住者の立ち退きをたくらむのだが、その当の居住者が、この〔立ち退きのための〕融資を行なう年金基金に出資していることもありうるのだ。[27]

資本が建設するのは、人々や諸機関の投資先としての都市なのであって、民衆が住むための都市ではない。どれほどの正気がこれにあるというのか？

過剰蓄積と空間的回避の反復拡大

中国の建築ブームが後退するにつれて、セメント生産と鉄鋼生産における過剰生産能力が問題となった。グローバルな原材料需要は落ち込み、原材料産出国の交易条件は悪化した。二〇一三年のブラジルは景気が良かった。二〇一六年までにブラジルは深刻な不況に陥った。二〇一四年以降、ラテンアメリカの大半の国々が経済的苦境を深めたが、それは中国市場が活況ではないからである。先端技術による工作機械や機械装置を中国に輸出しているドイツでさえ経済的余裕が失われた。

資本はその過剰蓄積問題にたいする「空間的回避《フィックス》」を追求して動きまわりつづけるが、それは加速していく。これは、経済的帝国主義が伝統的に意味していた事態である。一九世紀、イギリスから流出した過剰資本と過剰労働力は、アメリカに向かい、あるいはオーストラリア、南アフリカ、アルゼンチンへと送られた。イギリスはこれらの国々に資金を貸し付けては、自国で生産された過剰鉄鋼と過剰車両とを使わせて、鉄道やインフラを建設させた。その融資を受け入れた国では経済生産性が向上し、これによってや

▼27　Goldstein, M., Abrams, R., and Protess, B., 'How Housing's New Players Spiraled into Banks' Old Mistakes', *New York Times*, 26 June 2016.

がて債務が返済された。これが、今日に至るまで対外援助が通常計画される理由である。活力に満ちた資本主義経済が新しい立地で生みだされた（イギリスにたいするアメリカの場合がそうであったし、より近年ではアメリカによる中国への投資によってもそうなっている）。イギリスがインドの事例で行なったように、新しい空間との競合を抑制して市場占有率を守るという帝国主義的戦略は、あまり成功しなかった。これらの戦略は、複利的な世界成長を生みだすことができず、一九三〇年代には不況の到来を助長したのである。

過剰蓄積問題を解決するために空間的回避を追求することは、よく目にする資本主義的実践でありつづけている。日本は一九六〇年代後半から過剰資本を輸出しはじめた。韓国は一九七〇年代後半にこの先例にならうことになった。台湾は一九八〇年代前半に追随した。これらの領域からの過剰資本の流れは世界中を駆けめぐったが、とりわけ中国の生産能力を構築するうえで重要であった。[28]

今や中国が輸出する番である。鉄鋼生産に過剰能力が存在する。それは、どのように対処すべきなのか？　国家は工場を閉鎖することで過剰能力を削減しようとする。しかし雇用喪失にたいする地元の激しい抵抗を考えれば、これは困難である。中国人は、都市インフラ投資でもう一仕事しようともくろんでいる。彼らは、約一億三〇〇〇万人規模――これはイギリスとフランスを合わせた人口に等しい――の都市空間を創造することを計画している。その中心には北京が位置するであろう。投資の焦点は高速の運輸・通信手段である。[29] 企てられている内容は、三大都市圏の合理化だ。第一の都市圏の中心は北京、第二は上海、第三は広東省である。これらの各地域には人口数百万の都市がすでにいくつか存在している。この計画は、セメント生産と鉄鋼生産の双方の過剰能力を今後数年間で片づける手段として、それらの都市圏間の空間的諸関係の高度な合理化をめざしているように思われる。

また中国は、可能なかぎり多くの鉄鋼を安価に輸出している。中国以外の場所（たとえばイギリス）での高費用の製鉄所は閉鎖を余儀なくされつつある。中国は、輸出補助金によって世界市場で鉄鋼を不当廉売《ダンピング》しているとして、WTOの場で異議を申し立てられている。中国がWTOでの「市場経済国」地位を求めるのであれば、この貿易はほぼ確実にやめなければならないであろう。しかし中国企業はまた比較的寛大な条件でいろいろな国に資金を貸し付けることで、鉄道、高速道路、物的インフラも建設させつつある。そのさい、たとえば東アフリカ諸国では、その現地で過剰労働力が多数入手可能であるにもかかわらず、中国の鉄鋼とともに中国人過剰労働力が使われる。同じことはラテンアメリカでも起きている。パナマ運河と競合するニカラグア横断運河の建設や、太平洋岸から大西洋岸へと走る南米大陸横断鉄道の建設といった提案がある。後者の計画が実現すると、リマの港からサンパウロまで陸路約一日半で着けるであろう。以前からラテンアメリカではこの種の企てがいくつか立てられてきたが、中国人が来るまでは誰も真面目に受けとらなかった。彼らは、セメントと鉄鋼は自分たちがたっぷりもっているので、これらの素材を購入してインフラを建設するのであれば融資しようと言ってきたのである。船舶輸送費はかなり安上がりなままであろうが、船舶は輸送も遅く、そして今日の流通部面においては「時は金《かね》なり」だからである。中国は、その内陸部からテヘランをとおってイスタンブール（そしてヨーロッパ）へと至るシルクロードも再建しようとしている。中央アジアをとおってヨーロッパへと至る大容量の高速鉄道も計画されている（「一帯一路」という名前のもとで、である）▼30。このプロジェクトには、パキスタンを経由してアラビア海に面するグワダル港までの支線も含まれているが、それらは大量の過剰資本を吸収して、過剰鉄鋼生産能力の一部を片づけるであろう。シルクロード沿いの中央アジアの都市群は、すでに建築ブームと対中貿易の急増を経験している。そしてパキスタンをつうじたペルシア湾岸諸国との交通の便の改善によって、中国の貿易販路の到達可能範囲は、ほぼ確実に、この地域へと大きく拡大することになる（軍事的に脆弱で、船舶でごった返しているマラッカ海峡を通過するような面倒な航海を避けられるようになる）。

▼28　Harvey, D., *The New Imperialism*, Oxford: Oxford University Press, 2003［デヴィッド・ハーヴェイ（本橋哲也訳）『ニュー・インペリアリズム』、青木書店、二〇〇五年］。
▼29　Ridge, M., 'Three New "Engines of Growth" to Watch in China', *Financial Times*, 18 September 2014.
▼30　Clover, C., and Hornby, L., 'China's Great Game: Road to a New Empire', *Financial Times*, 12 October 2015.

グローバル経済の相対的空間は（またもや！）大変革の最中《さなか》にあるが、その理由は、これが名案だからとか、それ自体が猛烈に望まれたり必要とされたりしているからではなく、それが不況と減価を避ける最善の方法だからである。過剰資本の吸収がその目的である。マルクスは、この点を的確に理解していた。

貨幣を獲得したいという願望の次に切実なものは何かというと、それはおそらく、利子ないし利潤をもたらす何らかの種類の投資によって再びその貨幣を手放したいという願望である。なぜなら貨幣それ自体は、あるいは貨幣としての貨幣は何も生みださないからである。〈……〉大規模な資本を必要とするような事業、したがって充用されていない過剰資本にとっての使い道をしばしばつくりだす事業は、〈……〉通常の投資部門では使い道のない社会の過剰な富の周期的蓄積を処理するのに、絶対に必要なのである。[31]

この注目すべき事態の結果として、空間的諸関係のまったく新たな物質的土台がもたらされることになり、こうして世界中でさまざまに異なる価値体制が再構築されるのである。

普遍的疎外の胎動

資本は、この空間的再編に関わる唯一の当事者ではない。大量の移民の移動によって、さまざまな労働力がまとめて競争状態におかれつつある。これは以前にもあったことだが、今回は、中国のセメントの場合同様、前代未聞の規模となっている。問題は移民の移動数だけではない。複雑な商品連鎖の発展をつうじてだけでなく、運輸・通信費の削減、組織的技術、あるいは移動経費以上の移動速度の変化によっても、世界中の労働力が互いに競争しあう関係に追い込まれた。資本関係と労働力関係の双方における時間と空間の圧縮は、一連の政治的緊張と政治的反応とをもたらす。それは反移民運動から、再燃するナショナリズム的熱情、またより肯定的な一面としては多文化主義の積極的採用――これまでとは異質な人間的未来の前兆――までと、さまざまである。

これらの急速な全変化からの圧力は、いたる所で明らかだ。影響を受けた人々はそのことを自覚しており、それを感じており、時にそれにたいして行動を示すこともある。たとえば二〇一三年六月二〇日の夜、ブラジルの複数の都市で一〇〇万人以上の人々が街頭に出て、大規模な抗議運動を行なった。最大の抗議は十万人以上の規模で、リオデジャネイロで起こった。いつものように、それは警察の大規模な暴力を被ることになった。

これ以前も一年以上にわたって、ブラジルのさまざまな都市で散発的な抗議が発生していた。「無料乗車券」を求める青年運動が、学生向けの無料公共交通を求めて長らく闘ってきたが、彼らに率いられた初期の頃の抗議は、おおむね無視された。しかし二〇一三年六月上旬までに公共交通機関の料金が値上げされたことによって、より広範な抗議運動に火がついた。「無料乗車券」を求める抗議者などが警察に攻撃されるや、ブラック・ブロック◆的アナーキストをはじめとする他の多くのグループが突如、彼らを擁護しはじめた。六月一三日までにこの運動は、警察の抑圧、社会的必要に対応できていない公共サービス、都市生活の質の低下などにたいする全面的抗議活動に変貌した。ワールドカップやオリンピックなどの巨大イベントを開催するために巨額の公的財源が支出されたことによって公益は損失を被っていたが、汚職まみれの建設利権と都市開発利権には大きな利益がもたらされた。この点が広く知られていたことも不満を高めることになった。[32]

ブラジルの抗議運動は、トルコの主要都市で数千人が街頭に繰りだしてから一ヵ月も経っていなかった。

▼31　C3, p. 543／S. 429／五二五頁。

◆ブラック・ブロック　街頭での抗議行動などにおける戦術の一つ。参加者は黒色の衣服などを着用して、個人の特定を困難にしたうえで示威活動を行なう。

トルコでは、イスタンブールのゲジ公園というきわめて貴重な緑地空間がショッピングセンターとして再開発されようとし、これにたいする怒りとして始まったものが、独裁的姿勢を強めつつあった政府と警察対応の暴力とにたいする、より広範な抗議運動へと拡大していった。都市中心部の地価の高い区域から住民を大規模に立ち退かせるなど、都市の変質の速度とその進め方について長らく不満が爆発寸前の状態であったが、そのことが抗議活動を激化させた。明らかに重要な問題になったのは、最富裕階級以外のすべての人々にとっては、イスタンブールその他における都市生活の質が悪化していたということである[33]。

トルコとブラジルの抗議運動を受けて『ニューヨーク・タイムズ』紙のビル・ケラーは一片の論説を書いたが、その表題は「新興階級の反乱」というものであった。彼は次のように書いた。これらの蜂起は「自暴自棄から生まれたわけではなかった」。ブラジルもトルコも、グローバル恐慌の一時期にあって著しい経済成長を経験した。それらは「中流階級から現われた一連の反乱の最新のもの」であった。「都市の教養ある持てる者たちは、ある意味では、今でこそ自らが拒否している体制の主たる受益者なのであり」、街頭に抗議に出ることによって失うもののある層であった。「運動の人数が危険域に達するまでは、それは、より大きくより不確かな何かを目的とした運動であった。その何かとは、尊厳であり、市民権《シティズンシップ》の恩恵であり、権力に求められる義務であった[34]」。これらの反乱は、取り組まれるべき「新しい疎外、新たな熱望」を示していた。トルコにおいてもブラジルにおいても、政治権力は和解で応えるよりも、反動と抑圧の道を選んだのである(トルコでは非常に暴力的な抑圧となった)。

では、この「新しい疎外」とはいったい何であり、何を示しているのであろうか? その徴候は、いたる所で数多く見られてきた。それは一九九九年のシアトルで初めて巷間に知れわたった反グローバリゼーション抗議運動から、ヨーロッパでのさまざまな運動(スペインの怒れる人々《インディグナドス》、シンタグマ広場でのアテネ市民の抗議活動)、チュニジアで始まりエジプトとシリアを経由してウクライナにまで広がった「アラブの春」と呼ばれた数々の蜂起、それに続くニューヨークとロンドンでのさまざまな「占拠《オキュパイ》」運動、スコットランドからカタルーニャや香港に至る独立運動、より近年ではブラジルにおける右翼の示威活動、そしてハンガリー、ポーランド、アメリカでの極右政権の選出と、ヨーロッパ連合からの脱退をめぐるイギリス国民投票での離脱派の勝利にまでと多岐にわたる。これらのすべてが示唆しているのは、異議と不平に満ちた風潮が――場合によっては絶望の風潮さえも――深まっているということだ。経済的理性の狂気は、緊縮財政と自由市場経済を介したその影響すべてと一体になって、政治的領域においても似たような狂気――この場合は怒り――を生みだしつつあるかのようである。

拙著『資本主義の終焉』で私が示したのは、現代における資本主義の存続にたいして三つの矛盾が今そこにある危機を引き起こしている、ということであった。▼35 第一に、われわれと自然との関係が悪化しつつある（地球温暖化から、生息環境《ハビタット》と種の破壊、水不足、環境劣化に至るすべてである）。第二に、永遠の複利的成長が、指数関数的な成長曲線における変曲点〔平面上の曲線で曲がる方向が変わる点〕にすでに達してしまっている。これによって利益のあがる投資機会が絶えず不足する事態に直面することになり、成長の永続化が困難になりつつあると急速に判明してきた。このことはまた、かぎりなく増大できる資本の一形態〔貨幣資本〕に強い圧力を加えることにもなり、とりわけ貨幣の信用形態は、制御不能《スパイラリング・アウト・オブ・コントロール》になっているように思われる。第三に、私が普遍的疎外と名づけたものである。マルクスは『資本論』では、この概念をそれほど使ってはいない。だが、それは「一八四四年の経済学・哲学草稿」以来のその初期の諸著作では一貫して繰り返されており、『経済学批判要綱』では一つの主要な主題にまでなるのである。『資本論』の労働価値説は、

▼32 Carvalho, B., Cavalcanti, M., and Venuturupalli, V. (eds), *Occupy All Streets: Olympic Urbanism and Contested Futures in Rio de Janeiro*, New York: Terreform, 2016.

▼33 Ozturkmen, A., 'The Park, the Penguin and the Gas: Performance in Progress of Gezi Events', *The Drama Review*, 58 (3) (2014): 39-68.

▼34 Keller, B., 'The Revolt of the Rising Classes', *New York Times*, 30 June 2013.

▼35 Harvey, D., *Seventeen Contradictions and the End of Capitalism*, London: Profile Books, 2014〔デヴィッド・ハーヴェイ（大屋定晴ほか訳）『資本主義の終焉――資本の一七の矛盾とグローバル経済の未来』、作品社、二〇一七年〕。

〔事実上〕疎外された労働を説明しているのだが、そのように明記されているわけではない。このヘーゲル哲学的な用語法が、自分の狙いとする読者層（イギリスとフランスの労働者階級）にはそぐわないとマルクスが感じたからかもしれない。しかしながら、言葉を使わなかったとしても、その内容まで失われたわけではないのだ。[36]

価値増殖における疎外

マルクスにおける価値とは、疎外された社会的必要労働である。資本は運動する価値なのだから、資本の流通には疎外された諸形態の流通がともなう。不平と絶望の明らかな政治的表明があるのにたいして、これらの疎外はどの程度その根底をなすのか？

価値増殖に固有の疎外はよく知られているし、長期にわたって存続している。価値を創造する労働者が切り離される（疎外される）のは、生産手段の利用機会からであり、労働過程の制御からであり、生産物からであり、そして剰余価値からである。

資本は、労働者と自然の固有の力（と無償の贈与）の多くが、あたかも資本に所属し、資本から生じるかのように見せかけるのだが、その理由は、労働者と自然に意味を与えるのが資本だからである。生産において無償で配された自然の諸力とともに、労働者の精神と身体機能さえもが、資本の状況依存《コンティンジェント》的な力として現われる。なぜなら、それらを動員するのは資本だからである。したがって自然や人間性との関係の疎外は、資本の生産性と力とが貫徹する前提条件である。

これに加えて、資本が選択する技術によって労働の生産性が推進させられるのだが、その目的は、労働者を確実に統制することだけでなく、生産においても市場においても労働者にあるとされる諸力とその尊厳とを掘り崩すことでもある。無意味な仕事、偶発的な雇用と失業、下がりつづける報酬率は——それらに対抗するための抵抗活動が実効性をもって動員されないかぎり——労働者の運命となる。技術変化、労働者階級の運動組織力の抑圧、そして世界の領土的価値体制の再編をつうじたグローバルな競争の動員によって、世界の多くの地域で労働の疎外が強まり深まってきたのは疑いのないことである。失業、同じように深刻な不完全雇用、そして意味の喪失は、技術的、組織的変化への強力な傾向の一つの副産物である。現代では、人工知能にもとづく新しい技術構造が、万人にとっての解放的消費様式と自由に処分できる《ディスポーザブル》時間というすばらしい新世界の間際へとわれわれをいざなうと言われているが、こうしたユートピア的説明は、その結果として生じる使い捨て可能《ディスポーザブル》な残余の労働過程という非人間的疎外を完全に無視している。かつて一定の場所と時代において人々を結びつけていた社会的紐帯は、製造工場の閉鎖によって解体し、心的外傷さえも引き起こしたのだが、この集団的影響は軽視できない。一方では、資本によって客体化され搾取されてはいるが、自分は必要とされていると感じる（それによって同じ誇りと尊厳とを保っている）労働者がおり、他方では、疎外され、略奪され、自分は使い捨て可能《ディスポーザブル》な存在だと感じる人々がいるのだが、マルクスとしては、この両者の区別が重要だと考えていた。▼37 機械化と自動化《オートメーション》に付随して、雇用条件は後者の種類の労働へと向かう傾向にあった。尊厳と敬意の喪失にあたって感じられる辛さは、雇用の喪失にあたっての辛さとほとんど変わるところがない。

しかし、この問題にはもう一つの側面がある。労働者は個人として雇われるのであり、雇用機会をめぐって互いに競いあう。彼らは、労働力の担い手として資本に自らを売り込むために、自分の資質を喧伝しなければならないのだが、その一方で競争相手の資質を貶め、中傷しさえするのである。労働者間の競争は協調を阻害し、階級的連帯の構築を妨げる。それは実にさまざまな分断を持ち込む。労働者は互いに疎遠になる。労働市場のなかに人種差別、ジェンダー差別、そして性的、民族的、宗教的な敵意が注入されると、こうした事態ははるかに不愉快なものとなる（資本には、この分裂を熱心に助長してきたという

▼36 Ollman, B., *Alienation*, London: Cambridge University Press, 1971.
▼37 Gr, pp. 831-832／S. 697-699／②七〇六〜七〇八頁。

歴史がある)。競争の激化(失業が蔓延し、世界の労働力が空間的により緊密に統合されるという状況のもとでのそれ)は、いたる所で労働力内部でのこの軋轢と緊張関係を強めており、その政治的帰結は予想できるであろう。とりわけ以前の社会的連帯が産業空洞化によって解体された状況においては、なおさらそうだ。これこそ、たとえばドナルド・トランプが二〇一六年のアメリカ大統領選挙で首尾よく利用できた感情なのである。

価値実現における疎外

実現における疎外は、まったく異なる形態をとるとともに、複合的でしばしば二様に解釈される。需要の根源には常に欲求、必要、欲望の状態がある。マルクスは皮肉でも何でもなく、新しい欲求と必要の創出は資本の文明化作用の一部だと考えていた[38]。例を挙げると、資本主義の初期には三五歳そこらであった平均余命が、今日では世界の多くの地域で七〇歳以上に伸びているが、この余命延長のために動員できるようになったあらゆる使用価値を考慮すると、マルクスの上記の見解に異論を唱えるのは困難である。資本は豊穣な使用価値を生みだすのであって、そこから人々が、疎外なき社会関係を、あるいは自然および相互の疎外なきあり方を創造するというのは、原理的には可能である。そこには可能性があるのだ。世界には異他なる《ヘテロトピック》空間が点在しており、そこではさまざまな集団が広大な疎外のただなかにありながら、疎外なき生活様式や存在様式を構築しようと努めている。生産において体験される疎外は、日常生活の質を向上させる使用価値の代償的消費をつうじて回復できるということである[39]。他方で国家機構にたいする企業の影響力と生活様式の強制的選択とをつうじて操作されることで、軍産複合体、銃規制反対団体、あるいは自動車生産者の欲求、必要、欲望が、総需要の強力な源泉となってきたし、今後もそうなっていく。これらの社会的福利にたいする貢献なるものは疑問の域を出ない。サンパウロといった都市は、その経済基盤を自動車製造業においているが、この産業によってつくりだされる乗用車は、町の道路で渋滞を引き起こしては交通麻痺のなかで何時間も動けないままとなり、それとともに汚染物質がまき散らされ、諸個人は互いに孤立させられる。そうした経済が、どれほど正気であるというのか？

自動車について何をなすべきかということは現代の重大問題の一つなのだが、誰もあまり語りたがらない（ただしスマートシティ技術をつうじて、その流れをよりよく管理しようという面については別である）。しかし危険な兆候はいたる所にある。二〇一六年初冬、中国の長江以北のすべての都市が殺人光化学スモッグにおおわれ、こうして何日間も空港は閉鎖され交通は混乱した。似たような出来事は、ニューデリー、テヘランでも起きたし、さらにはパリや（それほどひどくなかったが）ロンドンにまで広がった。長江以北では、過去二〇年間で平均余命が短くなってきており、大気質の悪化がその主要原因ではないかと疑われている。最悪の産業汚染源の一部に、石炭火力発電所とともに鉄鋼業とセメント業もあるということも言及しておかねばならない。

消費様式の歴史と実現との関係は、独特な生活様式の歴史的発展と重なりあう。アメリカにおける郊外住宅地とゲーテッド・コミュニティ◆の建設は、グローバル資本主義を不況状態への回帰から救いだしたかもしれないが、それはまた住居の選択の余地を狭めてしまい、そのあり方は、いくつかの物質的な必須要件（たとえば自動車や住宅の私的所有）に結びついているばかりか、ある一つの生活様式の政治的、イデオロギー的正当化（「アメリカン・ドリーム」と呼ばれるそれ）もともなっていた。この生活様式は、個人的充足感の視野を解放するというよりも、それを制約し拘束している。労働者階級の「代償的消費様式」の勃興は、あらゆる階級内部の「享楽財」の顕示的消費によって補完されて、結局は顕示的浪費となるにすぎない。けっして充足できないにもかかわらず、欲求、必要、欲望を終わりなく満たしつづけようとするこ

▼38　Gr, pp. 287／S. 209-210／①三四五頁。
▼39　Gorz, A., *Critique of Economic Reason*, London: Verso, 1989［アンドレ・ゴルツ（真下俊樹訳）『労働のメタモルフォーズ——働くことの意味を求めて　経済的理性批判』（原著一九八八年）、緑風出版、一九九七年］。
◆ゲーテッド・コミュニティ　住民以外の出入りを制限するために、区域全体をゲートや塀で囲った高級住宅地。

とは、生産における終わりなき複利的成長と必然的に並行する。欲求、必要、欲望の新たな再編であれば何でも「疎外されている」と考えるのは間違いかもしれないが、その一方で、資本が必然的に構築するような、ある種の消費主義的社会において疎外が隆盛をきわめていること、そして多くの場所において疎外が、周縁化された特定諸階級のなかで強まっていることを理解するのは難しくない。明るい見通しとその実現との隔たりは広がっている。

資本の流通が非常に大きな競争的加速圧力にさらされているとすれば、このことは消費での加速を必要とする。私はまだ祖父のナイフとフォークを使っている。もし資本がこの種の品目しか生産できないのであれば、はるか昔に永続的な危機に落ち込んでいたであろう。資本は、計画的陳腐化から、説得手段としての宣伝圧力や流行の動員までと、あらゆる種類の戦術を展開するが、このすべてが消費の回転期間を加速させるためのものである。ネットフリックス・オリジナル映画◆という事例を考えてみよう。私がこの番組内容を消費するという事実は、他人によるその消費を妨げることはないし、一〇〇年以上使われてきた私のナイフとフォークに比べれば、その消費時間は一時間かそこらである。複雑な情報通信インフラを介しての生産と配信にさいして必要とされた価値は、ネットフリックスの会費を支払っている文字どおりの何百万人というユーザーによって回収される。何ら不思議なことではないが、資本は、瞬間的に消費される刹那的生産物という一市場の拡大を確保するために、「スペクタクルの社会」を育んできた▼40。この社会的影響は広範囲におよぶものであり、しかも諸刃の剣である。生活様式や技術や社会的期待が急速に変容することによって社会は不安定さを増し、多様化していく社会集団や世代のあいだで社会的緊張が高まることになる。お互いに話しあうことよりも、自分の携帯電話やタブレット・パソコンで調べるほうに全員熱中しているようだ。文化的意味の根づよさは不安定化し、最新の空想に応じて場当たり的に変造されやすくなる。アイデンティティは、移ろいやすく束の間の愛着の海を漂っている。終わりなき複利的成長という要件を資本が満たすのであれば、このような事態に対応できる人々と生産物とが必要となる。終わりなき資本蓄積という観点から見るなら、「合理的消費」とはこのようなものだ。

価値の実現と領有の条件や立地は、価値生産のそれとは非常に異なっている。ネットフリックス・オリジナル映画はロサンゼルスで製作されるかもしれないが、その実現はアメリカ全土さらには世界中のメディア市場で行なわれる。私のコンピュータは、フォックスコン◆によって深圳で生産され、その価値はアップルによってアメリカで実現される。前者が得る利益率は非常に低く、後者は価値と剰余価値の大部分を手にしている。このようにして価値の移転が一つの空間から別の空間へと操作される。▼41 このことの公正さは、大いに疑問視されているところである。

便乗型の資本もまた実現の契機に介入して、保証される以上の価値を領有する。ヘッジファンドが製薬会社を乗っとったり、差し押さえ物件のある広大な区画を買いあさったりして、それらを立て直してから、困窮した消費者に法外な値段で供するなら、実現は、略奪による蓄積を系統的に組織する一契機に転化する。▼42 もし、アメリカで体験される搾取の主要形態とは何かと人々に尋ねるなら、次のものが挙がってくる。それはクレジットカード手数料であり、土地所有者と家賃《レント》と不動産投機家であり、電話会社が電話料金を請求するさいに不可思議な請求金額を付け加えること――つまり自分がいなかった場所でローミング◆

◆ネットフリックス・オリジナル映画　ネットフリックス（Netflix）とは、映像作品コンテンツを世界各国に、インターネットを介してストリーミング配信するアメリカ企業。一九九七年に設立され、二〇一五年から日本でも本格的に展開。同社は、「映画」と定義した独占的配信コンテンツを「ネットフリックス・オリジナル映画」と称して、契約会員に提供している。

▼40　Debord, G., *The Society of the Spectacle*, Montreal: Black and Red Books, 2000［ギー・ドゥボール（木下誠訳）『スペクタクルの社会』（原著一九六七年）、ちくま学芸文庫、二〇〇三年］。

◆フォックスコン　鴻海科技集団、富士康科技集団とも称される台湾系企業。二〇一七年の時点で電子機器受託生産では世界最大の企業グループ。

▼41　Hadjimichalis, C., *Uneven Development and Regionalism: State, Territory and Class in Southern Europe*, London: Croom Helm, 1986.

▼42　Harvey, *The New Imperialism*, chap. 4［前掲ハーヴェイ『ニュー・インペリアリズム』、第四章］。

を使ったとされること——であり、医療保険会社、地方税、運輸費などである。膨大な数の不正な金儲け(時に強盗にも似た所業)が実現の段階で進行する。実現をめぐる闘争の政治力学は、いたる所で見てとれる。不平不満の数は実に多い。

実現の契機での富の抽出にかかわる政治力学は、生産をめぐって生じる政治力学とは異なっている。このような闘争は理論化したり組織化したりするのが難しい。それは資本対労働ではなく、資本対その他全員であり、労使間というよりも買い手と売り手との闘争である。中流階級の人々は買い手であり、不正な金儲けをする商人との闘争の一翼を担う(それはニンビー◆的闘争であることもある)。労働者階級の人々が彼らを、不動産投機家と闘う味方として見いだすであろうか? この政治力学は、たとえ異なる構造をもち、異なる疎外形態を反映しているとしても、価値増殖の政治力学と同じくらい確固たるものがあり、また苦痛に満ちたものでもある。一八七一年のパリ・コミューンや一九六八年の運動のような革命運動はたいていの場合、労働者階級とともに、夢や意欲の実現を妨げられ疎外された急進的ブルジョアジーの手によることもわかっている。しかし階級横断的な組織化は困難であることもあるし、なかなか思うようにならないことも多い。略奪による蓄積がますます突出する(その先頭には近年の差し押さえ危機における大規模な喪失がある)ことによって多くの住民層に絶望と不満とが深まっている。▼[43]

分配における債務懲役化と集団的疎外

資本によって多くの富が実現から搾りとられる一方で、それ以上の富が分配からも吸いとられる。最も目に余る再分配のあり方としては次のことが際立たざるをえない。すなわち、国民生産における労働分配率［分配国民所得における雇用者所得の比率］は世界の大半で低下しており、近年では特に、生産性の向上から労働者は、いかなる恩恵も得られなくなっている。それどころか労働者は技術変化によって、労働の質の急速な悪化と失業とを被っている。生産的労働から不生産的労働への移行が、国家と企業の双方における過剰な官僚化に付随してきたが、このことも何の助けにもならなかった。まれに例外があるにしても、資本主義世界のほとんどあらゆる場所で所得と富の不平等が拡大していることは、深い政治的不満をもたらす複雑な諸力を増強している。▼44

しかしながら、労働分配率以外の再分配をめぐる政治力学や再分配機構もきわめて多様なものがあり、その影響によって生じるさまざまな疎外は非常に複雑化している。このため、それを扱うには一冊の本がまるごと必要になるほどだ。資本の異質な諸分派――商人、金融業者、不動産所有者、産業資本家――は互いに協力しあい補足しあうこともある。だが彼らは競合しあってもいて、互いに盗みあい、互いに力を行使しあうことも厭わない。高利貸しの慣行はマルクスにしたがえば姿を消したはずだが、資本主義的金融業者――典型的には「詐欺師と予言者とが見事に混合した性格」▼45を示す人物――が〔今では〕金融取引を牛耳ってしまい、利子生み資本の流通を方向づけて、しばしば自分たち以外の誰にも恩恵を与えないような状況をつくりだしている。たとえば略奪的貸付戦術は広まっている。この貸付の意図は、価値生産を促進することではなく、借入債務の網の目に生産者を陥れて、ついには自分の所有権を金《かね》の貸し手に引き渡す以外に選択肢がなくなるように追い込むことである。このような戦術はマルクスの時代でもよく知ら

◆ローミング　契約している通信事業者のサービスエリア外にあっても、提携事業者の通信設備を利用して通信サービスをできるようにすること。

◆ニンビー　「自分の裏庭でさえなければよい（not in my back yard）」の略称（NIMBY）で、ゴミ処理場や原子力発電所が自分たちの住む地域に来ることにのみ反対する住民運動のこと。

▼43　Sassen, S., *Expulsions: Brutality and Complexity in the Global Economy*, Cambridge, MA: Belknap Press, 2014［サスキア・サッセン（伊藤茂訳）『グローバル資本主義と〈放逐〉の論理――不可視化されゆく人々と空間』、明石書店、二〇一七年］。

▼44　Piketty, T., *Capital in the Twenty First Century*, Cambridge, MA: Belknap Press, 2014［トマ・ピケティ（山形浩生ほか訳）『二一世紀の資本』、みすず書房、二〇一四年］。

▼45　C3, p. 573／S. 457／五六三頁。

れており、『資本論』第三巻ではたびたび言及されている。労働者階級向けの略奪的貸付に関与した金融機関は近年、弱い立場の人々から住宅資産価値を乗っとることに成功した。国家にたいする略奪的貸付は、しばしばＩＭＦが構造調整を強いる事態に至るが、こうなると、累積債務の返済のために、全国民の福利が削減される（これがギリシアにとっての問題である）[46]。アルゼンチンは「ハゲタカ資本家」たちの要求を支持した司法判断◆（同国の債務はドル建てであったのでマンハッタンで判決が言い渡された）の後、懲罰的な取り扱いを受けたが、これはヘッジファンドの懐への富の移転を意味していた。世界各地の政府は政治腐敗でも悪名高く、ブラジル、中国、イタリアは話題になることも多いのだが、そうした記事が出るのは経済紙においてである。

このことについて『資本論』第三巻におけるマルクス自身の記述は、研究主題そのものの不明瞭さと彼自身の曖昧さとの両面を反映している。後者について言えばマルクスは、利子生み資本の独特な流通を、運動する価値としての資本という自分の概念全体にどのように組み込むのかについて戸惑っていた。私は拙著『〈資本論〉第2巻・第3巻入門』でマルクスの見解を再構成し、これらの記述を総合しようと試みたことがある[47]。この再構成をここで繰り返すことはできないゆえ、私は、金融分野における一連の典型的出来事をマルクスが描いた長い一節を引用するだけにとどめよう。読者にはこの一節と、二〇〇七〜〇八年の金融危機で起こったこととの大まかな概略とを比較することをおすすめする（以下の「手形」という言葉を「住宅ローン証券」に置き換えていただきたい）。

再生産過程の全関連が信用を基礎としているような生産体制にあっては、信用が突然引き揚げられて現金払いしか受け入れられなくなれば、〈……〉恐慌が勃発せざるをえないのは明らかである。それゆえ、一見したところ、恐慌全体が単なる信用恐慌・貨幣恐慌としてのみ現われるのである。そして、実際、そこで問題になっているのは手形〈住宅ローン証券〉を貨幣に交換する可能性でしかない。しかし、これらの手形〈住宅ローン証券〉の大部分は現実の諸売買を表わしているのであって、これらの売買が社会的必要を超えて拡張されることこそ、恐慌全体の究極的な基礎になるのである。しかし、それに加えて、これらの手形〈住宅ローン証券〉のうちの膨大な量がただの詐欺的取引を表わしていて、それが今では明るみに出されて破裂する。同じくこれらの手形〈住宅ローン証券〉が表わしているのは、借り入れた他人の資本で行なって失敗に終わった投機であり、最後に、減価するか売れなくなった〈住宅という〉商品資本〈……〉である。明らかに、再生産過程の強行的拡張の人為的体制全体を、ある銀行、たとえばイングランド銀行〈アメリカ連邦準備制度理事会〉が紙幣でもってこれらの詐欺師たちに足りない資本を提供して、減価した〈住宅という〉商品をすべてその旧来の名目価値で購入することによって救いだすことは不可能である。しかも、ここではいっさいがひっくり返って現われる。というのも、この紙の世界では、現実の価格やその現実の諸要素はどこにも姿を見せない〈……〉からである。このような転倒は、ロンドンのように国内の貨幣取引が集中している中心地においては特に明白である。そこでは全過程が理解しがたいものになる。[48]

このことからわれわれは、分配の一側面に備わった力と重要性とを考えざるをえなくなる。つまり分配

▼46　Lapavitsas, C. with Flassbeck, H., *Against the Troika: Crisis and Austerity in the Eurozone*, London: Verso, 2015［ハイナー・フラスベック、コスタス・ラパヴィツァス（村澤真保呂・森元元斎訳）『ギリシアデフォルト宣言——ユーロ圏の危機と緊縮財政』、河出書房新社、二〇一五年］。

◆「ハゲタカ資本家」たちの要求を支持した司法判断　二〇〇一年、アルゼンチンは債務不履行（デフォルト）に陥ったが、その後、アルゼンチン政府は債権者側と債務再編交渉を行ない、債務の七〇％減額で大方の債権者と合意した。しかし、この当時の不履行債権を一部買いとっていたアメリカのヘッジファンドが全額返済を要求し、アルゼンチン政府を相手にアメリカ国内で訴訟を起こした。二〇一四年、アメリカ連邦最高裁判所はヘッジファンド側の訴えを認め、アルゼンチン政府は八回目の債務不履行に陥った。

▼47　Harvey, D., *A Companion to Marx's Capital, Volume 2*, London: Verso, 2013［デヴィッド・ハーヴェイ（森田成也・中村好孝訳）『〈資本論〉第2巻・第3巻入門』、作品社、二〇一六年］。

▼48　C3, pp. 621-622／S. 507／⑥六二七頁。

は、利子生み資本の流通へと遊休貨幣を転換させる手形交換所として機能する。反価値の創出と債務懲役の助長とをつうじて経済的理性の狂気が優位を占めるのは、ここにおいてである。過剰流動性であふれかえっている世界――ＩＭＦがその報告書でしばしば言及しているような世界――であれば、これらの貨幣は動員され集中されて、未来の剰余価値生産の保障と確保のために貸しだされなければならない。過剰貨幣が反資本の一形態に転換させられて、未来における代償を要求するのだが、これが遂行されるのは金融機関の内部においてである。貸し手は貨幣にたいする所有権を一貫して保持することになり、ある一定の時間の枠内でその貨幣価値が返済されるさい、利子という剰余が、また場合によっては資本利得《キャピタル・ゲイン》◆が、加えられることを期待している。企業資産にたいする株式市場の評価が高まれば、資本利得も得られるかもしれないからだ。

貨幣から反価値へのこの転換操作（あるいはマルクス好みの呼び方で言えば、変態）が全体として管理される主たる場所は、私が他の著書で「国家‐金融結合体《ネクサス》」と名づけたものである。▼49この結合体は、アメリカ（また大半の西側民主主義国家）においては、財務省――国家機構のなかでも常に特別な地位を占める部門――と、民間銀行制度の頂点にある中央銀行との緊密な協調関係からなる。この種の構造ができあがったのは、一六九四年のイングランド銀行創設からである。裕福な商人たちは、スチュアート朝の乱費によってすでに破綻していた国家にたいして融資と資金援助を行なったのだが、その見返りとして彼らは、ウィリアム〔三世〕とメアリー〔二世〕の銀行設立勅許によって独占事業を認可され、広範な権限を獲得した。国家と金融業界との力関係は時代とともに移り変わった。ビル・クリントン◆は大統領になった初期に、自分の政権の経済計画を債券所有者の同意に委ねることを認めたが、それ以来ずっと、アメリカ財務長官という主要な公職は主にゴールドマン・サックス社の出身者たちによって握られてきたのである。

この国家‐金融結合体は、民主的管理や人民管理の支配下にあるわけではない。それは、その委任された使命として、資本全体の利益のために民間銀行制度を規制し管理することになる。マルクスの示唆によれば、金融業の目的とは「〔資本家〕階級の共同的な資本」の管理である。▼50全体として見るなら、国家‐

金融結合体は、あらゆる有機的総体性の内部に体化されている中枢神経系のようなものだ。それは、預金された遊休貨幣を反資本へと転換させるレバレッジを認可し保障する。すでに見たように反資本の役割は、可能なかぎり数多くの経済的当事者の未来を差し押さえてしまうことであり、ありとあらゆる者に——消費者、生産者、商人、土地所有者、そして金融業者自身にまで——債務懲役状態を強いることである。「独特な種類の商品」としての資本には、常に「それに特有の疎外様式〔ドイツ語全集版では「譲渡様式」〕がある」[51]。

信用制度の巨大な広がりの全体が、信用全体が、銀行家によって自分たちの私的資本として利用される。この連中は、自分たちの資本と収入とを常に貨幣形態で、あるいは貨幣にたいする直接の請求権の形態で、もっている。この階級による富の蓄積は、現実の蓄積とは大いに異なる手法でなされるのだが、いずれにせよ、このことが示しているのは、この階級が現実の蓄積のかなりの部分を取り込んでしまうということである[52]。

問題はこうなる。

◆資本利得（キャピタル・ゲイン）　株式などの運用資産の価格変動によって得られる売買収益。

▼49　Harvey, *Seventeen Contradictions and the End of Capitalism*, pp. 44-47〔前掲ハーヴェイ『資本主義の終焉』、七二～七五頁〕。

◆ビル・クリントン　アメリカの政治家（一九四六年～）。民主党から立候補して、第四二代アメリカ大統領を務めた（任期一九九三～二〇〇一年）。均衡財政を志向するとともに、一九九六年の福祉制度改革によってワークフェア政策（就労活動を受給要件とする公的扶助政策）などを実施し、新自由主義化を促進する政策をとった。

▼50　C3, p. 490／S. 381／四六一頁。

▼51　C3, p. 470／S. 361／四三五頁。

▼52　C3, p. 609／S. 495／六一二頁。

〈金融業は通常〉〈……〉いくつかの部面では独占を出現させ、したがってまた国家の干渉を呼び起こす。それは新しい金融貴族を再生産し、創業者や投機家や単なる名目上の役員という姿をとった新しい種類の寄生者を再生産し、会社の創立や株式発行や株式取引をめぐる詐欺やいかさまの全制度を再生産する。▼53

さらに「剰余価値が利子という不合理な形態〔ドイツ語全集版では「無概念的な形態」〕でとらえられるなら、限界はただ量的なもの」となり、この結果は「どんな想像も絶するものとなる」とマルクスは付け加えている。▼54 悪無限がその醜い顔をもたげる。ウォール・ストリート関係者が崩壊の年〔二〇〇八年〕に自分たちに支払った賞与《ボーナス》は「どんな想像も絶するもの」となった。ウォール・ストリートのズコッティ公園に二〇一一年、突如現われた占拠運動《オキュパイ》は、このことに憤慨していたのである。

債務負担による規律づけ効果は、現代的資本の再生産にとって決定的に重要である。債務があるということは、ミルトン・フリードマンがその資本主義賛歌で想定するような「選択の自由◆」が、われわれにはもはやないということなのだ。『聖書』が求めるように負債が赦《ゆる》されることなど、資本は認めることがないのであって、むしろわれわれは、未来の価値生産をつうじて自己債務の返済を資本に要求されることになる。未来は、〔『聖書』に記されているがごとく、ローン契約書に〕すでに預言されており、それゆえ差し押さえられてしまう（一〇万ドルの学生ローンを支払わなければならない学生に尋ねてみたまえ）。債務は、未来の価値生産を一定の構造のなかに拘束する。債務懲役は、資本がその特有の奴隷形態を強制するのにおあつらえむきの手段なのだ。債券所有者の権力が国家主権をくつがえし、それを縛りつけようとする場合、これはさらに危険なものとなる。この理由ゆえに、資本が生き残る唯一の手段は、国家-金融結合体によって成し遂げられる〔国家と資本との〕統一と融合によるしかない。これとともに、あらゆる現実の影響力と権力とからすべての人々が疎外されるという事態が完成する。国家であろうと、資本であろうと剝奪と無力化とを軽減させることは不可能である。アテネは、民主主義発祥の地として伝統的には賞賛された。今日のアテネは債務懲役発祥の地であり、あらゆる民主主義の十全かつ完全なる破壊の始まりの地でしかないのである。

貨幣を富とみなす現代の狂気

貨幣は、利子の形態を取るときには「恋でも抱いている」かのようにふるまうのだが、それとともにその力は腐敗と疎外とをもたらしている。この貨幣の力が問題の一端をなしている。さまざまな疎外が関連していることを認識したのはマルクスだけではなかった。ブルジョア的秩序の心からの擁護者でありながら、時に手厳しい批評家でもあったケインズでさえ、この問題を口にした。

富の蓄積がもはや高い社会的重要性をもたないようになると、道徳律に大きな変化が生じることになる。われわれは、二〇〇年にわたって悩ませられてきた多くの似非《えせ》道徳律から解放されることであろう。この似非道徳律のために、われわれは最も忌み嫌うべき人間性の一部を、最高の美徳だとして崇め奉ってきたのである。われわれは金銭的動機の真の価値をあえて評価できるようになるであろう。財産としての貨幣愛――人生の享受と現実のための手段としての貨幣愛とは区別されたそれ――は、ありのままの存在として、多少いまいましい病的なものとして、また、震えおののきながら精神病の専門家に委ねられるような半ば犯罪的で半ば病理的な性癖の一つとして、見られるようになるで

▼53　C3, p. 569／S. 454／五五九頁。
▼54　C3, p. 523／S. 412／五〇〇～五〇一頁。
◆「選択の自由」　ミルトン・フリードマン、ローズ・フリードマン（西山千明訳）『選択の自由――自立社会への挑戦』（原著一九八〇年）、日本経済新聞出版社、二〇一二年。

あろう。このようになると、資本蓄積を促進するうえできわめて有益であるがゆえに、それ自体いかに忌み嫌うべきもので不公正なものであろうとも、現在どんな犠牲を払っても維持されている――富と経済的賞罰との配分に影響を与えるような――あらゆる種類の社会的慣習および経済的慣行を、ついに自由に放棄することができるようになる。[55]

人間の富というものは実にさまざまな社会的意味をもつはずのものだが、この富が、貨幣の力という唯一の測定基準にますますとらわれつつある。このことがそれ自体問題なのだ。マルクスは次のように書いている。

偏狭なブルジョア的形態が剥ぎ取られれば、富は、〈……〉諸個人の欲求、能力、享楽、生産力等の普遍性でなくて何であろう？〈……〉人間の創造的諸素質を絶対的に表出することでなくて何であろう？〈……〉そこでは人間は、ある特異なものとして自分自身を再生産するのではなく、自分の総体性を生産するのではないのか？　そこでは人間は、何か既成のものにとどまろうとするのではなく、生成の絶対的運動の渦中にあるのではないのか？〔ところが〕ブルジョア経済学では――またそれが対応する生産の時代には――、こうした人間の内実の完全な表出は完全な空疎化として現われ、この普遍的対象化は全面的疎外として現われ、そして限られた一面的目的のいっさいを打ち壊すことが、まったく外的な目的のために人間の自己目的を犠牲にすることとして現われるのである。[56]

この状況は「どんな想像も絶するものとなる」。われわれが生きているのは、このような、ひどく厄介なまでに狂った世界なのである。

▼55　Keynes, J. M., *Essays in Persuasion*, New York: Classic House Books, 2009, p. 199［ジョン・メイナード・ケインズ（宮崎義一訳）「わが孫たちの経済的可能性」（原著一九三〇年）、『ケインズ全集9　説得論集』、東洋経済新報社、一九八一年、三九七頁］。

▼56　Gr, p. 488／S. 392／②一三七〜一三八頁。

［終章］

資本の狂気に破壊されないために……

かつてマルセル・モース◆はブリティッシュコロンビア州［カナダの西部太平洋側に位置する州］の先住民共同体の儀式「ポトラッチ」について報告したが、哲学者のジャック・デリダ◆はそれに注釈をつけたさい「経済的理性の狂気」という言葉をつくりだした。この周期的儀式は、威信や名誉や地位を得ることを目的として、占有物の贈与や破壊を家族間で競いあわせるものであった。西洋諸国でこの儀式がかつて説明されたときには、それは市場経済という経済学的概念の観点から解釈された。この観点からしても、啓蒙主義的理性の観点からしても、個人や家族が長年の苦心の末に蓄えた富を犠牲にするということは不合理に思われた。モースの理解によれば、こうした言葉そのものが誤った方向に導くものであった。彼は「債務」と「返済」という概念を、「与えられた贈り物」と「お返し」という言葉に置き換えた。こうして提示された非市場的な贈与経済という代替案《オルタナティブ》は、今日に至るまで一部の人々を依然として魅きつけている。デリダはこれを、国家管理型社会福祉制度にとってかわる適切なあり方として称賛したようである。しかしモース――そし

◆マルセル・モース　フランスの社会学者、文化人類学者（一八七二～一九五〇年）。社会学者エミール・デュルケームの甥。

◆ジャック・デリダ　フランスの哲学者（一九三〇～二〇〇四年）。ポスト構造主義思想の代表者と位置づけられている。

て敷衍すればデリダ――に強烈な印象を与えたのは、ポトラッチがしばしば絶頂に至ったさいに破壊行為が行なわれるという、壮絶な狂気であった。モースは次のように書いている。

与えること、返礼することはどうでもよく、破壊することが大事となる。お返しを期待していると見られることさえ望まないからだ。ユーラカン（ロウソクウオ）の脂肪やクジラの脂肪を入れた箱をまるごと全部燃やしたり、家屋を燃やしたり、何千枚にものぼる毛布を燃やしたりする。一番大切にしている銅製品を破壊し、水に投げ捨てるのであるが、それも自分の競合相手を打ち負かし、競合相手を「ぺしゃんこにする」ためなのだ。

これが、モースが真の狂気とみなした行為である。デリダの注釈によれば、「ある瞬間において常に、この狂気が、贈与そのものの言葉ないし意味を焼き尽くし、〈……〉回帰することもなく、その灰を散種しはじめる」[1]。

ある子どもが砂のうえで一生懸命につくったお城を別の子どもが踏み壊すさい、壊しているその顔が嬉々としているように見えることがある。それと同じように資本も時に原初的本能に屈してしまい、自ら築きあげたものを何でも壊すことがあるなどと、ここで言いたいわけではない。というのもマルクスが示そうとしたことの核心は、資本主義の歴史において運命や神のなせる業《わざ》と思われる（あるいはそのように示される）出来事が、実際には資本それ自体の所産であるということにあったからである。しかし彼は、このことを示すのに別途可能《オルタナティブ》な概念装置を必要とした。たとえばマルクスはこう書いていた。資本主義的生産様式が受け入れざるをえないことだが、「信用貨幣の減価〈……〉は、あらゆる既存の関係を破壊するであろう」。われわれが今日よく知っているように、たとえ何が起ころうとも銀行は救済されなければならない。

それゆえ諸商品の価値は、この価値の空想的で独立した存在である貨幣を確保するために犠牲に供されるのである。何が起ころうとも、貨幣価値が保障されるのは、貨幣それ自体が保障されるかぎりでのことである。

そしてこれもまた周知のことだが、いかなる犠牲を払ってでもインフレ［持続的な物価上昇］は制御されなければならない。

まさにそれゆえ、わずか数百万の貨幣のために、何百万もの商品が犠牲にされなければならない。これは資本主義的生産においては避けがたいことであって、その特殊な美点の一つをなしている。

いかなる社会的必要があったとしても、使用価値は犠牲にされ破壊されてしまう。[2] これは何と狂っていることか？

われわれが論じてきたように、資本とは運動する価値である。資本の流通過程の内部では、さまざまな閉塞状況が周期的に出現する。そうなると資本は「その変態をすませることができないために再生産の一つの段階に停滞」しつづけることになる。

〈それに続く恐慌の最中《さなか》には〉誰もが売るものをもっているのに売ることができず、それでいて支払

▼1　Derrida, J., 'The Madness of Economic Reason', in *Given Time: I. Counterfeit Money*, Chicago: Chicago University Press, 1992, pp. 46-47; Mauss, M., *The Gift: The Form and Reason for Exchange in Archaic Societies*, London: Routledge, 1990［マルセル・モース（森山工訳）『贈与論　他二篇』（原著一九二五年）、岩波文庫、二〇一四年、二一四～二一五頁］。

▼2　C3, p. 649／S. 532／六六一頁。

いをするためには売らなければならない。〈……〉再生産過程が停滞しているのだから、すでに投資された資本も実際には大量に遊休している。工場は休止し、原料は山積みにされ、完成品は商品として市場にあふれている。したがって、このような状態を生産資本の不足のせいにすることほど誤ったことはない。まさにこのようなときこそ、生産資本の過剰が存在するのであり、それは一部には通常の、だが一時的に収縮している再生産規模との関係で過剰なのであり、一部には麻痺している消費との関係で過剰なのである。▼3

これが、この四〇年間われわれが何度も味わってきた狂気である。絶えず増えつづける膨大な数の使い捨て可能《ディスポーザブル》な過剰労働力が過剰資本と併存しているにもかかわらず、この両者が結びつけられて、喉から手が出るほど必要な使用価値を生産することなど起こりえない。依然として世界の最富裕国であるアメリカでは児童の三分の一が貧困状態にあり、しばしば汚染された環境に暮らしており、飢えと鉛中毒◆に苦しみ、おまけにこの子たちには、緊縮財政政策の強制によって基本的な社会的サービスや教育機会の活用さえも拒まれているというのに、そうなっているのである。これ以上に狂っていることがありうるであろうか？

マルクスが『資本論』やその他の政治経済学的著作で示唆している方法は、資本主義的生産様式の日常的仕組みが引き起こすあらゆる混乱に切り込んでいき、抽象化作用を用いた系統的論述を、終わりなき資本蓄積というかなり単純な（そして究極的にはさほど単純ではない）理論のなかに織り込むことで、この仕組みの本質――その内的運動法則――に到達しようとするものである。

現実の科学が始まるのは、われわれがこれらの概念、抽象化、理論的論述を手にして日常生活の表層へと立ち帰り、これらを駆使することで、日々の闘い――一般大衆、特に労働者がその生存闘争の最中《さなか》に直面する闘い――の理由と原因の理解が容易になると気づかせるその瞬間である。これこそ資本という概念の目的であり、書物としての『資本論』がその実現に資することをマルクスが期待したことなのだ。本書におけるマルクスの思想の解説によって私が示したかったことだが、われわれの現実を特徴づけるような根底的諸問題がはるかに的確に理解されるようになるとすれば、マルクスの方法は、われわれの従うべき唯一の王道ではないにしても、その理解につながる一つの開かれた戸口にはなるのである。

この現実が、その混乱させ一見狂ったような現代の政治的表現全体もろともに理解されるとすれば、資本の仕組みを多少とも研究することがその基礎となるのは確かである。今日の政治力学が狂っているように見えるのなら（私にはそう思えるのだが）、間違いなく経済的理性の狂気がこのことと関連している。実際、われわれは時に卑劣で暴力的な政治的世界に身をおいてしまい、拷問と非難の対象を探し求めているようだ。

たしかに資本は、現在の苦難を徹底的かつ完全に清算できる唯一の的《まと》というわけではない。だが、われわれの病んだ現状が資本と無関係だと偽ったり、われわれのなかにある資本の仕組みや資本流通や資本蓄積について適切な表象を描くことも、物神崇拝的《フェティシスティック》な資本弁護論と対決することも不要であるかのようにふるまったりすることは、人類に反する行為である。人間の歴史が長く続くことになるとすれば、こうした事態は歴史によって厳しく断罪されるであろう。

▼3　C3, p. 614／S. 500／六一七〜六一八頁。

◆鉛中毒　ニューヨークなどの都市では、古い住宅に鉛含有塗装が使われ、鉛中毒の危険性が報じられている。それればかりかミシガン州フリントでは、州の経費削減の一環で設営した代替上水道設備からの鉛汚染が二〇一四年に発覚し、貧困層の子どもたちに被害がおよんだ。州政府の対応が遅れ、二〇一六年には非常事態宣言が出される事態となった。

謝辞

私は、一九六一年にケンブリッジ大学で博士論文を書きあげるまで、大学教育を無償で受けることができた。これを実現してくれた無償教育制度と適正な助成金制度という贈与に感謝を申しあげたい。またニューヨーク市立大学の一員になるという栄誉に恵まれたことについても、お礼を申しあげたい。同大学は多くの困難にもかかわらず、万人のための高等教育という公益のために、公立大学としてのその使命を守りつづけている。

長年の友人であり出版人でもあるジョン・デイヴィーにも感謝の意を表したい。彼は、本書の執筆を提案してくれた。だが残念なことに、その最終的な刊行を見届けることなく、この世を去ることとなった。良き友人であり同僚でもあるミゲル・ロブレス＝デュランには、本書の図表2と図表3の考案にさいしてご協力いただくとともに、その最終図も作成していただいた。

〔日本語版解説〕

『資本論』読解によるグローバル資本主義分析の到達点

大屋定晴

1……著者について

デヴィッド・ハーヴェイは、一九三五年イギリスに生まれ、ケンブリッジ大学で博士号を取得後、ジョンズ・ホプキンス大学、オックスフォード大学での教歴を経て、現在はニューヨーク市立大学の特別教授である。今もなお世界各地で精力的に講演活動を行ない、執筆活動へのその意欲も衰えを見せていない。ハーヴェイは、経済地理学者としてその研究者生活を出発したが、一九七〇年代にカール・マルクスの『資本論』の研究へと向かい、その成果である『空間編成の経済理論』（Harvey［(1982) 2006］）は、現在ではマルクス経済学の必読文献の一つとなっている。さらには二〇〇七年に邦訳が出版された『新自由主義』（Harvey［2005］）は、主要新聞をはじめ経済・ビジネス誌にまで数多くの書評が掲載され、日本でも幅広い読者を獲得した。『新自由主義』を刊行することによって、現代世界の同時代史的分析の第一人者としても知られることになった。

すでに五〇年以上となる研究生活のなかで追究された彼の研究テーマは、（1）地理学的批判理論の探究、（2）都市社会学的研究、（3）資本の蓄積・流通過程の論理と地理空間編成の原理の考究、（4）社会的・政治的現状分析、（5）現代社会の変革をめざす対抗戦略の探求と、きわめて多岐にわたる。

さて彼は大学とは別に、一般に公開した講座でも『資本論』を教えてきたが、二〇〇一年に赴任したニューヨーク市立大学の大学院生たちの勧めもあって、その講義の動画をインターネット上で公開した。「資本論を読む」と題されたこのインターネット・ウェブサイトでの講義録[1]は、のちに『〈資本論〉入門』と題された二冊の本として出版されることになった（Harvey［2010a］; Harvey［2013］）。さらに彼は、こうした解説書と並行して、二〇一〇年の『資本の〈謎〉』で、二〇〇七〜〇八年の世界金融危機を分析し、マルクス恐慌論の多原因的＝共進化的解釈を提示した（Harvey［2010b］）。本書の三年前に出版された『資本主義の終焉』では、「資本の一七の矛盾」を分析することから、今後の資本主義経済の展望と、そこに含意される「資本主義の終焉」の「方向性」――反資本主義運動の対抗戦略――を描きだそうとした（Harvey［2014］）。ハーヴェイは、『資本論』をめぐるこれらの出版プロジェクトを「マルクス・プロジェクト」と呼んでいる。その目的は、難解なアカデミズム・マルクス主義や、特定の政治党派の教条的マルクス主義を紹介するのではなく、マルクスの著作を一般に親しめるものにし、その社会科学的方法を提示することにあった（Harvey［2015］: 94）。このシリーズの最新刊にあたるのが、『資本論』第一巻刊行一五〇年を迎えた二〇一七年、八二歳を迎えたハーヴェイが出版した本書である。

2……本書の概要――「運動する価値」の歩みをたどる

さて、マルクスが生涯をかけて書きつづけた『資本論』体系を、原著にしてわずか二一〇頁にまとめるのは至難の業であった。英語圏の人間から見ても、本書の叙述が「多くの単語が圧縮された密度の濃い文章」（Vally［2019］）と評されている所以である。それと同時に本書は、ハーヴェイの『資本論』読解による現代のグローバル資本主義分析の一つの到達点をも示している。こうした二重の性格を有する本書は、五つの部分からなりたっている。

（一）『資本論』体系の概括

第一の部分は、マルクスの『資本論』体系の著者による概括である（第1章・第2章）。まずハーヴェイは、水の循環モデルをヒントとして、「運動する価値」としての資本がどのような形態をとって進行するのかを提示しようとする。この価値の経路は、価値増殖過程、実現の過程、価値および剰余価値の分配過程、そして分配された貨幣の資本への再転化過程、という四つの基本的過程からなり、その過程にそれぞれ関わる人々の多元的な動機がこの運動の推進力だとされる（以上、第1章）。

次にハーヴェイは、この視覚化の構図のどこに『資本論』の各巻が位置づけられるのかを、そのそれぞれに課せられている諸前提とともに検討する。ハーヴェイは、『資本論』の第一巻・第二巻・第三巻が、それぞれ価値増殖過程、実現過程、分配（ならびに貨幣の資本への再転化）過程にあたるとして順に述べていくが、その記述は必ずしもマルクスの『資本論』に即しているわけではない。とりわけ『資本論』第三巻にあたるとされる「（e）銀行および金融機関」は、むしろ第二巻での回転期間や固定資本についての論述なども織り交ぜられたハーヴェイの独自解釈となっている。なお彼の見方では『資本論』第三巻が論ずるのは、価値と剰余価値の分配だけではない。この巻は、その分配にあずかる分派的権力諸集団が、資本の正常な機能の範囲を超えて活動しうるその可能性をも描きだしている。そして利子生み資本の流通において資本の役割が貨幣所有者と生産者とに二重化するに至って、資本は「その構成要素のばらばらの流れへと散らばってしまい、敵対的相互関係にしばしば陥っていく」のであり、こうして資本流通の積極的推進力は多元的なものだと把握される。[2] このハーヴェイの理解は非常に重要である。「資本の総体性」が「生態系としての総体性」と喩えられるのも、この意味においてである（以上、第2章）。

▼1　次のサイトで公開されている。http://davidharvey.org/reading-capital/（二〇一七年九月二〇日閲覧）.

(二)「価値」概念とその矛盾

本書の第二の部分(第3章・第4章)は、こうした資本の運動の基礎にある「価値」概念そのものを検討する。前著『資本主義の終焉』においてハーヴェイは、反資本主義運動の戦略上の焦点を明確化するという見地から、資本の一七の矛盾を指摘した。だが本書は、「運動する価値」という見地から二つの矛盾に焦点を当てる。それは、価値とその表象としての貨幣との矛盾であり、価値と反価値との矛盾である。

まずハーヴェイは、資本主義的生産様式の特有な「歴史的カテゴリー」としての「価値と、その表象としての貨幣との弁証法的関係」に言及する。彼によれば、マルクスの言う「価値」とは、歴史的に勃興しつつあった工場制度での生産における「疎外された」社会的労働である。ところが資本主義的生産様式において、「運動する価値」としての連続性を保障するはずの貨幣は、価値の表象/表現形態でありながら、価値を歪ませて表象する可能性もはらむ。それゆえ貨幣の諸機能(価値尺度、貯蓄手段、価格の度量標準、流通手段、支払手段、資本の生産手段)にはそれぞれ適した複数の貨幣形態があるのだが、これらの諸形態は互いに齟齬に陥ってしまう。貨幣的形態での恐慌の表明、あるいは近年貨幣の金属的基盤が放棄されたことから起こった分配領域の膨張や新たな「金融貴族」の台頭は、この矛盾の観点からまず理解できるのである(以上、第3章)。

次に、価値概念には「価値を否定する可能性」が組み込まれている。これが「反価値」という概念である。その典型は、生産された価値が実現できない場合である。しかし、価値と反価値の矛盾はこれだけにとどまらない。資本の価値増殖段階での反抗的労働者の抵抗も反価値を現実化させるのであり、この意味で、資本の運動経路の各段階で生じる多様な社会的諸闘争そのものが反価値なのである。そしてハーヴェイは、不生産的労働の拡大や債務=負債もまた反価値の一形態だと主張する。本書で重視されるのは特に後者である。というのも債務――あるいは近年の信用取引における債権債務関係――は、一方では巨大な流動性をもたらし、異なる回転期間という資本の流通障害を回避させる。さらに債務の創出は、未来の価値生産にたいする請求権をつくりだすことで、価値生産の連続性を維持する重要な手段――「運動する価値の基本的推進力」――になる。だが、未来の価値生産が債務返済に足るものでない場合には、債務危機が起こらざるをえない。この意味で債務は「価値を否定する可能性」でもある（以上、第4章）。

（三）「運動する価値」の潜在的諸傾向

次にハーヴェイは、『資本論』体系から読解しうる「運動する価値」の潜在的諸傾向を検討する。これが本書の第三の部分である（第5章・第6章）。

その一つ目は、価値が資本の一般的流通――価値生産――の外部に漏出する傾向である。価値生産の可能性の諸条件――自然や人間性からの非価値的な「無償の贈与」――は資本に領有されて、資本主義的生産に活用されるのだが、その領有のさいに非価値のものに価格が付与されるなら、価値生産の可能性の条件は、独占利潤《レント》を抽出する可能性の条件にも転化する。[▼3] さらに人間性の「無償の贈与」に含まれている科学技術知識は、労働節約型イノベーションを促進することによって、価値および剰余価値の社会的生産を減少させるかもしれない。そうなると資本は、価値生産以外で、貨幣的利益の上がる別の手法をますます

▼2　イギリスのマルクス主義者アレックス・カリニコスは、恐慌理論においては「利潤率の傾向的低下法則」を肯定し、エルネスト・マンデルの多原因的説明と類似の見解としてハーヴェイの恐慌理解を批判的に評した（Callinicos [2014]: 284）。しかし他方でカリニコスは『資本論』体系の構造を次のように把握した。すなわち『資本論』全三巻は、生産で産出される剰余価値が競争によって転形・断片化され、経済活動当事者も部分的表象にもとづいて行動するようになることで、次第に「内的結合の紐帯」が消失する過程を描いているのである。これを彼は「外部化（externalisation）の過程」と名づける（Callinicos [2014]: 124-126, 297）。この指摘は、本書でのハーヴェイの『資本論』理解に通底するものがある。

▼3　環境経済学的な一部の「左派」は、自然の「無償の贈与」という「非価値」のものを何とか価格で評価し、「資本主義的な価値生産・流通体制」に組み込もうとしている。こうした動向を批判したとして、本書を評価する向きもある（Monthly Review [2018]）。なお資本主義社会における「価値なきものへの価格付与」という見地については、後藤道夫氏の「広義の物象化」論も同様の主張を展開している（渡辺ほか（編）［二〇一六］：二四〇～二四九頁）。

とるようになる。ここに前述の価値と貨幣との矛盾――とくに価値と価格との質的不一致――が関連するのも明らかだ。労働節約型の技術革新傾向と、価値生産と無関係に貨幣的利益を最大化させようとする潜在的傾向とは、資本の二重の「大いなる矛盾」である。こうして「運動する価値」は、「価値なき価格」シグナルに応じて貨幣的利益のみを追求することで、価値生産の外部に漏出する傾向を帯びる。ただしハーヴェイは、この傾向に反対に作用する諸要因――「無償の贈与」の利用によって独占利潤《レント》の領有がむしろ妨げられたり価値生産そのものが増大したりする事態、あるいは新たな労働集約型生産部門が出現する事態など――をも指摘している（以上、第5章）。

二つ目は、一つ目の傾向での説明ですでに示された点でもあるが、『資本論』第一巻で重視された技術的、組織的変化である。一言でいえば、「資本主義的生産様式に適した生産力」の発展傾向である。これは主には、相対的剰余価値を生産しようとする資本の衝動をつうじて現実化する。ハーヴェイが、この種の生産力発展を「歴史の結果」であると述べていることは重要である。というのも、ここでハーヴェイは、生産力の変化のみを歴史の原動力とみなすようなマルクス主義的歴史観――一種の「特効薬」型歴史理論――についても再考をうながしているからである。彼は『資本の〈謎〉』などで提起した七つの諸契機の運動の「状況依存性《コンティンジェンシー》」こそが、マルクスの歴史観のポイントだと繰り返す。だが本書において特徴的なのは、相対的剰余価値生産、労働力統制、産業部門間を横断する技術変化の波及効果、技術革新のビジネス化、恐慌の技術的回避、技術にたいする物神崇拝の昂進、さらには国際的価値移転を目的とする「価値連鎖《バリュー・チェーン》の上方移動」（第8章で示唆）などによって、資本の所産としての生産力が、現代社会の「主要な」――唯一のではない――「推進要因」に転化したと明記していることである。[▼4] だからこそ、このようにして形成された巨大な生産力の社会的、政治的解放が今日の課題となる（以上、第6章）。ただし、こうした技術革新傾向も、前述の労働集約型産業部門の出現などによって相殺されうるとハーヴェイが述べている点には再度注意しておきたい。反対に作用する要因があるからこそ、それは「傾向」なのである。

（四）空間と時間における価値法則の貫徹と「地域的価値体制」

第四の部分（第7章、第8章）の主題は、「運動する価値」としての資本の法則が、空間と時間のなかでどのように貫徹されるかである。ここは一方では、ハーヴェイの従来の主張の要約である。だが、それだけではない。この要約から彼は新たな概念を導きだそうとする。それが「地域的価値体制」概念である。

ハーヴェイは、まずマルクスの把握した資本の本性には世界市場の創造があることを確認する。だが『資本論』では時間研究が優先される。その第一巻が近代植民理論をとりあげるとしても、それは資本の内的諸矛盾の「空間的回避」が起こりえないという点を確認するにとどまる。そのうえでハーヴェイは、『コスモポリタニズム』（Harvey［2009］）などで展開した自説である三つの時空間性概念――絶対的な空間と時間、相対的な空間‐時間、関係的空間‐時間――が『資本論』の論理全体に組み込まれていると主張する。

次にハーヴェイは、これもまた『空間編成の経済理論』以来の持論である資本の第二次循環と第三次循環を要約する。『資本論』第二巻と第三巻の議論から導きだされる固定資本価値の流通と利子生み資本流

▼4　森田成也氏は、ハーヴェイの「諸契機の弁証法」あるいは「共進化システム」を積極的に評価する。ただし共進化システムが「資本の運動原理」と相関するさいには諸契機間の比重の違いも見られるのであって、「生産」の領域や「国家権力」の領域、そして両者を媒介する「階級闘争」という領域が、重要な意味を帯びるとも主張している。こうして森田氏は、従来の史的唯物論の認識（土台における生産力と生産関係の矛盾が社会全体の変革をうながすという見地）と矛盾しないかたちで、ハーヴェイの「共進化」論を受容すべきだとする。そのさい共進化システムにおける「土台」としての「生産」あるいは「物質的土台」は、「新しいシステム」を長続きさせる契機として「歴史的に後から獲得される」とも述べられている（森田［二〇一九］：八三～八八、一〇五～一〇六頁）。これらは、私見では、本書の「歴史の結果」としての資本主義的「生産力」という見解と重なりあっており、マルクスの史的唯物論とハーヴェイの「諸契機の方法」との関係を検討する一つの基点となろう。なお「歴史の結果」としての「生産力」については、他にたとえば平子友長氏の「資本の生産力」論ともあわせて検討すべきである（渡辺ほか（編）［二〇一六］：七九～一〇四頁）。

通との絡みあいが、この資本の第二次循環、第三次循環を構成するとされ、それがまた資本の恐慌傾向を顕在化させる契機――固定資本投資による過剰蓄積問題の一時的緩和とそれによる経済停滞ないし固定資本減価の可能性の創出――になると言われるのである（以上、第7章）。

このように『資本論』体系と自説との関係を整理したうえで、ハーヴェイは「地域的価値体制」概念を提起する。複数の地域的価値体制は、搾取率の国際的・地域的不均等を前提とした国際的価値移転、価値増殖と価値実現との地理的配置、価値表象の権力をめぐって争いあう複数の通貨体制、一定の絶対的空間を前提として現われる「自由貿易」協定などの政治的諸制度、技術的、組織的イノベーション、さらには資本蓄積・流通にたいする地理的に異なる諸条件――地理的差異をともなった自然と人間性からの「無償の贈与」、あるいは資本の第二次、第三次循環によって形成される「第二の自然」からの「無償の贈与」――によって編成される。マルクスによって理解された資本の運動法則は、空間と時間のなかで貫徹するなかで、世界市場の構築だけではなく、異種混淆性や差異や地理的不均等発展をもたらすものとなる。こうして形成された複数の地域的価値体制は、グローバル企業の独占力追求に並行する地理的再編をともないながら、恐慌傾向をはらみつつ、政治経済権力の主導的《ヘゲモニック》な布置状況を構成する（以上、第8章）。

ハーヴェイは、『ニュー・インペリアリズム』（Harvey [2003]）などにおいて権力の「資本主義的論理」と「領土的論理」とを区別したさい、後者を「国家機構」権力としてとらえていた。そうだとすれば、この「体制」概念は新たな理論的展開の試みだと言えよう。[▼5] というのも「地域的価値体制」は、一国家の内部にも形成されうるばかりか、複数の国家――しかも政治経済権力的な支配＝従属関係にある複数の国家――にもまたがりうるものだからである。その体制のなかで一定の局地的優位（たとえばアメリカや中国といった特定国家のそれ）を価値の流れがつくりだす。こうした広域的「領土」編成が「地域的価値体制」なのである。冷戦時代には、「社会主義体制」と「資本主義体制」の対立として描かれた世界地図は、今日では複数の資本主義的「地域的価値体制」の対抗関係として描かれうる。

（五）現代の政治的「狂気」と関連する資本の「狂気」

以上、「価値」とその矛盾、その運動法則と潜在的諸傾向、空間と時間における「運動する価値」の貫徹のあり方を順に述べたのち、本書の第五の部分（第9章）は、「貨幣の狂気」にとらわれている現代の日常生活へと立ち返っていく。

資本の運動法則は、剰余価値の生産とその不断の拡大をめざす。利子生み資本の流通は資本の物神的形態――貨幣が貨幣を生むように見える事態――を完成させる。価値とそれを表象する貨幣との矛盾は昂進し、価値生産から価値が漏出する傾向も深まる。他人の現在および未来の価値生産にたいする請求権（貨幣と債務）の増大と、その請求権がもとづくはずの価値的土台との乖離は拡大する。

しかし現代世界で特徴的なのは、債務の膨張と物質的生産の増大が同時並行的に生じていることでもある。これは、固定資本投資による過剰蓄積問題の一時的回避――その「空間的回避」――と関連する。ハーヴェイによれば、この種の資本の危機対応は、第二帝政期のパリの改造、あるいは第二次大戦後のアメリカでの空間的諸関係の再編などとして繰り返されてきたことであるが、現在において顕著なのは、二〇〇八年の世界金融危機にたいする中国での恐慌回避政策である。それは、これまでにない大規模な建設事業によって国内の過剰労働力と過剰資本の吸収を図る一方、負債金融の急拡大ももたらしている。しかも、こうして中国国内で創出された新たな生産能力の拡張と空間的諸関係の新たな物質的土台の出現は、早くも次の空間的回避へと資本を急きたてつつある（その一例が中国の「一帯一路」構想だとされる）。この「悪無限」は、自然環境といった物質的制約諸条件と矛盾しており、これこそ資本主義社会を根本的矛盾に陥れるものとも言えよう（Lynn［2018］）。

しかし本書でハーヴェイが強調するのは、むしろこうした変化の人々への影響である。それは単に債

▼5　カリニコスは、「反価値」概念とあわせて、この「地域的価値体制」概念こそ本書におけるハーヴェイの新たな理論的提起だと評している（Callinicos［2019］: 202-203）。

務に適応した人間性をつくりだすばかりではない。この影響は「普遍的疎外」という言葉――前著『資本主義の終焉』において、現代資本主義の存続にとって危機をもたらすとされた矛盾の一つ――に要約され、政治的領域での「狂気」ないし「怒り」さえ誘発する。この疎外は、ハーヴェイの『資本論』理解にそくして三つの次元でとらえられる。第一に、価値増殖における疎外である。それは地域的価値体制の再編――たとえば産業の空洞化――によって、今日なお深化しつつあり、その「怒り」を背景にして、二〇一六年にはドナルド・トランプがアメリカ大統領に選出されたのである。第二に、価値実現における疎外である。生産における疎外を緩和させる代償的消費様式は蔓延し、有効需要創出のためにスペクタクル経済化をともなって消費の回転も加速している。しかし、これにともなって人々の欲求、必要、欲望は絶えず満たされぬままとなり、文化的アイデンティティも動揺し、他方で、売り手による買い手からの「略奪による蓄積」も頻発する。そして第三に、分配領域での疎外である。それは労働分配率の低下ばかりか、生産者、労働者階級、そして国家そのものにたいする略奪的貸付によっても引き起こされる。「国家-金融結合体」によって主に管理される分配領域において、今日では反価値の創出と債務懲役――未来の価値生産の差し押さえ――が助長される。ついには債券所有者の権力による一部国家主権の転覆と拘束とによって、その国家内部のすべての人々が疎外される。これこそが〈負債経済〉のメダルの裏側なのである（以上、第9章）。

3……『資本論』体系の理論的可能性をめぐって

本書は、資本主義に対抗する運動戦略とは何かを論じるものではない。[6] その目的は、むしろ現代社会を批判的に分析するにあたって活用できるような、『資本論』体系の新たな理論的可能性を探究することにある。それに関連して、本書における特に重要な論争点を三つ論じておこう。

(一)「反価値」概念とは何か

ハーヴェイの見る理論的可能性の提起が、まずもって「反価値」概念であることは、原著出版後に出されたさまざまな書評の一致するところである。しかし本書にたいする批判も、この概念に集中した。たとえば、『資本論』は信用を、剰余価値生産の持続要因とみなしている。それゆえ債務が「反価値」と同一視され、債務創出の「不可避」的結果として価値破壊が起こるというのは行き過ぎた議論ではないか、との疑義があがっている（Callinicos [2019]：202）。だが「反価値」は「価値を否定する可能性」である。債務が資本流通の円滑化に資する側面があるとも本書では明確に述べられている。したがってハーヴェイが債務創出の「不可避」的結果として価値破壊が起こるとみなしている、とは言い切れないであろう。

また本書は「反価値」を、生産と実現の矛盾から説き起こす。この点をとらえて一部論者は、本書が価値生産を市場に位置づけており、その結果として「実現における疎外」しか重視していないと批判する（Adams [2018]：598; McGregor [2017]）。ハーヴェイは、マルクスに関心を抱く人々を「労働者階級の闘争」から「逸脱」させ、「疑似左翼的で中産階級的な急進的政治戦略」に向かわせようとしている――こう断じる非難もあるほどだ（Beams [2018]）。だが、まさにこれこそハーヴェイが反論する「特効薬」型マルクス主義そのものである。そもそも社会闘争としての「反価値」に、生産における労働者の抵抗を含めているのだから、それを無視しているわけでも、過小評価しているわけでもない。それどころか逆に、労働者の抵抗運動を「反価値」として本書が位置づけたことは、アウトノミア派的立場の一論者から評価されさえした（Van Onzen [2019]）。このような混乱はおいておこう。本書は、生産現場での階級闘争の意義を認めている。ただし「生産主義」的なマルクス読解は批判される。ハーヴェイの主張によれば、経済危機と労働者の抵抗は生産過程のみに位置づけられはしない。階級闘争の戦略的領野は、「価値の漏

▼6　本書については、対抗戦略の言及がほとんどなされていないという書評が散見される（Roos [2018]; Van Onzen [2019]）。しかし、それは本書の課題ではない。この点でのハーヴェイの見解は、むしろ前著『資本主義の終焉』で展開されている。

出」への対応などへと拡大しなければならないのだ（Callinicos [2019]: 202; Pretz [2018]）。

（二）利潤率の傾向的低下法則への評価——ロバーツ＝ハーヴェイ論争から

ハーヴェイは、二〇一八年に本書の内容を要約した小文「価値の労働理論のマルクスによる否定」——いささか誤解を生じかねない刺激的な表題である——を、左派知識人内サークルで回覧した。この文章によると、マルクスの価値概念は、市場においてそれを表象する貨幣形態との矛盾した関係と不可分であった。したがってマルクスの価値論はリカードゥの「価値の労働理論」とは異なる。「過程——運動する価値——としての資本という概念は、労働力と生産手段の購買にもとづきつつ、価値形態の出現と切り離しがたく絡みあっている」。それゆえ「市場領域における価値の労働理論と伝統的に呼ばれてきたもの……が、生産領域における労働の価値理論……へと不断に移行しつつ、その両者が矛盾した統一をなす。これがマルクス価値論の第一の切り口の中心にある」。その含意は、次の一文にまとめられる。「競争的市場過程、剰余価値生産、社会の再生産が弁証法的に関係しあうことになるのだが、これらは価値形成を相互に構成する諸要因であるとともに、根本的に矛盾しあうものでもあるのだ」（Harvey [2018a]）。

これにたいしてマイケル・ロバーツ——恐慌論の文脈において利潤率の傾向的低下説をとっていることで著名なマルクス経済学者——は、次のような批判を展開した。まずハーヴェイによれば、マルクスの「価値の労働理論」、つまり労働価値説は否定されることになる。なぜなら交換（実現）でのみ価値が創造されると主張されるからだ。次に、技術革新による可変資本（労働力価値）部分の圧縮が労働者の需要を低減させるという、過少消費説にハーヴェイは陥っている。それゆえ、階級闘争も労働者と資本家のそれではなく、商品の買い手と資本家、ないし納税者と政府の闘争にすり替えられる。こう述べたうえでロバーツは、利潤率の低下こそが恐慌と関連していると書く。そしてその統計的例証として、アメリカでは設備投資部門の利潤率低下が起きていると主張したのである（Roberts [2018]）。

これにたいしてハーヴェイは反批判を行なった。第一に、価値は生産において創造されるのだが、実現されるまでは潜在的な価値でしかない。第二に、支払能力にもとづく欲求、必要、欲望は、危機＝恐慌形成の重要な関連要因だが、その唯一の要因であるわけでもない。同様に利潤率の低下も、危機形成の一要因でしかない。第三に、生産領域における階級闘争については軽視も否定もしていない。しかし、こうした闘争は、実現、分配、社会の再生産、そして自然や人間性の「無償の贈与」との物質代謝など、さまざまな課題をめぐる諸闘争と関係しあわなければならない。第四に、設備投資部門での利潤率低下が統計的に証明できるとしても、設備投資は最終消費との関連で行なわれている。したがってロバーツの統計分析が的確なものだとしても、実現や分配における政治力学が危機形成の副次的要因であると証明されているわけではない（Harvey［2018b］）。

さて、ここで注目すべきは、ハーヴェイの姿勢が、恐慌発生の主要因として利潤率の傾向的低下法則[7]——『資本論』第三巻第三篇の主題——をとりあげる議論に懐疑的であることだ。この点は本書においても変わりがない（Callinicos［2019］: 202）。利潤率の傾向的低下法則は一、二ヶ所ふれられるものの、ハーヴェイ自身がなぜこの法則に懐疑的であるかを含めて、ほとんど論及されていない。この法則をめぐって現代においてもマルクス派の解釈が分かれている以上、当然、本書の読者も気になるところであろう。

ところでハーヴェイは、この法則にたいする自身の見解を別著で明らかにしていた。そこで「恐慌理論と利潤率の低下」と題されたこの小論を見てみよう（Harvey［2016］）。ここでのハーヴェイの「法則」評価は四点にわたっている。第一に、『資本論』第三巻で明示的に述べられているわけではないが、利潤率の傾向的低下法則が導出された前提には、実現や分配に困難のない閉鎖系経済が想定されている。したがって、これらの前提が変化すれば法則も変わらざるをえない。第二に、近年のミヒャエル・ハインリヒ

▼7　これはさしあたり次のように要約できる。資本蓄積にともなう生産力の発展によって、労働者一人当たりの使用する生産手段量は増大する一方、資本によって雇用される労働者数は相対的に減少しうる。こうした資本構成の高度化は、社会の総資本の平均利潤率——社会の総剰余価値を総資本で割った値——を傾向的に低落させうる。これが利潤率の傾向的低下法則であるとされる。

の研究（Heinrich［2013］）での主張を受けてだが、マルクスが晩年までこの法則を重視したかどうかは思想史的にも再検討されなければならない。第三に、マルクスがこの法則に反対の作用をするとした諸要因――搾取率の上昇、労働力の価値以下への労賃引下げ、不変資本諸要素の低廉化、相対的過剰人口の増大、外国貿易、株式資本の増大――は、特殊事例というよりは、より一般的に起こりうる事態である。加えて、固定資本の増大、労働集約型の新興産業部門の創出、独占化による技術革新の停滞、回転期間の加速なども利潤率の上昇要因となる。利潤率の低下は、賃金上昇による利潤圧縮とも、賃金低下による有効需要不足とも同期する。したがって利潤率の低下法則は、状況依存的《コンティンジェント》な定理であって、決定的定理ではない。第四に、利潤率の低下の指標として何を見るかである。たとえば資本構成（不変資本と可変資本の割合）の変動は、資本の分散・集中を反映する場合もあり、その意味で利潤率の低下につながる生産力変動の指標とはならない。そもそも利潤率低下や生産力増大を貨幣タームで統計的に検証しようとしても、価値とそれを表象する貨幣との乖離を考慮すれば、それは実現困難な課題である。利潤率の低下を表わしうる指標が唯一あるとすれば、労働節約型技術革新によって、資本によって用いられる雇用労働者数が減る場合である。しかし、一九八〇年代以降、新自由主義化などの進展によって世界の労働者は一一億人増大しており、それは価値生産に雇用されたと判断される。したがって目下の経済危機が利潤率の低下によるものとは考えられない。こうしてハーヴェイは、「危機形成の単一原因説」としての利潤率の傾向的低下法則には賛同できないと結論づけるのである。

　このハーヴェイの理解には、たとえば利潤量の絶対的増大と利潤率の低下という法則の「二重性格[8]」への言及がないなど、多くの異論があろう。しかしその一方で本書は、『資本論』第一巻の文脈で労働節約型イノベーションをともなう生産力の発展傾向を説明する。これは事実上、利潤率の傾向的低下法則の核心的動態を指摘するものとも言える（Alexander［2017］）。ハーヴェイの主張は、この法則の根底にある生産力の発展傾向や、価値生産の外部への価値運動の漏出傾向を否定するものではない[9]。むしろ、その批判の矛先は、利潤率の低下現象そのものを恐慌発生の単一原因とみなす論者に向けられており、しかも、それを統計的に実証しようとする研究に向けられている。

（三）マルクス『資本論』体系と〈負債経済〉

本書のもう一つの特色は、今日の〈負債経済〉を論ずることで、『資本論』体系の理論的可能性を検証している点である。

これと関連してまず考慮しなければならないのは、昨今話題となっている現代貨幣理論（Modern Monetary Theory, 以下「MMT」）との関係である。たとえばMMTにもとづく貨幣的批判理論を提唱しているスコット・ファーガソンは「マルクス主義とMMTは互いに与えあうところも多い」としつつも、本書の主張は、MMTと対立する「自由主義的貨幣理論」に堕していると批判する。ファーガソンによれば、「MMTは、マクロ経済的中核を、通貨によって物理的に存続・繁栄しようとする政治体と通貨発行センターとの抽象的な法的関係に位置づけて」おり、そこにおいては「総体性が、貨幣の統治センターによって決まり、これによって連続的仲介機能が展開することで経済生活全体が条件づけられる」とする。ところが「ハーヴェイ教授によると、国家支出は生産と分配のマクロ経済的支柱でも、強力な政治的変革手段でもないと言われてしまう。そのかわりに私的交換が、価値実現の基準点とみなされ、公的財源は『反価値』であり『擬制資本』だと判断される。その結果、政府の公金は、私的投機と同じように無鉄砲で根拠

▼8　この「二重性格」の指摘など、『資本論』第三巻のもととなったマルクス本来の草稿にもとづく「利潤率の傾向的低下法則」の理解については、たとえば宮田［二〇一四］を参照。

▼9　前著『資本主義の終焉』における「資本の一七の矛盾」には「利潤率低下の矛盾」が含まれていない。だが森田成也氏によれば、利潤率の傾向的低下法則は「長期的な資本主義の発展軌道」の理解のうえで決定的意味がある。そして通常の生産過程における利潤率の低下は、昨今の「略奪による蓄積」への資本の傾斜を説明する重要な要因の一つとして理解すべきだと言われる（森田［二〇一九］：一〇一～一〇二頁）。この森田氏の問題提起は、本書の主張する「運動する価値」の潜在的諸傾向――「歴史の結果」としての生産力発展、および価値生産外への価値運動の漏出――とあわせて検討すべきであろう。

もないものだとみなされてしまう」（Ferguson［2017］）。

このMMT肯定論者の批判は、逆にハーヴェイの議論にもとづくMMT評価を検討する手がかりとなろう。第一に、このファーガソンの見解は「利子」の問題にはふれずにいる。本書においてハーヴェイは再三再四、債権は「未来の価値生産にたいする請求権」であり、「未来の価値生産を差し押さえてしまう」と指摘している。債務の返済にあたっては何かしらの「利子」を付けることが約束させられている。したがって債務者は、「利子」の元手となる「剰余価値」を、その未来において産出しなければならない。国債（国家の債務）の発行にしても、このメカニズムを前提にしている。そうだとすれば国債発行の経済効果を肯定するMMTは、緊縮財政政策への一定の批判とはなりえても、資本主義社会における剰余価値生産と搾取については沈黙を保つ可能性がある。第二に、「国家」の評価である。MMTはすでに自国通貨建てで国債を発行できる国にしか適用できないと言われている。本書の「地域的価値体制」論では、国際基軸通貨をめぐって争いあう複数の主要通貨制度があるとされる。これを前提とするならMMT的政策は、主要通貨（現在ではドル、ユーロ、元など）建て債券を発行できる「国家－金融結合体」しか採用できない。外貨（＝主要通貨）建て国債を発行する発展途上国は除外される。それは途上国の累積債務問題には何ら資することのない議論となる。だが、主要通貨発行国であったとしても、実現・分配で「略奪」された人々や労働者階級の側が「金融－国家結合体」を管理・規制できなければ、「国家支出」は「政治的変革手段」になりはしない。まさに国家権力の階級的、社会的、政治的性格が問われるのであり、この意味で「政治体と通貨発行センター」との関係は「抽象的」にではなく、具体的に問われなければならない。

他方、現代社会における債務問題を批判的に分析する知見はハーヴェイだけに限られるものではない。欧米先進資本主義国では、新自由主義化の進展による格差拡大のなかで、学生ローンなどの形態で、多くの人が借金をかかえてきた。このことを背景にして近年、批判的〈負債経済〉論が新たに脚光を浴びている。アウトノミア派マルクス主義の系譜に位置するフランスの社会学者マウリツィオ・ラッツァラートの『〈借金人間〉製造工場』（Lazzarato［2011］）や、アナーキスト的立場を公言する人類学者デヴィッド・グレーバーの『負債論』（Graeber［（2011）2014］）が日本で翻訳・出版されたのは、こうした文脈においてである。これらの著作には理論的立場は違えど、いくつか共通する見地がある。たとえば貨幣の歴史的発生を物々交換からではなく信用／負債から把握する点であり、あるいは自発的に債務を返済しようとする負債者の側の「道徳《モラル》」などである。

それでは、こうした研究にたいして本書の〈負債経済〉論の特色とは何か。

ハーヴェイとラッツァラートの議論は、マルクスの『資本論』を共通の知的基盤としている。「負債経済は、賃金労働者の雇用時間のみならず、人々の使う全体の時間をわが物」とし、「社会全体の未来の時間をも先買いする」というラッツァラートの言葉は、本書の「未来の価値生産にたいする請求権」としての「債権」という命題の先駆である。だがラッツァラートは、債権者と債務者という特殊な権力関係が、資本／労働、福祉国家／利用者、企業／消費者といった関係に重なりあい、労働者、利用者、消費者が一体的に債務者に仕立てあげられるという現状認識から、現代の「階級闘争」の対抗線がまさに債権者と債務者とのあいだに収斂すると主張する。これにたいしてハーヴェイは「資本の総体性」の観点から、むしろ生産・実現・分配のそれぞれで展開する社会的諸闘争の戦略的同盟を提起する。この変革主体構想の違いは銘記されるべきであろう。

他方、グレーバーは、基盤的コミュニズム、交換、ヒエラルキーといった三つの取引行為の論理が人類に存在すると述べる。この論理のうち「完遂にいたらぬ交換」が「負債」である。だが、一四五〇年からの「大資本主義帝国の時代」になると、交換の論理が他を圧倒する。非人格的な国家権力の侵入はモラルのネットワークを段階的に変容させた。そのなかで人間存在の創造・破壊・再編のための「人間経済」は、富の蓄積のための「商業経済」へと大規模に転換した。この転換をうながしたのが、「新大陸」の征服に象徴されるような、人間そのものを交換可能な対象——たとえば「奴隷」——に変える一連の暴力である。このようにしてグレーバーは、奴隷制の成立を機軸として「資本主義」を把握する。この見方は、資本－賃労働関係を前提とする価値増殖過程を「資本の総体性」の一角におくハーヴェイの見解とは大きく異なる。しかしながら人類学者グレーバーと地理学者ハーヴェイとの議論に接点があるとすれば、その示唆は本書の「地域的価値体制」概念にある。グレーバーによれば、前述の三つの取引行為の論理、あるいは「経済的諸関係のモラル的基盤」は、あらゆる人間社会に共通する。つまり資本主義経済の交換原理とは異なる論理が、現代の人間社会にもあるのだ。基盤的コミュニズム——「各人はその能力に応じて働き、各人はその必要に応じて受けとる」という原理にもとづく人間関係——は、われわれの日常生活に散見される。これにたいしてハーヴェイは、地域的価値体制の編成に言及したさい、資本蓄積にたいして「消極的」となりうる「人間的、自然的環境」が存在しうると指摘している。これを「基盤的コミュニズム」と名づけるかはさておき、資本の論理の「外部」をつくりだしうる自然的、社会的、文化的要素が「無償の贈与」のなかにありうるのだ。こう考えられるとすれば、グレーバーとハーヴェイは——その理論的立場の相違にもかかわらず——符合するところがある。

だがラッツァラートとグレーバーの両者と、ハーヴェイとの違いは、〈負債経済〉化が巨大な物質的影響と並行せざるをえないと本書が指摘する点にある。二〇〇八年以降、恐慌回避のために大規模な負債金融と都市空間形成が手に手をとって進行した。そのなかでさまざまな側面をもった「普遍的疎外」も展開する。その影響をこうむる人々は、ときに狂気じみた政治的表現でもって抵抗し、反発し、行動する。「運動する価値」としての資本の法則が空間と時間のなかで貫徹することで、債務の増大と巨大な建造環境の出現とが同期する一方で、分配領域における債権者と債務者の闘争は、階級間、資本分派間、国家間の闘争へと分岐し、さらには価値実現と絡みあう社会の再生産領域での多角的な社会闘争、そして価値増殖での階級闘争と交錯しあう。この構図を前提として現代の〈負債経済〉化を把握しようとする点が、本書の独自性の一つなのである。

4……二〇一七年、ハーヴェイの来日を迎えてのちに……

本書を出版した直後の二〇一七年一〇月二一日から二九日にかけて、ハーヴェイは二度目の来日を果たした。その著書『資本の〈謎〉』が「第三回経済理論学会ラウトレッジ国際賞」を受賞したからである。滞在期間中、立命館大学、武蔵大学、中央大学で計四回の講演が行なわれたが、世界で最も引用される地理学者のそれとあって、いずれも盛況を博すものになった。その前日に台風に見舞われた公開講演会には、鉄道交通網に大きな混乱があったにもかかわらず、大勢の人々が集った。この日のために自動車で車中泊までして参加した人がいたほどである。

この来日のさいハーヴェイが携えてきたのが、刊行されたばかりの本書のアメリカ版である。その表紙の一部には、日本の女性労働者が働く写真が使われていた。そして来日時の講演テーマの一つは、まさに本書第1章と第9章の要約であった。ただし本書と異なって講演時に強調されたのは、アメリカの学生ローン問題の激化である。学生ローンの膨張をもたらす資本の運動法則を把握することは、現代の政治的課題を理解する鍵となるとハーヴェイは強調した。

もう一つの講演テーマは、かつての著書『新自由主義』の議論に立ち戻るものであった。現在においてもなお新自由主義は死んでいない――これがハーヴェイの力説したポイントである。新自由主義は、階級権力の再建をめざした政治的プロジェクトである。思想的に見れば、市場原理と自己責任を強調する言説は、一九七〇年代以降、新自由主義的シンクタンクなどのプロパガンダを介して、言論界や政財界において支配的なものとなった。また政治的実践から見れば、金融自由化による「略奪による蓄積」、あるいは資本移動の自由化などを介した組織労働者への攻撃が生じ、こうして階級支配は強化された。この二重の意味での新自由主義化は、二〇〇八年の金融危機によっても終焉を迎えなかった。一方では、金融危機の前後に住宅差し押さえをこうむった人々の多くは、ローンを借りた責任が自分にあると思い込んでいる。「新自由主義的人格」が人々の考え方の奥深くにまで根づいている。他方で、経済危機の最中《さなか》にあっても格差は拡大している。略奪的貸付は規制されることなく、ギリシア債務問題など国際的規模で繰り返されている。新自由主義化とどのように対峙するかは、現在においても決定的課題なのである。

筆者にとって印象的であったのは、八〇歳を越えてもなお、一時間の講演を座ることなく朗々と行ない、次々と質疑応答をこなすその姿であった。「原子力エネルギー――人間的必要にはふさわしくないはずのエネルギー――の推進は、エネルギー多消費型生活様式と資本の活動との関連から検討されなければならない」、「学生ローンは帳消しにし、教育の『脱商品化』を進めるべきだ」――こうしたハーヴェイの言葉に筆者もまた感銘を受けたのである。

しかし残念ながら、彼が帰国して二年近くがたった現在も、日本社会は「狂気」にとらわれているのではないか？

遅々として進まぬ非正規雇用者の正規化、労働時間規制から一部労働者を除外する「高度プロフェッショナル制度」、少子化社会における一人親世帯の貧困の放置、七〇歳代になっても働くことを期待される高齢者、過酷な労働実態が報じられるなかでの外国人技能実習制度の拡大、所得税・法人税の最高税率が引き下げられたままでの消費税率の引き上げ、公的年金不足対策として資産運用での自己貯蓄を勧める金融審議会、大々的な金融緩和と株高維持の一辺倒、カジノやオリンピックといったスペクタクル経済をきっかけに負債金融で再編される建造環境、資本減価の回避のための原子力発電所の再稼働、アメリカ中心の「地域的価値体制」への政府の固執、先進資本主義国でも最下位レベルとなる公的教育費の対GDP比率、にもかかわらずアメリカからの武器購入には使われていく公金、そしてこの事態を目前にしても有権者の半数が棄権に向かう民主的選挙制度……。

ハーヴェイならばこう言うのかもしれない。――「これ以上に狂っていることがありうるであろうか」と。

私たちもまた、この「経済的理性の狂気」の最中《さなか》にある。人間の歴史が、この「狂気」から目覚めて、真に人間的な歩みをたどるとすれば、マルクスの『資本論』体系を創造的に継承し、資本の運動法則とその諸矛盾を解明することは、今を生きる私たちの喫緊の課題でもある。私たちが歴史に断罪されぬためにも、本書の翻訳がその課題を果たす一里塚になることを祈念したい。

【参考文献】

Adams, Zoe [2018], 'Marx, *Capital and the Madness of Economic Reason* by David Harvey', *Capital & Class*, 42 (3), October 2018: 596-598.

Alexander, Dominic [2017], '*Marx, Capital and the Madness of Economic Reason* - book review', *Countrefire*, 19 October 2017, https://www.counterfire.org/articles/book-reviews/19266-marx-capital-and-the-madness-of-economic-reason-book-review, 二〇一九年七月一二日閲覧。

Beams, Nick [2018], 'David Harvey's Jacobin interview on Marx's Capital: A promotion of the "life-style" politics of the pseudo-left', *World Socialist Web Site*, 21 July 2018, https://www.wsws.org/en/articles/2018/07/21/harv-j21.html, 二〇一九年七月一二日閲覧。

Callinicos, Alex [2014], *Deciphering Capital: Marx's Capital and its Destiny*, London: Bookmarks Publications.

——[2019], 'David Harvey, *Marx, Capital, and the Madness of Economic Reason*', *The American Historical Review*, 124 (1), February 2019: 202-203.

Ferguson, Scott [2017], 'Some Remarks on MMT & Marxism in Light of David Harvey's "Marx, Capital, and the Madness of Economic Reason"', *Radical Political Economy: Blog hub of the Union for Radical Political Economics*, 4 July 2017, https://urpe.wordpress.com/2017/07/04/some-remarks-on-mmt-marxism-in-light-of-david-harveys-marx-capital-and-the-madness-of-economic-reason/, 二〇一九年七月一二日閲覧。

Graeber, David [(2011)2014], *Debt: The First 5,000 Years - Updated and Expanded Edition*, Brooklyn: Melville Books［デヴィッド・グレーバー（酒井隆史監訳）『負債論——貨幣と暴力の五〇〇〇年』以文社、二〇一六年］。

Harvey, David [(1982)2006], *The Limits to Capital*, Oxford: Basil Blackwell; new and fully updated edition, London: Verso, 2006［デイヴィド・ハーヴェイ（松石勝彦・水岡不二雄監訳）『空間編成の経済理論——資本の限界』大明堂、一九八九〜一九九〇年］。

——[2003], *The New Imperialism*, Oxford: Oxford University Press［デヴィッド・ハーヴェイ、本橋哲也訳『ニュー・インペリアリズム』青木書店、二〇〇五年］。

——[2005], *A Brief History of Neo-Liberalism*, Oxford: Oxford University Press［デヴィッド・ハーヴェイ（渡辺治監訳）『新自由主義——その歴史的展開と現在』作品社、二〇〇七年］。

——[2009], *Cosmopolitanism and the Geographies of Freedom*, New York: Columbia University Press［デヴィッド・ハーヴェイ（大屋定晴ほか訳）『コスモポリタニズム——自由と変革の地理学』作品社、二〇一三年］。

——[2010a], *A Companion to Marx's Capital*, London: Verso［デヴィッド・ハーヴェイ（森田成也・中村好孝訳）『〈資本論〉入門』作品社、二〇一一年］。

——[2010b], *The Enigma of Capital, and the Crises of Capitalism*, London: Profile Books［デヴィッド・ハーヴェイ（森田成也ほか訳）『資本の〈謎〉——世界金融恐慌と21世紀資本主義』作品社、二〇一二年］。

——[2013], *A Companion to Marx's Capital, Volume 2*, London: Verso［デヴィッド・ハーヴェイ（森田成也・中村好孝訳）『〈資本論〉第2巻・第3巻入門』作品社、二〇一六年］。

——[2014], *Seventeen Contradictions and the End of Capitalism*, London: Profile Books［デヴィッド・ハーヴェイ（大屋定晴ほか訳）『資本主義の終焉——資本の一七の矛盾とグローバル経済の未来』作品社、二〇一七年］。

——[2015], '"The Most Dangerous Book I Have Ever Written": A Commentary on *Seventeen Contradictions and the End of Capitalism*', *Human Geography*, 8 (2), 2015.

——[2016], 'Crisis theory and the falling rate of profit', in: Subasat, Turan (ed.), *The Great Meltdown of 2008: Systemic, Conjunctural or Policy-created?*, London: Edward Elgar, 2016, pp. 37–54.

——[2018a], 'Marx's Refusal of the Labour Theory of Value', *Marx's law of value: a debate between David Harvey and Michael Roberts*, *Michael Roberts Blog*, 2 April 2018, https://thenextrecession.wordpress.com/2018/04/02/marxs-law-of-value-a-debate-between-david-harvey-and-michael-roberts/, 二〇一九年七月

二二日閲覧。
——[2018b], 'The misunderstandings of Michael Roberts', *Marx's law of value: a debate between David Harvey and Michael Roberts, Michael Roberts Blog*, 2 April 2018, https://thenextrecession.wordpress.com/2018/04/02/marxs-law-of-value-a-debate-between-david-harvey-and-michael-roberts/, 二〇一九年七月二二日閲覧。
Heinrich, Michael [2013], 'Crisis Theory, the Law of the Tendency of the Profit Rate to Fall, and Marx's Studies in the 1870s', *Monthly Review*, 64 (1), April 2013.
Jeffries, Stuart [2017], '*Marx, Capital and the Madness of Economic Reason* review – a devastating indictment of how we live today', *The Guardian*, 1 November 2017, https://www.theguardian.com/books/2017/nov/01/marx-capital-and-the-madness-of-economic-reason-review, 二〇一九年七月二二日閲覧。
Lazzarato, Maurizio [2011], *La fabrique de l'homme endetté: Essai sur la condition néolibérale*, Paris: Éditions Amsterdam［マウリツィオ・ラッツァラート（杉村昌昭訳）『〈借金人間〉製造工場——"負債"の政治経済学』作品社、二〇一二年］。
Lynn, Jr., Thomas L. [2018], '*Marx, Capital, and the Madness of Economic Reason*', *Hong Kong Review of Books*, 24 July 2018, https://hkrbooks.com/2018/07/24/marx-capital-and-the-madness-of-economic-reason/, 二〇一九年七月二二日閲覧。
McGregor, Sheila [2017], '*Marx, Capital and the Madness of Economic Reason*', *Socialist Review*, 429, November 2017, http://socialistreview.org.uk/429/marx-capital-and-madness-economic-reason, 二〇一九年七月二二日閲覧。
Monthly Review [2018], 'Notes from the Editors', *Monthly Review*, 70 (6), November 2018, https://monthlyreview.org/2018/11/01/mr-070-06-2018-10_0/, 二〇一九年七月二二日閲覧。
Pretz, Luke [2018], 'On Economic Madness', *Against the Current*, 195, July-August 2018, https://solidarity-us.org/atc/195/review-harvey/, 二〇一九年七月二二日閲覧。
Roberts, Michael [2018], 'David Harvey's misunderstanding of Marx's law of value', *Marx's law of value: a*

debate between David Harvey and Michael Roberts, *Michael Roberts Blog*, 2 April 2018, https://thenextrecession.wordpress.com/2018/04/02/marxs-law-of-value-a-debate-between-david-harvey-and-michael-roberts/, 二〇一九年七月二二日閲覧。

Roos, Jerome [2018], 'Dissecting the Madness of Economic Reason', *ROAR*, 9 April 2018, https://roarmag.org/essays/harvey-madness-economic-reason/, 二〇一九年七月二二日閲覧。

Vally, Zaahedah [2019], 'Book review: *Marx, Capital and the Madness of Economic Reason*', *Voices360*, 29 April 2019, https://www.voices360.com/economy/book-review-marx-capital-and-the-madness-of-economic-reason-22165799, 二〇一九年七月一二日閲覧。

Van Onzen, Fabian [2019], 'Reviews 'Marx, Capital, and the Madness of Economic Reason' by David Harvey', *Marx & Philosophy Review of Books*, 3 April 2019, https://marxandphilosophy.org.uk/reviews/16722_marx-capital-and-the-madness-of-economic-reason-by-david-harvey-reviewed-by-fabian-van-onzen/, 二〇一九年七月一二日閲覧。

宮田惟史［二〇一四］、「『資本論』第三部第三篇草稿の課題と意義」、『季刊経済理論』五一巻二号、四二〜五三頁。

森田成也［二〇一六］、『ラディカルに学ぶ『資本論』』柘植書房新社。

――［二〇一九］、『『資本論』とロシア革命』柘植書房新社。

渡辺憲正ほか（編）［二〇一六］、『資本主義を超える――マルクス理論入門』大月書店。

監訳者あとがき

訳者を代表して　大屋定晴

本書は、以下の著作の全訳である。David Harvey, *Marx, Capital and the Madness of Economic Reason*, London: Profile Books, 2017. 邦題は、編集部と相談のうえ、日本語読者を念頭に変更した。

原著には明らかな引用ミスや誤記が見うけられた。原注もまた、書誌情報の不備や形式不統一が散見された。本書では、原著出版後に刊行されたイタリア語版（*Marx e la follia del capitale*, Milano: Feltrinelli Editore, 2018）およびスペイン語版（*Marx, el capital y la locura de la razón económica*, Madrid: Ediciones Akal, 2019）も参照し、適宜修正を加えている。なお、これらの訳者による訂正や異同については、必要最低限の範囲で本文中の［　］内や訳注において指摘している。しかし、その大半――とりわけマルクスのもの以外の参照文献の記載の訂正、論文掲載頁数の追記等――については膨大な数となるため、すべてを書くことはしなかった。本書巻末において、本文内で明記できなかった原文との異同と訂正箇所のうち、重要だと判断したもののみを一覧にして記しておくこととする。

本書では、日本語読者の便宜を考え、訳注でもって邦訳参照文献を追記した。章によっては区切りも小見出しもまったくなかったので、適当な箇所に内容にそくした小見出しをつけておいた。また読者の読みやすさを考慮して、原著よりも改行を多くしている。

翻訳は各章の担当者がそれぞれ訳文をつくり、それを監訳者である大屋がまとめて、全体の点検、修正、訳語の統一を行なった。各訳者の分担は次のとおりである。

・序　章（原著 pp. xi-xiv）　大屋定晴
・第1章（原著 pp. 1-23）　加賀美太記
・第2章（原著 pp. 24-50）　佐藤　隆
・第3章（原著 pp. 51-71）　塩田　潤
・第4章（原著 pp. 72-78, 89-93）　三浦　翔
・第4章（原著 pp. 78-89）　下門直人
・第5章（原著 pp. 94-106）　森原康仁
・第6章（原著 pp. 107-126）　原　民樹
・第7章（原著 pp. 127-153）　新井田智幸
・第8章（原著 pp. 154-171）　永島　昂
・第9章（原著 pp. 172-206）　中村好孝
・終章／謝辞（原著 pp. 207-210, 227）　大屋定晴

当初の出版予定からほぼ一年以上遅れ、翻訳者の方々にはご心配をおかけした。ひとえに監訳者の作業の難航のためである。翻訳者の方々には感謝とともに、改めてお詫び申しあげる。なお誤訳等の責任はすべて監訳者にある。作品社の内田眞人氏には、翻訳作業にさいして、さまざまなご配慮をいただいた。これについてもお礼を申しあげたい。

東日本大震災を経て、東京オリンピック・パラリンピックの開催を二〇二〇年に控え、さらには二〇二五年に大阪万国博覧会を開催しようとするこの国の社会は、己が「経済的理性の狂気」から「正気」に目覚めなければならない。本書の出版がその一助になることを望みたい。

二〇一九年七月三〇日

マルクス著作の引用の出典について

一、原著では、マルクスの著作からの引用は、以下の英語版が用いられている。

『資本論』、Marx, K., *Capital: A Critique of Political Economy*, London: New Left Review.
「第一巻」*Volume 1*, 1976.「第二巻」*Volume 2*, 1978.「第三巻」*Volume 3*, 1981.

『経済学批判要綱』、Marx, K., *Grundrisse*, London: Penguin Books, 1973.

『剰余価値学説史』、Marx, K., *Theories of Surplus Value*, London: Lawrence and Wishart.
「第一巻」*Part 1*, 1969.「第二巻」*Part 2*, 1969.「第三巻」*Part 3*, 1972.

「直接的生産過程の諸結果」、Marx, K., 'Results of the Immediate Process of Production,' in *Capital: A Critique of Political Economy*, *Volume 1*, London: New Left Review, 1976, pp. 948-1084.

二、本訳書では、以下のドイツ語等原語版と日本語版も参照し、またそれぞれの掲載の頁数を記した。

『資本論』(第一巻「C1」、第二巻「C2」、第三巻「C3」と略記)

・ドイツ語全集版(以下「ヴェルケ版」)、Marx, K. (hg. von Engels, F.), *Das Kapital. Kritik der politischen*

Ökonomie, Band I/II/III, in *Marx Engels Werke*, Band 23/24/25, Berlin: Dietz Verlag, 1962/1963/1964.

・日本語全集版、カール・マルクス、フリードリヒ・エンゲルス編「資本論　第一巻」、『マルクス＝エンゲルス全集』第二三巻、大月書店、一九六五年。同「資本論　第二巻」、前掲、第二四巻、一九六六年。同「資本論第三巻」、前掲、第二五巻、一九六七年。

・本文ではそれぞれの掲載の頁数を、英語版／ヴェルケ版／日本語全集版の順で列記した。

〔例〕C1, p.709／S.589／七三五頁。

また、章全体を参照している場合は、前記の順番で章番号を列記したのち、最後に章の表題を「　」内に訳出した。なお、第一巻については英語版とその他の版とで章番号の異なる章があることに留意されたい。

〔例〕C3, chap. 29／Kap. 29／第二九章「銀行資本の諸成分」。

『経済学批判要綱』（「Gr」と略記）

マルクスが『資本論』刊行以前の一八五七～五八年に執筆した一連の未完草稿であり、旧ソ連において一九三九年および四一年に二分冊で初めて出版された。この草稿は現在、新全集版（以下「新メガ版」）に収録され、その日本語版も刊行されている。

・新メガ版、Marx, K., *Ökonomische Manuskripte 1857/58 (Grundrisse der Kritik der politischen Ökonomie)*, in *Karl Marx Friedrich Engels Gesamtausgabe (MEGA), Zweite Abteilung: "Das Kapital" und Vorarbeiten*, Band 1, Berlin: Dietz Verlag, 1976/1981.

・日本語版（新メガ版からの翻訳）、カール・マルクス『マルクス資本論草稿集』第一巻、大月書店、一九八一年。同、第二巻、一九九七年。

・本文ではそれぞれの掲載の頁数を、英語版／新メガ版／日本語版の順で、それぞれ列記した。なお日本語版については、第一巻は①、第二巻は②と略記した。

〔例〕Gr, p. 309／S. 228／①三七三頁。

『剰余価値学説史』（第一巻「Th1」、第二巻「Th2」、第三巻「Th3」と略記）

『資本論』第四巻として構想されたマルクスの遺稿であり、彼の死後、K・カウツキーの手で編纂されて『剰余価値学説史』全三巻（一九〇五～一〇年）として刊行された。その英訳書が原著では参照されている。しかし今日では、カウツキーが手を加える前のマルクスの遺稿がそのまま新メガ版で刊行され、その日本語版も出版されているため、本訳書ではこれらを参照した。

・新メガ版、Marx, K., *Zur Kritik der Politischen Ökonomie (Manuskript 1861-1863)*, in *Karl Marx Friedrich Engels Gesamtausgabe (MEGA), Zweite Abteilung: "Das Kapital" und Vorarbeiten*, Band 3, Berlin: Dietz Verlag, 1976-1982.

・日本語版（新メガ版からの翻訳）、カール・マルクス『マルクス資本論草稿集』第四～九巻、大月書店、一九七八～九四年。

・本文ではそれぞれの掲載の頁数を、英語版／新メガ版／日本語版の順で頁数を列記した。なお日本語版については、第四～九巻の巻数を、④～⑨と略記した。

〔例〕Th1, p. 41／S. 333／⑤六頁。

「直接的生産過程の諸結果」（「Re」と略記）

マルクスが当初、『資本論』第一巻最終章として一八六三～六四年にかけて執筆したが、最終的に出版にさいして使われなかった遺稿である。

・新メガ版、Marx, K., 'Das Kapital (Ökonomische Manuskripte 1863-65) Erstes Buch', in *Karl Marx Friedrich Engels Gesamtausgabe (MEGA), Zweite Abteilung: "Das Kapital" und Vorarbeiten*, Band 4, *Ökonomische Manuskripte 1863-67*, Teil 1, Berlin: Dietz Verlag, 1988, S. 3-135.

・日本語版（新メガ版からの翻訳）、カール・マルクス『資本論第一部草稿――直接的生産過程の諸結果』光文社古典新訳文庫、二〇一六年。

・本文ではそれぞれの掲載の頁数を、英語版／新メガ版／日本語版の順で頁数を列記した。

〔例〕Re, p. 41／S. 333／六頁。

三、その他のマルクス、エンゲルスの著作について

原著で用いられた英語版文献の書誌情報を記載し、その後の［　］内に、ドイツ語全集版（ヴェルケ版：*Marx Engels Werke*, Berlin: Dietz Verlag, 1956-1968）を「MEW」と略記しその巻数と頁数を記し、続けて、日本語全集版の書誌情報と頁数を記載した。

〔例〕Marx, K., and Engels, F., *Selected Correspondence*, Moscow: Progress Publishers, 1955, p. 248［MEW, 32, S. 73／カール・マルクス「〔書簡〕マルクスからエンゲルス（在マンチェスター）へ　一八六八年四月三〇日」、『マルクス＝エンゲルス全集』第三二巻、大月書店、一九七三年、六二頁］。

また、訳注で参照している場合は、ヴェルケ版（「MEW」と略記）の巻数と頁数／日本語全集版の書誌情報と頁数を記載した。

訳出にあたっての訂正箇所一覧

原著には、引用ミスや誤記が見うけられたため、適宜修正を加えた。本文内で明記できなかった原文との異同と訂正箇所のうち、重要だと判断したもののみ、以下に記しておきたい（訳者あとがき参照）。

【本文の訂正】

・一三頁五行目：原著では「『ニューヨーク・トリビューン』紙」とある。マルクスが寄稿した時期（一八五二〜一八六二年）の紙名にあわせ「『ニューヨーク・デイリー・トリビューン』紙」に訂正。

・八七頁一行目：エンゲルスの『イギリスにおける労働者階級の状態』の出版年を「一八四四年」から「一八四五年」に訂正。

・一五二頁一行目：原著では「〕」が二つ記載されていたため、イタリア語版にしたがい、「……ないのか」の直後にあった「〕」を一つ削除。

・一九二頁八行目：原著では「『ニューヨーク・ヘラルド・トリビューン』紙」とある。マルクスが寄稿した時期（一八五二〜一八六二年）の紙名にあわせ「『ニューヨーク・デイリー・トリビューン』紙」に訂正。

・一九二頁一六行目：原著には「一九二〇年代」とある。ウッドロウ・ウィルソンのアメリカ大統領在任期間は一九一三年から一九二一年であることから「一九一〇年代」に訂正。

・二五二頁一一行目：二五三頁九行目「……グローバルな次元でも負債金融は大きく増大した」のあとにあった「（図表8）」という記述を、当該図表の内容と文脈からここに移動。

【原注の訂正ならびに追記】

第1章

▼3：参照頁「pp. 1, 149」を「p. 149」に訂正。

第2章

▼7：参照文献にもとづき本文中の注番号の位置を変更。また参照頁「p. 206」を「p. 248」に訂正。

▼13：参照頁「p. 57」を「p. 573」に訂正。

▼16：***A Companion to Marx's Capital, Volume 2*** の出版年が欠落していたので、「London: Verso, pp. 240-266」を「London: Verso, 2013, pp. 240-266」に訂正。

第3章

▼1：参照文献にもとづき本文中の注番号の位置を変更。また参照順に参照頁「pp. 128, 138-139」を「pp. 138, 128, 138-139」に訂正。

▼2：参照順に参照頁「pp. 149, 236」を「pp. 236, 149」に訂正。

▼3：参照文献にもとづき本文中の注番号の位置を変更

▼16：参照頁「pp. 122-123」を「pp. 122-123, 127」に訂正。

▼29：参照頁「p. 236」を「pp. 235-236」に訂正。

▼32：参照頁「p. 708」を「pp. 707-708」に訂正。

▼35：参照頁「p. 528」を「pp. 528-529」に訂正。

▼38：参照文献にもとづき本文中の注番号の位置を変更。

第4章

▼2：参照文献にもとづき本文中の注番号の位置を変更。
▼5：参照頁「p. 441」を「p. 421」に訂正。
▼6：参照頁「p. 621」を「p. 403」に訂正。
▼7：参照文献にもとづき本文中の注番号の位置を変更。また参照頁「pp. 403, 447, 542, 621」を「pp. 621, 546, 447, 474, 403」に訂正。
▼11：参照頁「p. 396」を「p. 391」に訂正。
▼13：原著本文では「それ自身の反対物が」（一一五頁一〇行目）も参照文献からの引用箇所とされている。参照文献にもとづき著者自身の文章と判断し、「それ自身の反対物が」を囲む引用符を本文から削除。
▼14：『経済学批判要綱』の参照情報が欠落していたため「**Gr, p. 173**」を追記。
▼17：参照頁「p. 535」を「**pp. 660, 732**」に訂正。
▼18：参照頁「p. 254」を「**pp. 254-255**」に訂正。
▼22：参照頁「pp. 208-209」を「pp. 208-210」に訂正。
▼24：参照「**chapter 24**」を参照頁「pp. 742, 597」に訂正。
▼32：『経済学批判要綱』の参照情報が欠落していたため「**Gr, p. 708**」を追記。

第5章

▼5：参照文献にもとづき本文中の注番号の位置を変更。

第6章

▼4：参照頁「pp. 493-494」を「p. 493」に訂正。
▼18：参照文献「Poulet, D., *Le Sublime*, Paris: 1980」を「Poulot, D., *Le Sublime*, Paris: F. Maspero, 1980」に訂正。
▼21：参照頁「pp. 704-706」を追記。

第7章

▼1：参照頁「p. 208」を「p. 252」に訂正。

▼2：参照頁「pp. 48-50」を追記。

▼3：参照頁「p. 407」を「pp. 407-410」に訂正。

▼4：参照文献「Th2」を「Th3」に訂正。

▼7：原著では「Harvey, D., 'The Geography of Capitalist Accumulation: A Reconstruction of the Marxian Theory,' in Harvey, D., *Spaces of Capital: Towards a Critical Geography*, New *Capital, Volume 1*, p. 727.」とあるが誤記と判断。参照文献にしたがい訂正。

▼8：参照頁「pp. 579-580」を「p. 727」に訂正。

▼13：参照頁「pp. 931-932」を「p. 931」に訂正。

▼23：参照頁「p. 77」を「pp. 75, 77」に訂正。

▼31：参照頁「p. 731」を「p. 703」に訂正。

▼32：参照頁「p. 186」を「p. 264」に訂正。

▼33：参照頁「p.731」を「p. 732」に訂正。

第8章

▼3：参照文献にもとづき本文中の注番号の位置を変更。参照頁「p. 701」を「pp. 701-702」に訂正。

▼6：参照頁「p. 106」を「pp. 105-106」に訂正。

▼12：参照頁「pp. 240-241」を「pp. 240-241, 222」に訂正。

▼14：参照文献にもとづき本文中の注番号の位置を変更。

▼21：原著本文二ヶ所に同じ注番号があるため、イタリア語版にしたがい本文二つ目の「▼21」を「▼22」に訂正（二三二頁一二行目）。

▼23：原著本文に注番号はないが、原注の内容とイタリア語版にしたがい本文中に注番号追記（二三四頁一行目）。また参照頁「pp. 623-624」を「p. 623」に訂正。なお原著本文では「……土地不動産差額地代の源泉となる」（二三六頁八〜九行目）の直後に注番号「▼23」があるが、これはイタリア語版にしたがい削除。
▼24：イタリア語版にしたがい原著本文中の「▼22」を「▼24」に訂正（二三四頁七行目）。また『資本論』第三巻の参照情報が欠落していたため「C3, p. 650」を原注として追記。
▼25：イタリア語版にしたがい「▼24」から訂正。
▼26：イタリア語版にしたがい「▼25」から訂正。

第9章
▼2：参照頁「pp. 270-271」を「pp. 268, 270-271」に訂正。
▼5：参照頁「p. 595」を「p. 596」に訂正。
▼6：『資本論』第三巻の参照情報が欠落していたため「C3, pp. 475-476」を追記。
▼7：参照頁「pp. 476, 516」を「p. 516」に訂正。
▼10：参照頁「pp. 468, 549」を「pp. 500, 519」に訂正。
▼11：参照頁「p. 221」を「pp. 221-222」に訂正。
▼15：原著では、参照文献情報のあとに「次のサイトで入手可能である。http://www.osloconference2010.org/discussionpaper.pdf」と記載されているが、二〇一九年一月六日時点では入手できないため、これを削除。
▼24：参照頁「pp. 618-652」を追記。
▼31：参照頁「p. 595」を「p. 543」に訂正。
▼33：原著には「*The Drama Review*, Guest editor Carol Martin, 2014.」とあるのを「*The Drama Review*, 58 (3) (2014): 39-68.」に訂正。
▼39：原著では、参照されたGorzの文献情報のあとに、「労働者にとっての代償的消費様式の限界については以下を参照のこと。Gr, pp. 204-207.」と記載されている。しかし、この趣旨の記述は『経済学批判要綱』の当該

箇所では確認できない。イタリア語版にしたがい、この文章を削除。

終章

▼1：参照頁「pp. 46-47」を追記。

[監訳者]

大屋定晴（Oya Sadaharu）
北海学園大学 経済学部 教員。専攻：社会経済学、グローバリゼーション研究。主な著書：『共生と共同、連帯の未来』（編著、青木書店）、『マルクスの構想力』（共著、社会評論社）、『グローバリゼーションの哲学』（共著、創風社）など。主な訳書：デヴィッド・ハーヴェイ『新自由主義』（共訳）、同『資本の〈謎〉』（共訳）、同『コスモポリタニズム』（共訳）、同『資本主義の終焉』（共訳）、スーザン・ジョージ『アメリカは、キリスト教原理主義・新保守主義に、いかに乗っ取られたのか？』（共訳）、ジャイ・センほか『世界社会フォーラム—帝国への挑戦』（共訳。以上、作品社）ほか。

[翻訳者]

加賀美太記（かがみ・たいき）
就実大学 経営学部 准教授。専攻：経営学。

佐藤 隆（さとう・たかし）
立命館大学 経済学部 教授。専攻：社会経済学、経済理論。

塩田 潤（しおた・じゅん）
神戸大学 国際協力研究科 博士後期課程在籍。専攻：政治社会学。

下門直人（しもかど・なおと）
同志社大学 商学部 助教。専攻：マーケティング論、流通論、協同組合論。

永島 昂（ながしま・たかし）
立命館大学 産業社会学部 准教授。専攻：専攻：産業論、産業技術論、中小企業論。

中村好孝（なかむら・よしたか）
滋賀県立大学 人間文化学部 講師。専攻：社会学史。

新井田智幸（にいだ・ともゆき）
東京経済大学 経済学部 専任講師。専攻：経済学史、経済思想。

原 民樹（はら・たみき）
千葉商科大学・武蔵野美術大学非常勤講師。専攻：開発政治学、国際経済学。

三浦 翔（みうら・しょう）
東京大学大学院 学際情報学府博士前期課程卒業。専攻：映画学、メディア論。

森原康仁（もりはら・やすひと）
専修大学 経済学部 准教授。専攻：国際経済論、アメリカ経済論、産業論。

[著者紹介]

デヴィッド・ハーヴェイ（David Harvey）

1935年、イギリス生まれ。ケンブリッジ大学より博士号取得。ジョンズ・ホプキンス大学教授、オックスフォード大学教授を経て、現在、ニューヨーク市立大学特別教授。専攻：経済地理学。現在、論文が引用されることが、世界で最も多い地理学者である。

2005年刊行の『新自由主義』は高い評価を得るとともに、アカデミズムを超えて話題となり世界的ベストセラーとなった。また同年、韓国で首都機能移転のため新たな都市“世宗”が建設されることになったが、その都市デザイン選定の審査委員会の共同議長を務めている。2008年には、『資本論』の講義を撮影した動画をインターネットで一般公開したが、世界中からアクセスが殺到し、現在の世界的なマルクス・ブームを巻き起こすきっかけとなった。この講義は『〈資本論〉入門』および『〈資本論〉第2巻・第3巻 入門』として刊行され、世界で最も読まれている入門書となっている。2010年刊行の『資本の〈謎〉』は、『ガーディアン』紙の「世界の経済書ベスト5」に選ばれた。また同書によって「第三回経済理論学会ラウトレッジ国際賞」を受賞し、その授賞式のために来日し（2017年10月）、立命館大学などで講演を行なった。現在、ギリシア、スペインから、中南米諸国、中東、中国や韓国まで、文字通り世界を飛び回り、研究・講演活動などを行なっている。

[邦訳書]

『新自由主義――その歴史的展開と現在』（渡辺治監訳、森田成也・木下ちがや・大屋定晴・中村好孝訳、作品社）
『資本の〈謎〉――世界恐慌と21世紀資本主義』（森田成也・大屋定晴・中村好孝・新井田智幸訳、作品社）
『反乱する都市――資本のアーバナイゼーションと都市の再創造』（森田成也・大屋定晴・中村好孝・新井大輔訳、作品社）
『コスモポリタニズム』（大屋定晴・森田成也・中村好孝・岩崎明子訳、作品社）
『〈資本論〉入門』（森田成也・中村好孝訳、作品社）
『〈資本論〉第2巻・第3巻 入門』（森田成也・中村好孝訳、作品社）
『資本主義の終焉――資本の17の矛盾とグローバル経済の未来』（大屋定晴ほか訳、作品社）
『パリ――モダニティの首都』（大城直樹・遠城明雄訳、青土社）
『ニュー・インペリアリズム』（本橋哲也訳、青木書店）
『ネオリベラリズムとは何か』（本橋哲也訳、青土社）
『ポストモダニティの条件』（吉原直樹監訳、青木書店）
『都市の資本論――都市空間形成の歴史と理論』（水岡不二雄監訳、青木書店）
『空間編成の経済理論――資本の限界（上・下）』（松石勝彦・水岡不二雄訳、大明堂）
『都市と社会的不平等』（竹内啓一・松本正美訳、日本ブリタニカ）
『地理学基礎論――地理学における説明』（松本正美訳、古今書院）など。

経済的理性の狂気
グローバル経済の行方を〈資本論〉で読み解く

2019年 9月20日 第1刷発行
2019年12月10日 第2刷発行

著　者――――デヴィッド・ハーヴェイ

監訳者――――大屋定晴
翻訳者――――加賀美太記、佐藤隆、塩田潤、下門直人
永島昂、中村好孝、新井田智幸、原民樹
三浦翔、森原康仁

発行者―――和田 肇
発行所―――株式会社作品社
102-0072 東京都千代田区飯田橋 2-7-4
Tel 03-3262-9753 Fax 03-3262-9757
振替口座 00160-3-27183
http://www.sakuhinsha.com

編集担当――内田眞人
本文組版――DELTANET DESIGN：新井満
装丁―――伊勢功治
印刷・製本―シナノ印刷㈱

ISBN978-4-86182-760-0　C0033

デヴィッド・ハーヴェイの著書

資本主義の終焉

資本の17の矛盾とグローバル経済の未来

大屋定晴・中村好孝・
新井田智幸・色摩泰匡 訳

**21世紀資本主義は、破綻するか? さらなる進化を遂げるか?
このテーマに興味ある方は必読!**

(『フィナンシャル・タイムス』紙)

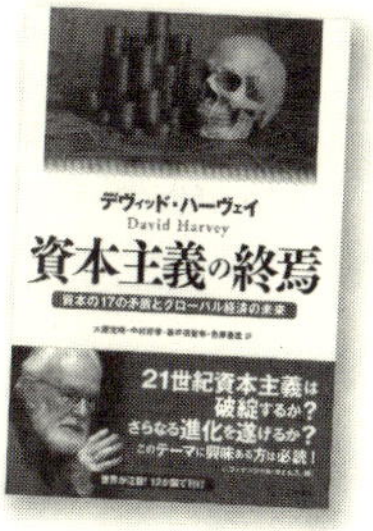

資本主義は、20世紀において、1929年の世界恐慌、1971年のドルショックなど、いくつもの危機に見舞われながらも、ヴァージョンアップし、さらなる発展を遂げてきた。そして21世紀、資本主義は新たに危機に直面している。本書は、資本の動きをめぐる矛盾を17に整理して、原理的・歴史的に分析し、さらにそれをもって21世紀資本主義の未来について考察するものである。

デヴィッド・ハーヴェイ「序章」より

資本主義は、"資本"という経済エンジンによって動いている。本書の目的は、資本が実際にどのように動いているのか、このエンジンが時にエンストを起すのはなぜか、を理解することである。さらに、この経済エンジンが交換されるべきだとすれば、何と交換されるべきなのか、を考察することである。
